安庆师范大学教材建设与出版基金资助

心理学基础

王皓宇　主编

中国科学技术大学出版社

内容简介

本书分为心理过程和个性心理两部分，主要介绍认知过程、情感过程、意志过程及个性心理等心理现象，使学生了解心理学的研究对象、学科性质、研究方法，基本掌握心理学产生和发展的一般知识，从理论上掌握心理的发生机制，理解心理与客观物质世界的关系，树立科学的心理观，并能运用基本原理认识和说明心理现象与教育现象。

本书适合高等院校师范类专业学生作为教材使用。

图书在版编目(CIP)数据

心理学基础/王皓宇主编. --合肥:中国科学技术大学出版社,2024.9. -- ISBN 978-7-312-06055-7

Ⅰ. B84

中国国家版本馆 CIP 数据核字第 202407CJ19 号

心理学基础

XINLIXUE JICHU

出版	中国科学技术大学出版社
	安徽省合肥市金寨路 96 号,230026
	http://press.ustc.edu.cn
	https://zgkxjsdxcbs.tmall.com
印刷	合肥市宏基印刷有限公司
发行	中国科学技术大学出版社
开本	787 mm×1092 mm　1/16
印张	15
字数	365 千
版次	2024 年 9 月第 1 版
印次	2024 年 9 月第 1 次印刷
定价	48.00 元

前　言

心理学是研究心理现象及其规律的科学。本书内容主要分为两部分：心理过程和个性心理，主要介绍认知过程、情感过程、意志过程及个性心理等心理现象，使学生了解心理学的基本概念、基本理论和主要研究方法，以及心理活动的一般规律和主要特点，为其更深入学习、研究心理学以及适应今后社会发展打下良好的基础。

本书在介绍基本知识的基础上，充分体现了"教学质量与教学改革"的指导思想，内容更加丰富，将心理学的经典理论、实验方法和心理学新的研究方法、新成果融合，着重体现了新颖性与科学性。编写层次顺序清晰，并增加了大量的生活案例、图片，让学生更加容易地理解各种心理现象的知识，凸显了逻辑性、系统性、理解性、应用性。可作为心理学专业本科生的入门教材或参考教材以及师范院校学生学习心理学课程的教材。

本书由安庆师范大学王皓宇担任主编，安庆师范大学心理学教研室各位老师参与了本书的部分编写和校对工作。在编写过程中，参考了许多相关教材和研究资料，在此谨对这些教材和研究资料的作者致以深深的谢意。

由于编写时间有限，书中可能出现遗漏和错误，恳请同行专家和读者提出宝贵的意见和建议。

王皓宇

2024 年 1 月于安庆师范大学龙山校区

目　　录

前言 ·· (ⅰ)

第一章　绪论 ·· (1)
　第一节　心理学的含义与研究对象 ·· (1)
　第二节　心理学研究任务与方法 ··· (7)

第二章　心理活动的神经生理基础 ·· (15)
　第一节　神经元 ·· (15)
　第二节　神经系统 ··· (20)
　第三节　高级神经活动学说 ·· (34)
　第四节　内分泌系统 ·· (38)

第三章　感觉与知觉 ·· (40)
　第一节　感觉概述 ··· (40)
　第二节　知觉概述 ··· (48)
　第三节　错觉 ··· (63)
　第四节　知觉的相关研究 ··· (66)

第四章　记忆 ··· (72)
　第一节　记忆的概念 ·· (72)
　第二节　记忆的过程 ·· (78)
　第三节　记忆系统 ··· (85)
　第四节　培养和提高记忆的方法 ··· (86)

第五章　意识与注意 ·· (89)
　第一节　意识 ··· (89)
　第二节　注意 ··· (95)

第六章　思维与想象 ·· (107)
　第一节　思维 ··· (107)
　第二节　问题解决 ··· (113)
　第三节　创造性思维 ·· (123)
　第四节　想象 ··· (127)

第七章 情绪与情感 (131)
第一节 情绪、情感概述 (131)
第二节 情绪的生理成分与理论 (134)
第三节 情绪的表达成分 (143)
第四节 情绪种类 (145)
第五节 情绪与心理健康 (149)

第八章 意志 (153)
第一节 意志概述 (153)
第二节 意志行动基本阶段 (160)
第三节 意志的品质与培养 (166)

第九章 需要和动机 (170)
第一节 需要 (170)
第二节 动机 (178)

第十章 性格与气质、能力 (192)
第一节 性格 (192)
第二节 气质 (207)
第三节 能力 (214)

第一章 绪 论

人的心理是宇宙间极其复杂的现象之一,人们经常会在脑海中思考涉及思想、感情、需要、性格、行为等方面的问题:人是如何认识各种各样事物的?人是怎样获得经验的?人是如何对外界刺激信息进行加工、存储并在这个基础上解决问题的?人为什么会有脾气?性格之间发生冲突的原因是什么?人类行为是否都具有意识?它们都是由人的动机推动的吗?人为什么会做梦?梦与现实生活中发生的事情之间存在着什么样的内在联系?人与人之间确实存在着差异,但是这些差异主要表现在智力上吗?等等。所有这些问题都涉及人的心理活动与行为表现。

主要学习目标:对心理现象进行描述与解释,预测心理现象和行为什么时候会发生,了解如何控制或调节某种不良行为,使其转变为良性行为,以提高人类生活的质量。

第一节 心理学的含义与研究对象

一、心理学的含义

(一) 什么是心理学

世界上存在着两种现象:物质现象和精神现象。对于物质现象方面,人们对日月山川、四季更替以及自己身体状况等现象的认识一般比较清楚;而人的精神现象、心理活动涉及广泛的领域,如记忆、思考、知觉、应激、情绪、能力、气质、性格等极其丰富的问题,这导致有人对心理活动存在或多或少的偏见或误解,认为心理学是玄妙的、深奥的、具有某种神秘色彩的,甚至把心理学与算命和占卜术等相提并论,认为心理学可以猜度人心,预测人生祸福。当然,这些是完全不正确的。

心理学和其他科学一样,在她的萌芽时期确实渗透着许多不科学的观点,甚至是荒谬的论断,但是,在步入20世纪后,心理学逐渐发展成为一门具有丰富理论内涵和重要应用价值的科学。

在词源上,心理学的英文是"psychology",它源于希腊文的两个词"psyche"和"logos"。"psyche"的含义是"灵魂"或"精神","logos"的含义是"知识""规律"或"研究"。把"psyche"

和"logos"合起来即为"对灵魂或精神的研究"之义,它是关于心理学最早的定义,但这个定义并没有对心理学作出科学的解释。[①]

1879年,德国哲学家、心理学家威廉·冯特(Wilhelm Wundt,1832—1920)在莱比锡大学创建了世界上第一个心理学实验室,研究人的意识经验,从此心理学从哲学中分离出来,成为一门独立的科学,冯特因此被誉为"科学心理学先生的旗手"。随着心理学研究的深入,心理学逐渐有了相对统一的定义:心理学是研究人的心理现象及其规律的科学,具体来说是研究人的行为和心理活动规律的科学。[②]

心理学研究的行为一般分为两大类:一类是外显行为(overt behavior),即可以观察到的行为和反应,如吃饭、讲话、读书等,它能够通过直接观察来研究;另一类是内隐行为(covert behavior),即不能够通过直接观察,但可以运用心理学特定的研究方法和技术,从能够直接观察到的行为来推论出人的内部心理活动,比如思考和记忆过程等内部的心理过程。

人的心理活动与行为之间相互作用、相互依存,两者之间遵循一定的规律。心理学通过探讨人的心理活动及其行为变化的规律,对人的心理和行为作出科学解释,通过对行为的观察、分析、揭示、预测来调节和控制人的内隐心理活动和行为表现。

(二) 心理学的性质

心理学的科学性要求其研究必须以科学方法为前提,采用一套科学的程序和步骤,在对个体心理活动和行为表现的客观信息以及收集到的事实进行分析的基础上得出结论。心理学还探讨个体与群体相互作用过程中的心理活动和行为表现,包括归因和交往以及与政治、经济、文化等社会环境之间的联系。因此,心理学是一门兼有自然科学和社会科学性质的边缘科学或中间科学,它不仅是一门认识客观世界的科学,更是一门认识和调控人的心理活动和行为的科学。

心理学是研究人的行为和心理活动规律的科学,它以自己特有的研究对象而与其他学科区别开来。心理学的研究范围十分广泛,除了研究人的心理活动和行为外,还研究动物的心理和行为,因为动物的行为在某些方面可以推及人类。但心理学仍是以研究人的心理活动和行为为主要对象的,研究动物的心理和行为是为了能够更好地解释、预测和调控人的行为。

二、心理学研究的对象

任何一门科学都有其特定的研究对象和探索领域,心理学是研究人的心理现象的科学。心理是与物质相对的概念,指人的一切精神活动,包括人的感觉、知觉、记忆、思维、情感、意志、气质、性格、能力等心理现象。人的心理活动纷繁复杂,表现形式丰富多样,它与人认识

---

① 彭聃龄.普通心理学[M].北京:北京师范大学出版社,1988.
② 林崇德.心理学大辞典[M].上海:上海教育出版社,2004.

世界、改造世界的一切活动及其取得的成就分不开。

在心理学中,一般把统一的人的心理现象划分为既相互联系又相互区别的两个部分:心理过程和个性心理,如图1-1所示。

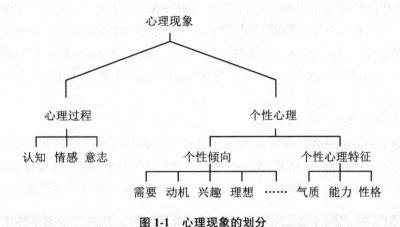

图1-1 心理现象的划分

(一)心理过程

在一定时间和环境中发生、发展的心理活动过程,根据其能动反映客观事物及其关系的角度不同,分为认知过程、情绪情感过程和意志过程。

1. 认知过程

认知过程是指人认识客观事物的过程,或者对信息进行加工处理的过程,是人由表及里、由现象到本质的反映客观事物的本质及其内在联系的心理活动。认知过程包括感觉、知觉、记忆、思维和想象。注意是伴随着心理活动过程的心理特性。

人对客观事物的认知过程开始于感觉和知觉。感觉是人脑对客观事物个别属性或个别特征的直接认识,例如,在一定范围内,人能够感觉到某事物的明或暗、粗或细、香或臭、软或硬等特征。知觉是人脑对客观事物整体特征及其联系和关系的直接认识,它是多种感觉经验与个体已有知识经验的有机结合,例如,人对红旗、苹果、玫瑰花等事物的认识。我们可以感觉到红旗是红色的、长方形的旗子,苹果是红色或青色的圆形的水果,玫瑰花是茎部有刺的、散发香味的蔷薇科植物(图1-2)。在人脑中我们可以将"红色""圆形""水果"这些单一元

图1-2 包含各个元素的物体

素整合,从而知觉到该物体就是"苹果"。知觉在感觉的基础上产生,但不是感觉的简单、机械相加。在知觉中,人的知识经验起着重要作用。

通过感觉和知觉所获得的经验被记忆在人脑中,并在需要时再现出来。同时,记忆中储存的信息又为思维活动提供材料。心理学把积累和保存个体经验的心理活动过程称为记忆。思维是个体运用已有知识经验间接、概括地反映客观事物,揭示客观事物本质特征和内在联系的心理过程。例如,教师通过观察学生在课堂上的行为表现,推断他们的注意状态和内心活动,进而预测其学习效果,这些都是思维活动的具体表现。对想象的介绍参见第六章第四节。

2. 情绪情感过程

情绪情感是指人脑对客观事物是否满足自身物质和精神需要而产生的态度体验,它是人对客观事物要求的反应,包括喜、怒、哀、乐、爱、憎、惧等(图1-3)。一般来说,凡是符合并满足自己需要的客观事物,会使人产生积极、肯定的情绪,反之则会产生消极、否定的情绪。

图1-3 各式各样的情绪

3. 意志过程

意志过程是指人自觉地确定目的,克服内部和外部困难,力求实现预定目的的心理过程。这种有意识地调节和支配人的行为,以实现既定目的的心理活动,是人的意志的体现,也是人与动物的本质区别。人的意志行为体现在发动和制止两个方面,它激励并调节着人去从事达到目的的行为,制止与预定目的不相符合的言论和行为。

在实际生活中,人的认知过程、情绪情感过程和意志过程之间相互联系、相互作用而构成一个有机整体。一方面,人的认知过程会影响人的情绪情感过程,所谓"知之深,爱之切",说明认知过程对人的情绪情感的重要影响,"知识就是力量"说明了认知活动对人的行为与心理活动的重要影响。另一方面,情绪情感过程又会反作用于认知过程,没有人的情绪情感的推动或缺乏良好的情绪情感体验,人的认知活动就不可能发展与深入。同时,情绪情感过程与意志过程之间也具有密切联系。情绪情感既可以成为推动人的意志行动的动力,也可以成为人的行动的阻力,而人的认知活动则可以在很大程度上调节和控制人的情绪情感活动。

因此,在人的心理活动过程中,认知过程是最基本的心理活动,是情绪情感过程和意志过程产生的基础;情绪情感过程和意志过程也影响着认知过程的发生发展。三者都有其发生、发展及变化的共同特征,是同一心理过程的不同方面。研究人的心理过程发生、发展的规律是心理学研究的对象之一。

(二) 个性心理

心理过程总是在具体个人身上进行的,每个人的先天素质和后天所处环境不同,都具有自己的特征,所谓"人心不同,各如其面",即指人格。人格是一个人区别于他人的心理特征的总称,即个体之间的差异性或独特性。也有人把人格视为个性的同义词。但是,人格与个性之间存在着一些差别:人格是对个体总的、本质的阐述,即既从个体的差异性,也从总体上和本质上说明个体行为的特征;而个性特指个体差异,是相对于共性而言的[1]。

1. 个性倾向性

个性倾向性是指人对客观事物的态度及对活动对象的选择与趋向,是人从事活动的指向性和基本动力。个性倾向性往往是人在社会实践中形成的,会发展和变化,也是个人生活经历的一种体现。个性倾向性是一个多层次、多水平、多维度的结构系统,由相互联系的多种心理成分构成,主要包括需要、动机、兴趣、理想、价值观、人生观、世界观等。需要是人在生理上和心理上的某种失衡状态,是引起个体进行活动的基本原因;动机是在需要的驱动下产生并趋向一定目标的心理动力;兴趣是人对客观事物认识的心理倾向;世界观则是人对世界或客观环境的总的看法[2]。心理动力随着人的生理和心理的逐渐成熟,其发展阶段有所不同。例如,在儿童时期,兴趣是支配心理活动与行为产生的主要动力;在青少年时期,理想则上升到主导地位;在青年后期和成年期,人生观、价值观和世界观成为主导的心理动力,并支配着整个心理活动和行为表现,其中世界观是心理动力中的最高表现形式和最高调节器,它集中体现了人的社会性质。因此,心理动力制约着心理活动的性质和变化,并且对人的行为习惯起着最高的调节作用。

2. 心理特征

心理特征是人在认知过程、情绪情感过程和意志过程中形成的稳定而经常表现出来的

---

[1] 王皓宇. 现代人格问题研究[M]. 合肥:中国科学技术大学出版社,2020.

[2] Манёров В Х. Психодиагностика личности по голосу и речи:учебное пособие[M]. Санкт-Петербург:Издательство РГПУ им. А. И. Герцена,1999.

心理特点,是个体多种心理特点的独特结合,集中反映了一个人的心理面貌,主要包括能力、气质和性格,是心理学研究的另一个对象。

能力是指一个人顺利完成某种活动所必须具备的心理特征,表现了人与人之间存在差异的活动效率及潜在可能性。例如,有人认识事物深刻,有人则肤浅表面;有人博闻强记,有人则迟钝易忘等,这些都是能力差异的具体表现。根据活动性质,一般把能力划分为智慧活动性能力(智力)和动作活动性能力(技能)。能力是先天遗传素质与后天教育实践相结合的产物。

气质和性格是一个人区别于他人,并且在不同情境中表现出的一贯的、稳定的行为模式的心理特征。

气质是指人的心理活动和行为产生的动力特征,表现为心理活动的强度、速度、稳定性、灵活性等动态性特征,如情绪产生的速度和强度、思维活动的稳定性和指向性等特点。例如,在现实生活中,有人性情急躁,表现为情绪容易激动且外向;有人比较平缓,表现为情绪稳定而内向等,这些都是不同气质类型在行为上的具体表现。

拓展阅读

人的基本气质类型可以分为四类(图1-4)。胆汁质:情绪表现强烈、迅速;精力旺盛,性情直率,待人热情,容易激动,个性刚强,感情用事。抑郁质:稳重,很少感情外露;不善交际,喜欢独处,内心情感体验持久而强烈,外表谦和、怯懦,动作缓慢。多血质:反应迅速、灵活,性情活泼,善于交际,语言流利,易适应环境,情绪不稳定,注意力易转移,较粗枝大叶。黏液质:平稳,变化缓慢且不灵活,踏实,死板,沉着,冷静,缺乏生气。

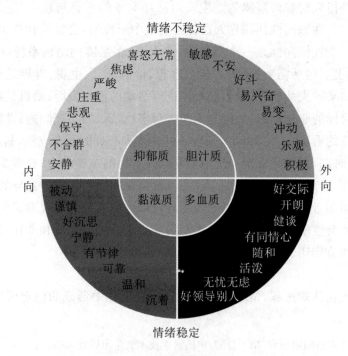

图1-4 气质类型

性格是指人对现实的稳定态度以及与之相适应的习惯化了的行为方式的心理特征。一个人的性格一旦形成，就会稳定地贯穿在他的全部行为活动中，因此，我们可以根据一个人的性格特点，预测他在某种情境中的表现。性格表现着一个人的品质、道德行为和世界观，在人格中具有核心意义。例如，有人谦虚谨慎，有人骄傲自满；有人坚韧果敢，有人优柔寡断；有人主动自信，有人怯弱自卑。气质和性格之间相互联系、相互影响、相互作用，从而使一个人的心理活动和行为表现区别于其他人。

人的心理过程与人格彼此密切联系而构成整体。没有心理过程，人格无法形成。如果没有对客观事物的认识，没有对客观事物与人的需要之间的态度体验而产生情绪情感，没有积极改造客观事物的意志行动，人格就会成为无本之木。反之，人格又反作用于人的心理过程。首先，心理动力与心理过程相互作用。人的认知过程、情绪情感过程和意志过程总是在某种心理动力的推动下进行的。例如，某种兴趣会促使人去探究某些事物归属的需要，从而产生人与人之间的交往行为等。其次，心理特征是通过心理过程形成和表现出来的，如果人没有对自己和客观环境的认识，产生情绪情感和意志行为，心理特征就不可能形成，更无从表现；已经形成的心理特征又会影响和制约人的心理过程。

因此，具体来说，心理学是研究人的心理过程发生和发展规律的科学，是研究心理动力、心理特征形成、发展与变化规律的科学，同时也是研究心理过程和人格相互关系的规律的科学。为了深入了解人的心理现象，真正掌握人的心理面貌，我们需要从人的心理活动的整体性上进行考察和研究。

第二节 心理学研究任务与方法

一、心理学的任务

心理学的主要任务是对人的行为和心理活动进行陈述、解释、预测和控制，一方面为揭示人类自身发展规律积累知识，另一方面最大限度地提高人的工作和学习效率以及生活质量。

（一）陈述心理现象和行为

陈述人的心理现象和行为的目的是对心理活动进行精确的观察，或根据人的外部行为、动作反应获得真实的事实，对其心理活动进行推测，它涉及对个体行为以及行为发生时外部环境与自身主观心理之间内在联系的分析。

为了研究人的心理活动和行为，研究人员要在观察和详细记录典型行为的基础上，对获得的信息进行命名和分析。分析分为不同水平，即概括分析水平和具体分析水平。概括分析水平是对人的心理活动和行为的性质进行陈述，如陈述在复杂社会环境和文化环境下，人的心理活动和行为产生的根源和差异。具体分析水平是对人的心理活动和行为的数量进行陈述，如表述阅读过程的眼动轨迹以及学习语言过程中出现的语法错误。

陈述心理现象以获得的真实性事实为主，不受研究者的主观观点、期待或愿望、偏见等影响，这是心理学研究的重要原则。目前在心理学研究中已经发展出许多方法和技术来保证心理学研究的客观性。

（二）解释心理现象和行为

人的心理活动和行为表现是世界上最复杂的现象，要解释人的心理和行为并不容易，由于人的行为背后有可能存在着某种心理原因，因此，解释人的心理现象就要分析和阐明心理活动与行为表现之间的因果关系。例如，在现实生活中通过观察发现，人在烦躁时攻击性行为发生的次数会增加，此时研究的重点是"为什么"会出现这种状况，研究的关键是要准确理解"烦躁"是什么。解释人的心理现象需要以陈述心理事实为根据，并据此分析行为产生的原因。这些心理产生的原因有些是暂时的，有些是稳定的；有些是单一的因果关系，有些是多因素相互作用形成的统一结果，有些则是由于相关因素而互为因果的。

（三）预测心理现象和行为

预测是科学研究的基本任务，心理学研究的任务之一是能够准确地预测人的心理和行为。人的心理现象尽管纷繁复杂，但是有规律可循，因此是可以预测的，然而必须在准确测量和正确陈述的基础上，才能推知其心理发展或行为变化的可能性。通过对某些心理活动与行为之间因果关系变化的了解，可以预测其再次发生的可能性。例如，教师在教学过程中严密的逻辑思维和清晰的言语表达，与学生学习成绩的优劣就具有显著的正相关，这样我们就可以预测，教师在以后的教学中可能获得良好的教学效果，而且这个预测是可靠的。

（四）调节和控制心理活动与行为

控制的目的是引导或改变个体的心理和行为朝着任务规定的方向变化，或对异常心理和行为进行矫正。无论是培养心理素质还是矫正异常行为，心理学的原理与行为矫正技术都能够比较有效地调节和控制人的心理活动和行为的产生。例如，根据学习心理学的原理，在教育教学情境中，适当、合理地运用奖赏或惩罚手段，能够对学生的某些不当行为进行控制和矫正。

人类渴望理解自身心理活动和行为反应的规律，心理学研究的任务正是这种追求的体现。心理学研究课题的目的是要揭示人的心理活动发生发展及其变化的规律，具体而言，包括人的行为产生的本质是什么（陈述），这种行为为什么会发生（解释），能否预知这种行为将在何时产生（预测），影响行为变化的条件有哪些（控制）。

通过对这些方面的研究，心理学能够更好地揭示人类心理和行为的规律，为人类社会的发展和进步作出积极的贡献。

二、心理学的方法

俄国生理学家、心理学家巴甫洛夫曾经说过:"科学随着方法上所获得的成就而不断地跃进着。方法每前进一步,我们便仿佛上升了一级阶梯。于是,我们就展开了更广阔的眼界,看见从未见过的事物。"事实证明,人类对自然界以及自己精神活动奥秘的认识,是随着方法的不断进步而越来越深刻的。

心理学与其他科学一样,研究心理学必须具有科学态度和采取科学的研究方法。心理学使用多种不同方法以获得对人类心理活动和行为表现的正确认识,这些认识需要在准确的变量描述和正确的理论指导下获得,以验证的心理事实证据和假设为基础,并要在重复实验中获得可重复的结果。

心理学的研究方法有很多,比如在自然或被控制状态中对行为表现进行研究的观察法,发现并揭示身心或事件之间存在某种关系的相关法,运用控制实验技术进行研究的实验法,对有心理问题的个体与有关心理治疗效果进行研究的临床法,以及对被试进行问卷调查的调查法,等等。总之,心理学的研究方法是采用客观方法,按照一定程序,获取人的心理活动及其行为表现资料的科学方法。这种研究方式是心理学的基础,使我们能够对人类心理和行为的复杂现象进行深入的探索和精确的理解。

(一)观察法

观察法是科学研究中应用最广泛的方法。观察法是指在自然情境中对人的心理现象与行为表现进行有系统、有计划的观察记录,经过分析以获得其心理活动产生和发展的规律的方法。

观察法主要有两种方式:一种是参与被观察者的活动过程,成为其中的一个成员;另一种是在旁观察而不参与被观察者的活动。无论采取哪种方式,原则上,我们应避免让被观察者察觉到他们的活动正在受到他人的观察,否则就会影响被观察者的行为表现,从而导致结果失真,出现观察者效应或观察者偏差。观察者效应是指被观察者由于意识到自己被观察而引起行为上的改变;观察者偏差是指观察者只观察了自己希望看见的被观察者行为,有选择地进行记录而丢失了可能重要的行为细节。一般来说,研究成年人的心理活动通常采用第一种方式,研究幼儿的心理活动经常采用第二种方式。

观察法对被观察者的行为进行直接的了解,因而能收集到第一手资料。但是,运用这种方法所收集到的资料,最重要的是它必须准确和具有代表性。因此,避免观察者的主观臆测和偏颇是使用观察法的关键。为此,在运用观察法进行研究时,必须遵循以下四项基本原则:

第一,每次只观察被观察者的某种行为。比如,在幼儿游戏情境中,选定只观察幼儿之间如何解决争夺玩具的行为表现。

第二,观察事先已明确界定的行为特征。比如,侵犯行为、同情或友情等行为表现,并随时记录观察到的具体事实。

第三,尽量利用有效仪器,规范记录观察到的行为表现,使观察的偏差降到最低程度,以获得客观心理事实的资料。

第四,宜采用时间抽样方法进行观察。例如,在一天或一周内,在不同时间段对被观察者进行同一方式的观察,然后综合观察所见得出某种结论,这样获得的结果才具有代表性。

观察法的优点是可以确保被观察者心理活动自然流露以及所得到材料的客观性,获得的资料比较真实,可以提供丰富的信息,并能够发现许多过去不在意的现象。不足之处是很难对观察结果进行重复验证,不易进行精确分析,易受观察者本人知识经验和观察技能等因素的影响。

(二) 相关研究法

相关研究法用于发现人的人格特质、行为或事件之间相互关联的程度。例如,子女与父母在智商、外貌、人际交往能力、情绪状态以及获得成绩之间的相关情况,或他们之间以怎样的方式相互联系着。

相关研究既能够在自然环境中开展,也可以在实验室中进行,其基本步骤是通过测验获得两个因素,然后运用统计处理技术揭示两者之间存在的相关程度,用相关系数说明两个因素相关的强度和方向。相关系数的范围是-1.00到$+1.00$,如果相关系数是$+1.00$,说明两者存在完全的正相关;如果相关系数是-1.00,则说明两者之间完全负相关。例如,某个人穿的球鞋尺码大小与他的性格特质之间的相关系数就是0。因此,相关系数越接近$+1.00$或-1.00,说明两者的相关程度越高。心理学的研究发现,同卵双生子智商的相关系数为0.86;子女与父母之间智商的相关系数为一般相关,其相关系数为0.35。[1]

相关研究能够说明两个测量之间的相关程度,当相关系数为正时,表明一个测验量的增加伴随着另一个测验量的增加。当相关系数为负时,表明一个测验量的增加伴随着另一个测验量的减少,例如,随着气温的升高,动物园里动物的活动减少。相关研究可以发现事件之间的相互关系,并能够进行预测。但是,相关并不能说明事实与观察到的现象之间存在着因果关系,即原因和结果的联系,两个测验(如人格特征与成功婚姻)之间,并不能说明是何者引发了何者,两个事件的表面相关不能说明两者之间一定存在着因果关系。

(三) 实验法

实验法是心理学研究中最有用的工具,也是心理学研究的主要方法之一。实验法不但能揭示问题"是什么",还能进一步探究产生问题的原因,即"为什么",可以通过控制实验条件来验证事件或现象之间存在着的因果关系。因此,它在心理学研究中被广泛应用。

实验法是指有计划、有目的地控制条件,使被试产生某种心理活动并进行分析研究的方法。实验者在进行实验研究时采用两组被试:一组被试为实验组,另一组被试为控制

---

[1] 罗绮.心理学知识的追寻与自我整合[D].武汉:华中师范大学,2019.

组。实验组和控制组的被试除了接受主试的要求不一样外,其他实验过程和条件都是一样的。

实验法主要有实验室实验法和自然实验法两种。实验室实验法(图1-5)通常在实验室环境中进行,优点是可以通过严格控制各种因素,并通过专门的仪器进行测试和记录实验数据,使得实验结果具有较高的可信度。自然实验法则更接近于真实生活环境,相对容易实施。两者各有其优点和不足,具体选择哪种方法取决于研究者的研究目的和条件。

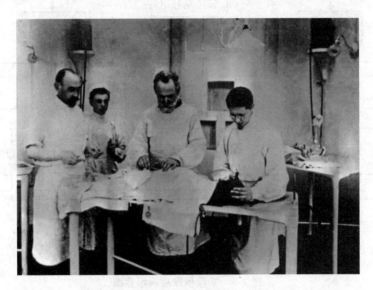

图1-5 巴甫洛夫的经典条件作用实验

在实验过程中,实验者给予被试的一系列变化的刺激信息,我们称之为变量。在心理学研究中,确定事件或现象因果关系的变量主要有以下三类:

(1)自变量。由实验者安排、控制、操纵与实施的实验条件叫自变量或独立变量。自变量是引起被试行为差异的原因,其范围、大小、欲取值由实验者决定,而不依赖任何其他条件。

(2)因变量。实验者要观察、测量和记录被试做出反应的变量叫因变量或依从变量,它们是实验者需要进行收集和研究的真正对象。例如,探讨学生阅读速度与记忆的关系,那么要求学生阅读的材料数量及速度等是自变量,而学生对材料的记忆成绩则是因变量。

(3)控制变量。实验者欲排除实验因素(自变量)以外的所有影响实验结果的变量。这些变量不是本实验所要研究的变量,但如果不加控制,它们可能会造成因变量的变化。只有将自变量以外一切能引起因变量变化的变量控制好,才能弄清实验中的因果关系。例如,阅读过程会受到光线强弱、内容深浅、阅读动机、噪声大小等条件的影响,这些都是实验变量之外可能会影响实验结果的变量,虽然实验目的并不是研究它们,但为了避免它们对实验结果产生影响,需设法予以控制。总之,采用实验法研究人的心理活动和行为特点的目的,是在控制条件下探讨自变量与因变量之间的因果关系。

在实验中,一般把被试随机地分配至两个组中加以控制。随机分配是指被试者有机会被分到实验组或控制组（或对照组），以保证个体差异在两个组之间达到平衡，当两组所有条件一样时，差别就只存在于自变量与因变量，实验步骤的控制如图1-6所示。

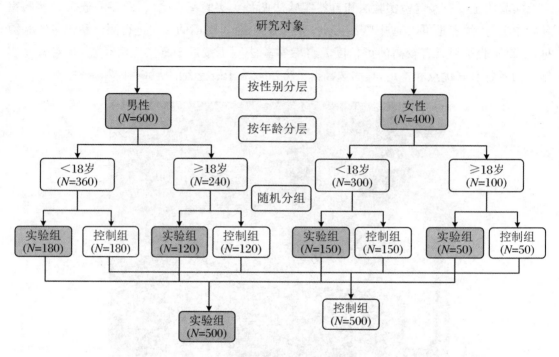

图1-6　实验步骤控制示意图

从以上实验步骤可见，实验法一般都采用实验组和控制组两组被试进行。实验组是经过实验程序与处理的一组，控制组是没有经过实验程序与处理的一组。若两组结果存在差异，则说明实验条件起了作用。

实验法实施的程序一般分为三个阶段。第一个阶段是确定实验组和控制组，它们应该包括影响个人行为的所有因素，这样就可避免实验结果的差异是由其他因素所致。例如，甲、乙两组是同一学校中成绩、智力、年龄、家庭背景、学习动机等基本相同的学生，现在实验组甲组学生接受了某种新的教学法，而控制组乙组学生则仍沿用传统教学法。实验期结束后经测验，甲、乙两组成绩出现明显差异，这就可以说明新的教学法能够提高学生的学习成绩。

实验法的第二个阶段是对实验组实施程序，控制组则不做处理。但是实验者要保证两者的实验处理无甚分别。例如，在教学法实验中，实验者要使实验组和控制组采用相同的教材，具有相同的学习目标、相同的设备，由同一教师进行教学，以确保两者之间的差异只来自不同的教学法，而不是由不同教师或其他原因所致。

实验法的第三个阶段是整理数据，做统计处理，并得出结论。一般以统计上的显著性差异说明，所谓显著性，是从概率角度来看结论是否为伪的概率。至于获得的实验结果达到何种程度为显著而被接受或拒绝，则是一个选择问题，若实验结论关系重大，可把接受标准提高至 $1\%（P<0.01）$，与之对应，也可以把标准稍降低为 $5\%（P<0.05）$。

(四) 个案法

个案法是对一个被试各方面状况进行深入而详尽的了解，收集个体过去和现在的资料，经过分析推知其行为原因的方法。个案研究有时被认为是临床检验或特殊形式的晤谈法，是一种很有价值的心理学研究方法。

个案研究以详细的观察和某些心理测验为基础，收集的资料包括个体从出生到现在的生活史、家庭关系、生活环境、人际关系、智力和人格等心理和行为特点。虽然个案研究缺少严格意义上的控制组，使获得的结论受到限制，然而，当不能对某些心理活动进行严格控制，或很难收集到相关信息资料，或出现了不寻常的情况时，个案研究则是唯一的资料来源，并能充分显现其特有的优越性。

个案研究能够解释个体某些心理和行为产生、发展、变化的原因，有助于研究者获得某种假设，这既是它的优点，也是它的不足。因为对某一个人的研究结论并不适用于另一个人，这样就难以对人类心理现象和行为表现进行概括，缺乏与其他个体或群体的可比性，所得出结论的推广性大大下降。

(五) 测验法

测验法是运用标准化测验（问卷或量表）工具度量个体间对某一事物反应的差异，或一组被试在不同时间或情境中的反应差异。典型的心理测验要求被试回答一系列问题，研究者对获得的数据进行分析后得出某些结论。一般把测验分为两类：直接心理测验和间接心理测验。直接心理测验主要用于测量个体能觉知的感知觉、记忆、思维、行为等，间接心理测验，如投射测验，主要用于测量个体不能意识到的动机、情感和人格特质等（图1-7）。

图1-7 罗夏墨迹测验

测验法按内容可分为智力测验、成就测验、态度测验和人格测验；按形式可分为文字测验和非文字测验；按测验规模可分为个别测验和团体测验等。测验法的使用必须具备两个基本要求:测验量表的信度和效度。信度是指某心理测验或实验研究得到的数据具有一致性或可靠性。测验的可靠程度高,同一个人多次接受该测验时,可以得到相同或大致相同的成绩。效度是指某心理测验或实验研究得到的结果是研究者所要测量的心理变量或品质,即一个测验对它所要测验的特性准确测验的程度。如果测验在很大程度上正确验证了测验的理论假设,即可认为该测验具有较高的构想效度。

要测量的全部内容或行为,即具有良好的内容效度;如果一个测验得分能够很好地预测个体未来的活动绩效,即具有较好的预测效度。例如,智力测验是度量智力水平的,而用来度量人格就是无效的。

(六) 调查法

调查法是指就某一问题要求被调查者自由表达意见或态度,以此来分析群体心理倾向的研究方法。实施调查法时要询问的一系列问题,需要经过仔细推敲,调查的对象必须是有代表性的样本。所谓代表性样本,是指能够准确反映总体的一组人,他们在性别、年龄、职业等方面均与总体一样。总体,是指属于特定范畴的所有人。在实际研究中,我们很难去调查所有人,但是可以通过随机选择一些代表性样本进行调查,并得出有关总体的结论。

调查法在实施时虽以个人为对象,但目的是借助许多个人的反应来分析和推测社会群体的心理趋向。调查法一般有两种方式:一种是问卷调查法,另一种是晤谈法。

问卷调查法采用事先拟定的问题,由被试按问题的回答来搜集相关资料,以此来分析和推测群体心理特点及有关心理状态。问卷可以向多人同时搜集同类问题的资料,比较省人力物力。但需要注意两个方面的问题:一是问卷回收率不高可能会影响结果的准确性;二是被调查者可能出现不认真合作,或对问题的回答不准确的情况,使问卷结果的真实性受到影响,导致样本数据不具有代表性。

晤谈法则是通过面谈方式搜集资料来分析和推测群体心理特点和心理状态的研究方法。晤谈法一般不需要特殊条件和设备,比较容易掌握和施行。但晤谈法获取足够资料需耗费大量时间和精力,一般只对少数对象采用这种方法。且由于晤谈对象有限,再加上被试可能受其主观因素的影响而导致资料不真实。因此,调查法只能了解事实"是什么",并不能解释"为什么"。因此,在心理学研究中,还需要使用其他方法来说明心理现象之间的因果关系。

复习思考题

1. 什么是心理学?
2. 心理学的主要研究方法有哪些?
3. 心理学的主要理论流派有哪些?
4. 什么是"实验者效应"?如何消除?
5. 描述一个你认为在当前心理学研究中最具发展潜力的新技术或方法,并解释。
6. 在心理学研究中,为什么要对样本进行随机抽样?

第二章 心理活动的神经生理基础

生理机制及其功能对人的行为与心理活动具有重要作用,是心理活动的物质基础。例如,仅有1.4千克左右重量的人脑为什么既能让人清醒又会使人做梦?为什么脑部受损会导致某些怪异行为?记忆和遗忘的生理机制是什么?等等。其实,人的一切心理活动和行为都可归结为神经系统的整合活动,人每时每刻都受到神经系统和内分泌系统的调节和控制,只有了解影响人的心理活动和行为方式的神经系统的生理学知识,才能更好地理解加工、存储并提取信息来解决问题的心理活动的基本过程和规律。

主要学习目标:理解神经元的构造、分类、兴奋传导等基本知识,掌握神经网络的构成及作用,理解反射和反射弧的工作机制,以及条件反射和非条件反射的区别。

第一节 神 经 元

神经系统是心理活动的重要物质基础。人的一切心理活动,感觉、知觉、记忆、思维等都是通过神经系统的活动来实现的。

一、神经系统的基本结构

(一) 神经元的结构

人脑由无数神经元(图2-1)构成,它们相互连接,形成巨大的神经网络,是人的意识活动最重要的生理基础。

神经系统主要由两种细胞——胶质细胞和神经细胞组成。胶质细胞为神经细胞提供结构支持,供给营养,运送代谢物并使神经细胞与其他细胞分隔开。神经细胞又称神经元,是神经系统最基本的结构和功能单位。

神经元不尽相同,功能各异。一个典型的神经元结构主要由细胞体、轴突、树突三个部分组成,图2-2是一个典型的神经元模式图,表明神经元沿着一个方向传递信息的状态。[1] 神经元具有接受刺激、传递信息和整合信息的功能,通常树突和细胞体接收传来的信息,细

---

[1] 彭聃龄.普通心理学[M].北京:北京师范大学出版社,1988.

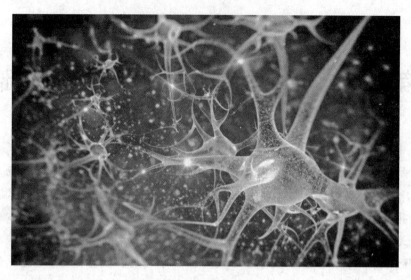

图 2-1 神经元

胞体对信息进行整合，然后通过轴突将信息传递给另一个神经元或效应器。有的轴突仅有 0.1 毫米长，而有些轴突在神经系统中可长约 1 米。终扣（神经末梢）是大多数轴突的终止部分，通过终扣连接其他神经元的树突和细胞体，使得信息能够从一个神经元传递到另外一个神经元。

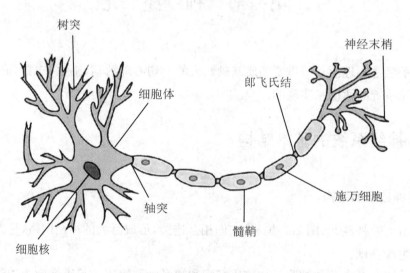

图 2-2 典型的神经元模式图

（二）神经元的种类

神经元根据其形态和功能特征，分为感觉神经元、运动神经元和联络神经元。感觉神经元又称为传入神经元，其功能是将连接在皮肤、肌肉、关节等感觉器官和内脏器官上的感受器所接收到的刺激信息，经神经冲动传导到中枢神经系统。运动神经元又称为传出神经元，其功能是将中枢神经系统加工后发出的神经冲动传至肌肉、关节、腺体等效应器。联络神元又称为中间神经元,它们只存在于脑和脊髓之中,将来自感觉神经元的神经冲动传递给其他中间神经元或运动神经元,其主要功能是连接传入神经元和传出神经元的神经冲动。每个运动神经元具有多达 5000 个中间神经元,它们之间形成了一个巨大的中介网络。[①] 人脑中约有 1000 亿个神经元,就像银河系中的星星那么多。令人惊异的是,每个神经元都能够把信息传递给约 10000 个其他的神经元。

(三) 神经兴奋的方式——神经冲动

神经元具有兴奋和传导两种功能。

1. 神经元的兴奋

神经元受到刺激并产生兴奋是一种对刺激的反应能力,其表现形式为神经冲动。神经冲动是神经组织的特性,它将信息从一个神经元传至另一个神经元。一般来说,神经冲动沿细胞轴突迅速向邻近的神经元传递。

神经冲动传导是一种复杂的生物电和生物化学反应,它以物理的和化学的活动为基础。当神经元受到刺激时,会从静息状态转为活动状态,即神经冲动。神经冲动实质上是神经元内部产生了生物电变化。当无刺激作用时,神经元细胞膜内外有一定电位差,膜内为负,膜外为正,电压相差约 70 毫伏(图 2-3)。这种在神经元处于静息状态下测到的电位,称为静息电位。可见,即使在静息状态下,神经元也是自发放电的。

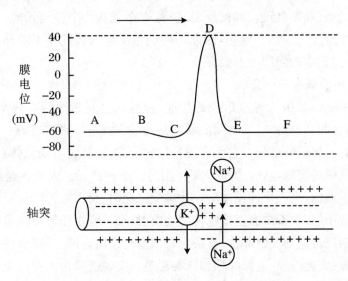

图 2-3 动作电位的产生过程

当神经细胞受到足够强刺激时,细胞膜的通透性就会迅速发生变化,此时钠离子(Na^+)被泵入膜内,使钠离子内流,膜内电位迅速上升,并高过膜外电位,使细胞膜内相对于细胞膜外变成正极,膜外为负极,出现去极化状态,这种在神经元受到刺激时发生的电位变化过程,称为动作电位,它表示神经元的兴奋状态。[②] 动作电位持续的时间大约为 1 毫秒,且在此期

[①] 林崇德.心理学大辞典[M].上海:上海教育出版社,2004.
[②] 郝唯茂.浅议意志与成就[J].贵州民族学院学报,2003(4):124-126.

间即使再增加刺激强度,也不会引起神经冲动,神经细胞兴奋的这种特性遵循"全或无"定律。

神经元的动作电位和静息电位是交替出现的。当动作电位产生之后,细胞膜又关闭了钠离子通道,并恢复到-70毫伏的状态。此时,神经元重新回到静息电位。

2. 神经元内神经冲动的传导

神经冲动是在同一神经细胞内传导的,是一种生物电传导的过程。神经冲动在神经细胞内的传导与电流沿着导线运动不同。电流在导线内按光速运动,为300000千米/秒,而神经冲动在神经细胞内的传导速度仅为32～320千米/时(8.9～88.9米/秒),如从一个神经元发出动作电位到恢复静息状态的时间大约为1/1000秒。因此,人类神经冲动的传导速率大约为1000次/秒。可见,神经冲动传导是需要一定时间的,例如当手被烫到时,大脑并不是立刻就知道的,而是大约在1/50秒之后才得到信息。

神经冲动在神经元内的传导与动作电位具有密切关系。当动作电位产生时,神经纤维上的某个部位就会产生电位变化,细胞膜表面会由正电位变为负电位,而细胞膜内则由负电位变为正电位。但是,在还未受到刺激部位的地方,仍处于静息状态,依然是膜外为正电,膜内为负电。这样在神经细胞表面,就存在兴奋部位和静息部位之间的电位差,并产生了由未兴奋部位的正电荷向兴奋部位负电荷的电流。膜内的兴奋部位与静息部位之间也出现了电位差,产生相反方向的电流,这样就构成了一个电流回路,使未兴奋部位的细胞膜的通透性发生变化,并产生新的动作电流。如此反复进行,兴奋就从一个神经元的一处传到另一处。由于动作电位产生服从"全或无"定律,因此神经细胞反应的强度并不随外界刺激的强弱而改变,信息在传导过程中的强度也不会衰减。

3. 神经元之间的联系——突触

一个神经元不能单独执行神经系统的功能,神经元之间必须相互联系,构成复杂的通路,才具有传递信息的功能,神经元之间的联系是通过突触进行和实现的。突触是一个神经元与另一个神经元相接触的部位。它们有三种接触形式,即轴突与细胞体、轴突与轴突以及轴突与树突。信息通过突触,从一个神经元传至另一个神经元。人类神经元之间的连接基本上是生物化学性质的,当一个神经冲动到达轴突末梢时,会引起神经递质的释放。但在低等动物的神经系统中,存在着少量直接电传导的突触,而不依靠任何神经递质。[①]

突触是控制信息传递的关键部位,它决定着信息传递的方向、范围和性质。突触的特殊结构分为三个部分:突触前膜、突触间隙和突触后膜。突触前膜是由神经元轴突末梢膨大而成的球形小体,中间含有许多突触小泡,小泡内有神经递质,球形小体前方的质膜称为突触前膜。两膜之间的间隙称为突触间隙。突触后膜含有特殊分子受体。突触的特殊结构可以使神经冲动从一个神经元传递到与它相邻的另一个神经元(图2-4)。

神经冲动在突触部位的传导是通过电传导和生物化学传导两个过程完成的。当一个神经元内的神经冲动传到轴突末梢时,突触前膜轴突末端膨大的突触小体中的突触小泡内储存的神经递质被释放出来,进入突触间隙,进入突触间隙中的神经化学递质与突触后膜特殊

---

① 王波,李惠雅. 恩格斯的心理学思想及其时代价值[N]. 中国社会科学报,2021-07-08(005).

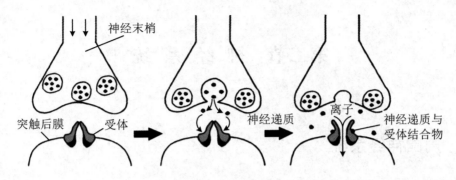

图 2.4 突触传递

的分子受体结合,引起突触后膜电位变化,产生突触后电位,实现了神经冲动的传递。神经递质为媒介的突触传递,是人脑内信息传递的主要方式。

突触的信息传递主要是通过生物化学递质完成的。由于神经元的轴突末梢释放的递质不同,以及传递的信息各异,可以把突触分为兴奋性突触和抑制性突触。这两种不同类型的动作电位变化,是由突触小泡释放的不同生物化学递质与不同突触特殊分子受体结合造成的。人脑内大约有 30 多种神经递质,如乙酰胆碱、肾上腺素、去甲肾上腺素、5-羟色胺、多巴胺、多种氨基酸等。这说明人的心理和行为可能会受到许多药物的影响,因为药物可以阻断、复制或激发神经递质的活动。① 例如,乙酰胆碱的作用就能够激活肌肉,而箭毒(一种药物)则会占据肌肉中的分子受体,阻断乙酰胆碱,从而导致人或动物身体瘫痪。同样,兴奋性突触后电位具有增加突触后神经元产生扩散性兴奋的动作电位,并使神经冲动沿神经纤维传导。抑制性突触后电位则具有降低突触后膜的兴奋性,阻止突触后神经元发生扩散性兴奋而出现抑制效应。神经元通过突触与多个神经元联系,神经元之间是兴奋还是抑制,是由兴奋性突触和抑制性突触的动作电位共同决定的,它们对于神经系统的功能起着重要作用。神经元用肉眼是看不见的,能看见的神经是一束束轴突和树突。在脑和脊髓中,神经细胞由神经鞘膜保护着。然而,如果脑和脊髓中的神经元受到损坏,有些神经元便无法再生成新的神经元来取代,这就是为什么当一个人的脊髓在某处受到损伤后,会造成躯体部分的永久性瘫痪。然而,最近的研究发现,当脑神经细胞损坏后,通过某种特殊训练,可以使其功能得到某种程度的恢复。

人的神经系统是一个整体结构,也是一个极其复杂的机能系统。根据部位及其功能,可以把人的神经系统分为中枢神经系统和周围神经系统两大部分。周围神经系统由大量通往中枢神经系统和传递信息的神经纤维组成,它们分布于全身,与脑、脊髓和全身器官相连来接受刺激,并将神经冲动传递给中枢神经系统,同时将中枢神经系统的动作指令传递给效应器并产生动作或行为。中枢神经系统由脑和脊髓组成,它们对由周围神经系统输入的信息进行分析与综合。②

---

① 臧志远.《选定立场:心理学话题的对立观点》(第八章)翻译报告[D].郑州:河南大学,2019.
② 罗绮.心理学知识的追寻与自我整合[D].武汉:华中师范大学,2019.

第二节 神经系统

一、周围神经系统

周围神经系统分为躯体神经系统和植物性神经系统。

躯体神经系统由与骨骼肌和感受器相连接的神经组成，主要负责传递来往于中枢神经系统与感觉器官和骨骼肌肉之间的信息交换。植物性神经系统（又称自主神经系统）主要负责传递内脏器官与腺体之间的信息交换。

躯体神经系统和植物性神经系统共同活动，协调人的内部状态和外部行为，两者的主要区别是，躯体神经系统的活动是随意的，植物性神经系统的活动是非随意的。

（一）躯体神经系统

躯体神经系统由脑神经和脊神经组成，它们把来自眼、耳、鼻、舌以及皮肤、肌肉、关节等外部刺激的信息传递到中枢神经系统，使人感知光亮、声音、疼痛、温度等变化，又把在中枢神经部位产生的分析综合后的神经冲动输送到运动器官和效应器，从而产生感官的、腺体的和肢体的运动反应，包括随意动作、调整姿势以及平衡活动等，它们都是由躯体神经系统加以控制的。

（二）植物性神经系统

植物性神经系统又称为自主神经系统，由分布在心肌、平滑肌、腺体等内脏器官的运动神经元构成，它们控制身体内的不随意运动，如出汗、心跳、消化、血液循环等，是不由人的主观意志控制和决定的，即使人睡着了或处于无意识状态，它们也不会停止活动（图2-5）。

植物性神经系统分为交感神经系统和副交感神经系统。交感神经由脊髓的中部胸和腰中段发出，结合为交感神经节，然后延伸至心脏、血管、气管和肺、胃肠、消化器官以及肾和肾上腺、生殖器官等部位，交感神经系统的主要功能是激活这些器官的活动，提高有机体的唤醒水平，为应对紧急事件做准备，以适应周围环境的各种变化。

副交感神经从脑部某些神经核和脊髓髓部发出，并由此延伸至各个内脏部分。副交感神经与交感神经相互颉颃，其功能是使有机体消除兴奋、恢复或维持安静状态，如使自己的心跳放缓、血压降低，由兴奋状态转为正常状态等。

植物性神经系统中的交感神经和副交感神经的活动是相继发挥各自功能的，这有助于有机体维持正常的生理节律和生理平衡状态。但在周围环境因素变化的情况下，两个系统有可能被同时激活，例如，在极度恐惧的情绪状态下，交感神经系统处于主导支配地位，此时副交感神经系统并不是外周血管扩张，而是收缩，心脏似乎停止跳动，呼吸也被压抑，甚至出现解小便或大便的急切需要。因此，对于有机体来说，交感神经和副交感神经的功能是相辅相成、协调统一的，它们共同决定着躯体的唤醒水平。

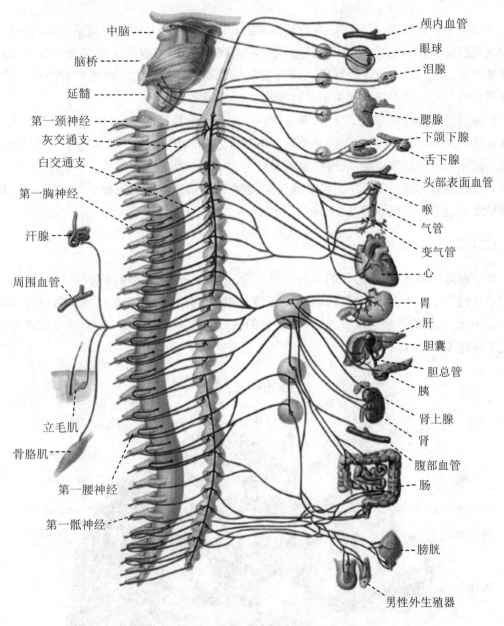

图 2-5 植物性神经系统示意图

二、外周神经系统

外周神经系统由脑神经和脊神经组成。脑位于人的颅腔内，脊髓位于人的椎管中，它们的主要功能是对输入信息进行分析与综合。它们一方面调节身体器官的生理平衡，维持人的基本动作和行为反应；另一方面，协调人与社会环境之间复杂信息的加工和处理。

(一) 脊髓

脊髓位于脊椎管内,像是一根电缆连接着脑和躯体。脊髓是中枢神经系统低级中枢,负责控制反射动作和活动,如排泄和膝跳反射等。脊髓由神经细胞聚集的灰质和由神经纤维组成的白质构成,共31对神经纤维从脊髓发出组成周围神经系统。脊髓具有两种功能,即脑神经传入与传出的中转站和简单反射控制中心。

脊髓最简单的活动方式是反射,即某个刺激引起了某种自动反应,这类反射发生的部位就在脊髓。例如,当感受器接收到某个刺激信息,即发出动作电位,并把信息传递到脊髓,脊髓接收信息后返回到效应器,从而产生某种行为或动作。反射是躯体的一种自我保护装置,它既可以在没有大脑参与下作出必要的反应,也可以把信息传递至大脑。一般情况下,即使是简单反射也会引起机体的复杂活动。

(二) 脑

在中枢神经系统中,最重要的部分是脑(图2-6),所有复杂心理活动都与脑密切相关。人脑重量约为1.4千克,比大象脑重(5.9千克)和鲸鱼脑重(8.6千克)轻得多,但若以脑重与体重相比,人脑的重量是体重的1/60,大象的脑重是其体重的1/1000,而鲸鱼脑重与体重的比率高达1/10000。[①]

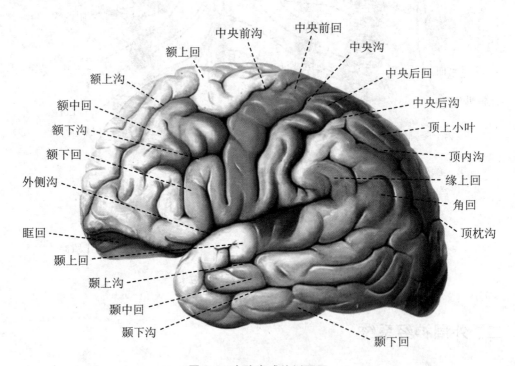

图2-6 大脑半球外侧面图

---

① 莫传玉. 弗拉基米尔·纳博科夫文学心理学思想研究[D]. 上海:华东师范大学,2019.

人脑中含有人体中全部神经细胞的90%,呈复杂的网状结构,在每立方厘米组织内含有约4000万个突触,它们昼夜不停地活动。因此,占人体重量约2%的脑,要消耗身体供氧的1/5左右。

人类从低等动物进化到高等动物的过程极其重要。随着人类的进化,人脑经历了漫长的生物进化过程。大脑在整个身体中所占的比例不断增加,经历了数次极为重要的进化发展阶段。第一个进化阶段是爬行类动物进化至哺乳类动物阶段。哺乳类动物的脑占身体的比重比爬行类动物整整大4倍。第二次重大的进化是灵长类动物的出现,它使脑占身体的比重再扩大1倍,如图2-7中人脑与猫、鼠和鱼等动物的脑的大小比较。第三次具有里程碑意义的进化是人脑的出现,它除了使脑的体积显著增加外,还使其复杂性大大增加,尤其是前脑的出现,使人类能够进行特有的复杂的智慧活动,从而使人类的特有行为显现和发展。例如,人类特有的思维、推理、记忆、决策等能力,伴随着语言的出现和运用,促使人类智能迅速发展。发达的脑为人类的抽象思维、逻辑推理能力奠定了坚实的物质基础。

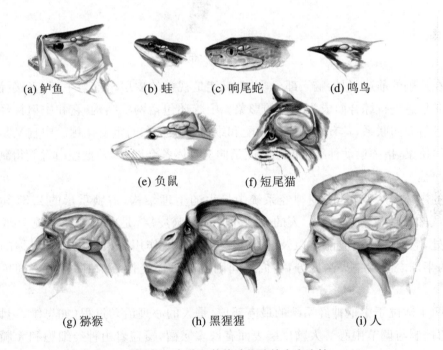

图 2-7　人脑和其他动物脑的大小比较

人脑的结构分为三个部分:后脑(hindbrain)、中脑(midbrain)和前脑(forebrain)(图2-8)。从生物进化角度看,后脑是最原始的部分,稍后发展的是中脑,最后发展的是前脑。

后脑包括小脑和延髓,其生理功能是进行和调节身体的生理机能,如食欲、消化、口渴、身体平衡、睡眠、体温、呼吸、腺体分泌、血管收缩及心跳等。小脑主要的功能是协助大脑维持身体运动,控制姿势和维持身体平衡,如走路、舞蹈、游泳等,一旦掌握,就会把程序编入小脑自动地进行运作,同时它还控制部分反射性动作以及基本情绪反应。延髓是维持个体生命机能极其重要的部分,延髓若功能丧失,就会使心跳停止、血压消失和呼吸丧失,生命就难以维持,因此它又称为"生命中枢"。

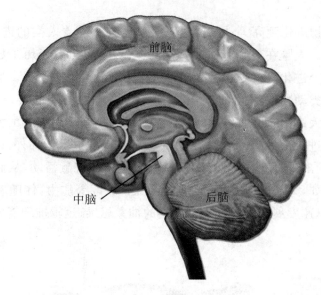

图 2.8　脑区分布图

中脑在后脑的前边,包括脑干部分,主要机能是视觉的皮层下反射中枢,直接控制眼睛使其对刺激信息进行综合而成为完整的形象。中脑还包括网状结构,它和中枢神经系统的某些部分进行双向联系,具有控制机体觉醒和维持意识状态的重要作用。中脑又是连接前脑和后脑的桥梁,指挥运动神经由前脑经此延伸至身体各个部分,并把经由脊髓得到的感官信息传至前脑。

前脑的主体是大脑,是中枢神经系统中最大的生理结构,占脑重量的 2/3,其主要功能是高级认知活动和情绪过程。人的大脑外层是大脑皮层,是中枢神经系统 70% 神经元的所在之处,它对人的适应能力以及智慧发展具有重要作用。大脑由左右对称的两个半球组成,两半球之间由中央沟区分,它们之间则由胼胝体连接,以在两半球之间传递和发送信息。

大脑两半球位于中枢神经系统的最高部位,是人的心理活动过程(如思维、记忆、随意运动等)的控制与调节中心。大脑皮层表面有许多皱褶,覆盖着由神经细胞和无髓鞘神经纤维组成的灰质,它的凹陷缝隙称为沟或裂,凸起的部分称为回。在解剖上把大脑两半球表面的沟或裂分为左右对称的外侧裂、中央沟和顶枕裂。这三条沟裂将大脑皮层划分为四个区域,称为叶,分别为额叶、顶叶、枕叶和颞叶。中央沟是额叶和顶叶的分界,外侧裂是额叶和颞叶的分界,顶枕裂是顶叶和枕叶的分界。大脑皮层不同脑区位置如图 2-9 所示。

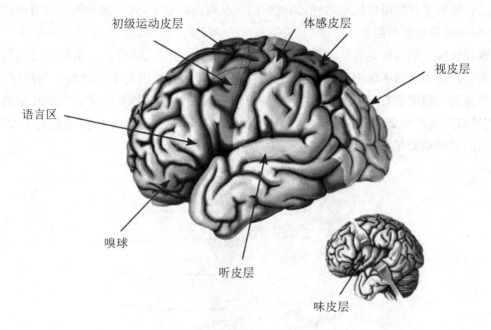

图 2-9 大脑皮层不同脑区示意图

三、大脑结构和机能

（一）大脑皮层的区域和功能

大脑皮层是脑的高级部位，是心理活动最重要的部分，表面积约为 2200 平方厘米，其中 1/3 露在表面，2/3 在沟裂底壁。大脑两半球最外表的细胞层呈灰色，称为灰质，主要聚集着大量神经元细胞体，具有极其复杂的突触联系。大脑皮层下则由带髓鞘的神经纤维组成，呈白色，故称为白质，它们与其他神经结构相联系。大脑皮层的厚度在 1.5~4.5 毫米，分为 6 层，每层具有不同的机能和作用，其中第 1~4 层的主要功能是对刺激信息进行精细分析和综合；第 5~6 层主要接收和传递来自大脑皮层上面几层的信息。大脑皮层的皱褶程度显示了个体所具有的智慧水平，智慧水平越低的动物其大脑皮层的皱褶越少，而正常人大脑皮层上的皱褶是最多的。

大脑皮层主要机能区域有感觉区、运动区、言语区和联合区。

1. 大脑皮层的感觉区及其机能

大脑皮层的感觉区包括躯体感觉区、视觉区、听觉区、嗅觉区和味觉区。感觉区主要接受来自各种感觉器官的神经冲动，并对传递的信息进行整合与加工。

躯体感觉区位于中央沟后回的左、右脑顶叶部位，是躯体感觉的主要投射区，叫作机体感觉区。例如，人的触觉、温度觉、痛觉、压觉等躯体感觉都在顶叶的机体感觉区上。整个机体感觉区呈倒置分布，按下肢、上肢、头面部的顺序排列；头面部在感觉区的投射是正置分布。身体各部位的重要程度，即感觉的精细程度和复杂程度，决定了它在感觉区域上的投射面积,舌、唇和手对刺激信息最敏感,因此它们的投射面积最大,而背部和躯干部分的敏感度较低,它们的投射面积很小。

视觉区位于脑后部的枕叶,它专门处理由视网膜传递的视觉信息。从两只眼睛传递的信息都会到达大脑两半球的枕叶,但需经过视交叉,即来自双眼右半边的信息(视野的左半边),传递到大脑皮层右半部,双眼左半部的信息(视野的右半边)则传递到大脑皮层的左半部,枕叶对经视神经交叉的信息整合后产生视觉(图2-10)。如果视觉中枢受到破坏,即使眼睛器官的其他功能都正常,也会失去正常的视觉。

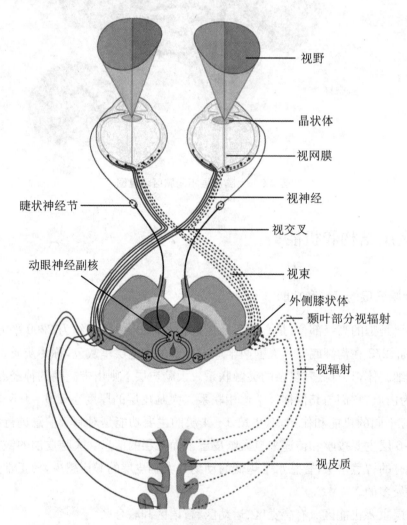

图 2-10 视觉传导通路

听觉区位于大脑外侧裂下部两侧的颞叶,专门处理由耳朵传递的声音信息。大脑皮层颞叶区接受来自双耳的信息,与视觉区一样,大脑皮层颞叶得到的信息,主要来自头部另一侧的耳,因此带有双侧性。研究发现,人对不同性质的声音的听觉与颞叶上的不同部位有关,大多数人的语言区在左侧颞叶,仅有约5%的人的语言区在右侧颞叶。如果听觉区受损,即使其他听觉器官都正常,也将造成听觉的丧失。

2. 大脑皮层的运动区及其机能

大脑皮层的运动区位于中央沟前回的左、右脑顶叶部位,它是躯干和四肢中各肌肉运动单位在皮层上的投射区,主要功能是支配、调节身体的姿势、位置及躯体各部位的运动。运动区具有精细的机能定位,即一定区域支配一定部位的肌肉,其排列呈倒置分布,但头面部区域内的排列为正置分布。身体不同部位在大脑皮层上的代表区,其大小与运动的精细、复杂程度有关,例如,大拇指和口部所占区域较大。大脑皮层的感觉区和运动区的不同位置如图 2-11 所示。

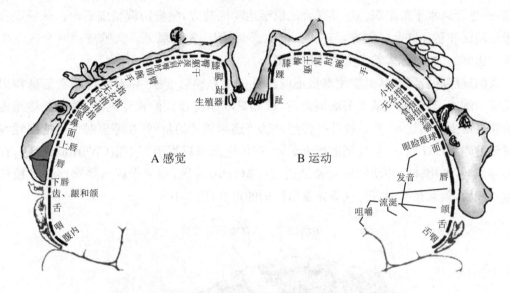

图 2-11 大脑皮层感觉区和运动区与躯体各部分的关系

3. 大脑皮层的语言区及其机能

大脑皮层的语言区在额叶,它位于外侧裂之上和中央沟之前,是高级心理机能和运动控制的中枢,具有运动控制和进行认知活动,如决策、计划、目标设定等功能。语言区主要由大脑左半球上较为广泛的运动皮层区域组成。研究发现,听单词会激活大脑左半球颞叶,说单词则激活大脑左半球前额叶;看单词会激活大脑左半球枕叶;生成动词则激活大脑左半球额叶。

当大脑左半球受损时,会出现全身或右半侧身体麻痹以及丧失使用语言的能力。语言区一般分为运动性语言区、听觉性语言区、视觉性语言区和书写区。运动性语言区的机能是控制说话时舌和颚的运动;听觉性语言区位于颞叶上方枕叶附近,与听觉区配合理解口头言语;视觉性语言区位于顶枕叶交界处,它和视觉区配合理解书面语言;书写区位于额中回后部,与运动区的某些部分配合来书写文字。语言区受损会造成各种类型的失语症,如听觉失语或运动性失语等,也会导致一个人的人格或情绪改变,说明人的智力活动主要是依靠额叶来完成的。如果儿童大脑额叶受损,可能会影响他(她)的智力发展,并导致严重的社会交往障碍。[①]

---

① 刘华.意志品质培养初探[J].山西高等学校社会科学学报,1999,11(2):80-81.

4. 大脑皮层的联合区及其机能

人类大脑皮层上具有不同机能的感觉区和运动区，它们占整个大脑皮层很小部分，其余区域是具有范围更广的联合功能区域，称为皮层联合区。人类联合区在大脑皮层上所占比例是动物中最大的。联合区不接受任何信息的直接输入，很少直接支配身体的运动，其主要功能是将来自不同感觉器官的信息加以连接、整合和加工，即对信息进行综合处理。例如，一些较高级的心理过程，如记忆、思维、语言和决策等与额叶的联合区有关。联合区分为感觉联合区、运动联合区和前额联合区。感觉联合区位于感觉区附近的区域，它从感觉区接收信息，并进行高水平的组织。运动联合区位于运动区前方，负责协调精细活动。前额联合区位于运动区和运动联合区前方，与注意、记忆、问题解决密切联系。大脑皮层联合区在皮层上所占比例的大小，标志着人类进化的程度。

大脑皮层联合区及其机能使来自不同感觉的信息整合起来，以对环境刺激信息作出适当反应。例如，当要说出某个书面词语时，首先是眼睛将该词的视觉刺激，通过视神经将冲动传递至视觉区的枕叶，然后枕叶把神经冲动传递到颞叶的角回，在那里对该词的视觉编码与听觉编码加以比较，一旦找到适当听觉码，就传递到韦尼克语言中枢（Wernicke 区），在那里解释该词，并把神经冲动传递到说话语言中枢（Broca 区，布洛卡区），当这些信息被传递到运动区后，就刺激嘴唇、舌、喉等并发出该词的声音（图2-12）。

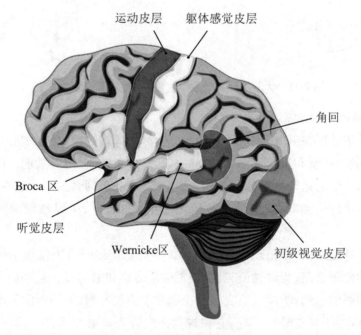

图 2.12　大脑皮层的各个联合区

（二）大脑两半球的功能分工

著名生理心理学家斯佩里（Roger Sperry，1914—1994）的研究表明，大脑两半球在功能上绝非一样，主要表现在言语、空间组织能力、思维类型、感知觉、音乐舞蹈等方面存在不同分工，以及右手比左手更为灵巧等功能上的差别。这种功能不对称，使得大脑左、右半球在某些方面成为优势半球,这称为大脑两半球单侧化。

大脑两半球单侧化的研究源于对左利手者和右利手者的研究。一般认为,右利手者(占人类总数约90%)大脑左半球受损时,在理解空间方位和图形方面时不能知觉复杂图形信息,有时不能辨识出熟人的面孔,而这些现象在左利手病人身上则很少出现。在对割裂脑(为控制癫痫病,切断连接左右脑的胼胝体)的研究中,大脑左、右半球在功能上彼此独立,成为两个分离的脑的活动。当一张印有小球的图片被投射到患者们的右眼视野(左脑)处时,患者们能准确地说出他们看见了一个小球。而当印有锤子的照片被投射到患者们的左眼视野(右脑)处时,患者们却说出他们什么也看不见,如图2-13所示。

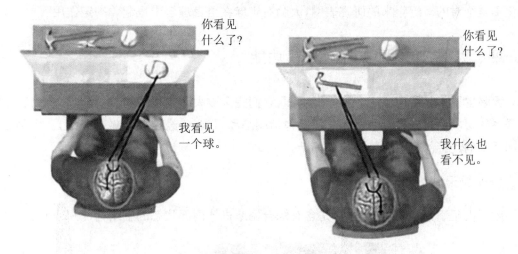

图 2-13 裂脑人实验示意图

类似的实验发现,将"铅""笔"卡片分别投射在病人左、右视野,病人能说出"笔",因为"笔"投射在大脑左半球,故能命名,而"铅"投射在大脑右半球,则不能用言语描述出来。斯佩里说:"每个半球似乎都有其独立的自我感觉、自我感知和自我概念,都能独立产生自我冲动与行为。"

实验中,如果将一支铅笔放在病人左手,他不能用言语表达,但可以用动作表达其用途;而将铅笔换到右手,病人就可以用言语表达了。对正常的右利手者进行实验,分别在左、右视野呈现文字和人像图片,结果发现,呈现文字时,右视野——左半球比左视野——右半球反应时短且准确性高;而呈现人像图片时,右视野——左半球比左视野——右半球反应时长且准确性差,这说明正常人的左脑是言语优势半球,右脑是图形优势半球。进一步研究发现,在言语、阅读、书写、数字运算、逻辑分析推理等方面,大脑左半球起着主要作用;在形状知觉、空间知觉、情绪、音乐、节奏感、艺术等方面,大脑右半球起主要作用。

人脑左右半球的功能按不同方式加工刺激信息,即语言信息一般由大脑左半球处理。大约有95%的成年人是使用大脑左半球来控制说话、写作和言语理解的。具体说,右利手的成年人中约有97%的人的语言中枢在大脑左半球;在左利手的成年人中,大约只有68%的人的语言中枢在大脑左半球。相比之下,大脑右半球仅对一些简单语言和数字反应,如果某成年人只能用大脑右半球来加工处理信息的话,那么他说话时使用的语言就会像只会说十几个单词的孩子那样出现交际障碍。①

大脑两半球单侧化随语言的发展才逐步出现,年龄较小的儿童在大脑两半球单侧化尚未完成时,如果左半球受损,其语言功能的区域可由另一半球来代替。但如果损伤发生在成年人的大脑左半球区域,其语言能力将取决于受损程度,可能会造成不可挽回的后果。如果大脑右半球受损,会出现"失视"现象,即对左视野内的东西"视而不见",当要求照图画进行临摹时,画出的图总是缺少左侧部分。令人惊讶的是,在大脑左侧半球损伤的病人身上,则不会出现对右侧空间的"失视"。

男女性别差异也部分体现在大脑两半球功能的差异上。应该指出的是,大脑两半球单侧化不是绝对的。近年来的研究表明,大脑右半球在语言理解中也起着一定作用。

四、大脑皮层下脑结构及其功能

大脑皮层下脑结构位于大脑皮层下面,它们完全被大脑皮层覆盖着,可大体分为三个相互联系的层次:前脑、中脑和后脑。前脑包括端脑和间脑(已经在前面做了介绍)。中脑是前脑和后脑的连接部分。后脑又称为脑干。

(一)脑干

脑干由延髓中脑和脑桥组成,是含有综合调节机体内部状态的脑结构(图2-14)。

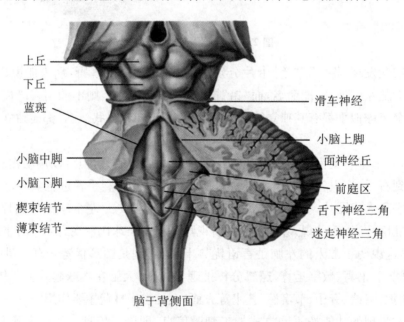

图2-14 脑干背侧面示意图

---

① Edgell B. Mental life (psychology revivals)[M]. London:Psychology Press,2014.

延髓位于脊髓最上端,具有维持生命活动的重要机能,是呼吸、心率、血压、吞咽等调节中枢,由于这些活动对生命的维持是必需的,因此延髓损伤(如药物、疾病、创伤等)将是致命的。紧贴延髓之上的是脑桥,它提供传入神经纤维到其他脑干结构和小脑之中。

网状结构位于延髓和脑干所形成的腔内,由一些神经纤维和细胞体组成。由于大脑的传入和传出信息都要经过网状结构,因此它会唤醒大脑皮层去注意新的刺激、运动和一些反射活动,甚至在睡眠中也保持着脑的警觉反应。研究表明,只要损毁动物一小部分网状组织面积,就会导致动物进入类似睡眠的昏迷状况。

小脑位于脑的基部,在骨基底部紧贴脑干之上。小脑的主要功能是调整姿势、肌肉紧张度、协调身体运动和维持平衡。最近的研究表明,小脑在技能动作掌握、习惯性行为模式记忆、运动型技能学习等方面发挥着重要作用。如果小脑受损伤或小脑发育障碍,人将不能完成走路、跑步或接住飞过来的东西等动作。

(二) 丘脑、下丘脑和边缘系统

1. 丘脑

丘脑位于前脑部分,主要功能是传递感觉信息。当感觉信息通过特定通道传入大脑皮层时,丘脑是神经冲动的中间转换站。传入的感觉信息,如视觉信息、听觉信息、味觉信息、触觉信息等在丘脑进行初步分析后,再通过丘脑将信息送达到大脑皮层的相应区域,并在那里进行分析和综合。如果丘脑受到损伤,就有可能导致失明、失聪或其他感觉的缺失。但嗅觉信息不经丘脑而被直接传递至大脑皮层进行加工处理。因此,丘脑损伤并不会影响嗅觉。

2. 下丘脑

下丘脑是脑内很小的结构,仅有葡萄那么大,但具有重要功能。实际上,下丘脑由几个神经核团和更小的神经元群组成,它是情绪、基本动机、摄食、饮水、体温调节、睡眠、觉醒、愤怒、性行为等的主要中枢。下丘脑也调节人体的内分泌系统的活动。

3. 边缘系统

边缘系统由下丘脑、海马、杏仁核组成(图2-15)。边缘系统主要参与动机、情绪状态和记忆过程,同时也参与体温、血压和血糖水平的调节并执行其他体内环境的调节活动。在边缘系统中,海马在外显记忆或长时记忆中起着重要作用,如果用电极刺激海马,会产生类似回忆或做梦的体验。但是,损毁海马并不会妨碍意识觉知外的内隐记忆。

在边缘系统中,杏仁核对情绪控制和情绪记忆具有一定作用。由于杏仁核具有控制功能,因此对人的精神活动会产生某些镇静效应。当杏仁核受损时,会影响人对面部表情的识别。

生理心理学研究发现,在边缘系统中有"快乐中枢"和"痛苦中枢",当刺激这些区域时,会引起快乐或满意感以及痛苦或厌恶感,这些区域与饥饿、渴感、性欲等或逃避、惩罚等行为相连。可卡因、海洛因、尼古丁、大麻、酒精等会激活这些区域的功能,而使人表现出药物依赖、成瘾状态或躁动行为等。

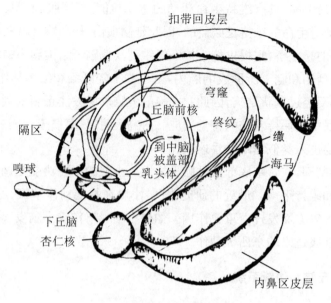

图 2-15 边缘系统示意图

五、反射与反射弧

(一) 反射的含义

反射是神经系统的基本活动方式,是在中枢神经系统参与下,有机体对内外环境刺激作出的规律性反应。例如手遇火时即刻缩回,物体刺激眼角膜时产生眨眼,驾车时遇到红灯即停车等,都是反射活动。

反射是有机体对内在和外在刺激有规律的反应。最早提出反射概念的是法国哲学家笛卡儿,他观察到眼角膜受到机械性刺激后引起规律性眨眼反应。随后,俄国生理学家谢切诺夫(1829—1905)在1863年第一次把反射概念用于心理学领域,并用反射概念来解释人脑的活动和人的心理活动。他认为,"有意识的和无意识的生命的一切活动,按其产生方式来说,都是反射",他还说:"人的思想实质上是反射。"谢切诺夫的思想为心理学研究奠定了自然科学的基础,使心理现象成为能够被客观观察和测量的对象。例如,人的心理活动是由作用于感觉器官的刺激物引起,人脑以反射的形式作出反应,即感觉兴奋为开端,心理活动为中介,肌肉运动为反应末端。反射的中间部分具有思维性质,全部心理活动都借助反射活动而发展起来。

巴甫洛夫继承谢切诺夫脑反射学说的思想,并创立了条件反射学说,使反射内涵更全面。现代生理学认为,反射是有机体借助中枢神经系统实现的对外界和内部刺激进行的规律性应答。神经系统通过反射活动来控制和调节机体内部的生理过程,使机体成为一个完整的统一体,并与外界环境保持紧密的联系和相互平衡。

(二) 反射弧

反射弧是实现反射活动的神经结构,也是执行反射活动的生理基础,是从接受刺激到发生反应、兴奋在神经系统内循行的路径,一个完整的反射弧包括五个部分:感受器、传入神经、神经中枢、传出神经和效应器(图2-16)。当刺激作用于感觉器官时,感受器接收信息产生神经冲动,沿传入神经传至神经中枢,神经中枢对传入的信息进行整合加工后,再由传出神经把神经冲动传至效应器并做出反应。任何复杂的反射活动,都是个体与环境之间相互作用的结果,因此,每次反射活动都不是一次就能完成的单方向传导过程,而是在神经中枢和效应器之间多次返回传递与联系的过程。以人的反射活动来说,当刺激(输入)作用于感受器后,神经兴奋沿着传入神经传递到大脑中枢,再沿传出神经至效应器的活动(输出),此时反射活动并不停止,效应器的反应动作又作为刺激信息(输入)返回作用于感受器,进而通过大脑中枢的调节影响效应器的活动(输出),并再次引起神经兴奋并传向神经中枢,这个过程称为反馈联系。反馈联系具有两种作用:正反馈和负反馈。反馈信息产生并增强中枢神经活动的输出是正反馈,抑制或减弱中枢神经活动的输出称为负反馈。在学习中,可以利用反馈的作用,将学习结果及时提供给学习者,以提升学习效果。[①]

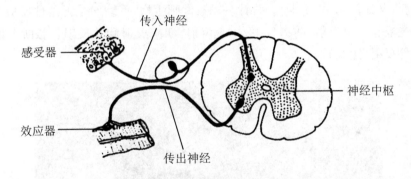

图 2-16 反射弧示意图

反射活动的神经结构并非仅是弧,而是一种具有内在联系的环路,这样有机体的活动才可能准确、完整。反射弧的神经兴奋传导通路有两条:一是特异性传入通路,即特定的感受器与特定的传导路径传递某种特定信息,并将神经兴奋传至大脑皮层特定区域;二是非特异性传入通路,即神经兴奋弥漫性地投射在大脑皮层的广泛区域,使有机体处于清醒状态。反射弧的传出通路也有两条:锥体系和锥体外系。锥体系由大脑皮层调节和控制有机体精确、复杂的运动;锥体外系则参与调节有机体的肌肉紧张与协调肌肉的运动等。

---

① 罗明东,王荔,印义炯,等.心理学[M].昆明:云南大学出版社,2011.

第三节 高级神经活动学说

一、条件反射与非条件反射

(一) 条件反射

1. 无条件反射

无条件反射是有机体在种系发展过程中形成并遗传下来的反射。本能就是无条件反射。最基本的无条件反射有吸吮反射、抓握反射、防御反射等。随着动物演化程度的提高，无条件反射逐渐趋少。引起无条件反射的刺激物叫无条件刺激物，由无条件刺激物引起的反应叫无条件反应。如狗吃肉会流唾液，是无条件反射，其中"肉"是无条件刺激物，流唾液是无条件反应；又如针刺手，手即缩回，针是无条件刺激物，手缩回是无条件反应。有机体的无条件反射主要有食物反射、防御反射、内脏反射、朝向反射和性反射。膝跳反射就是一种经典的无条件反射（图2-17）。

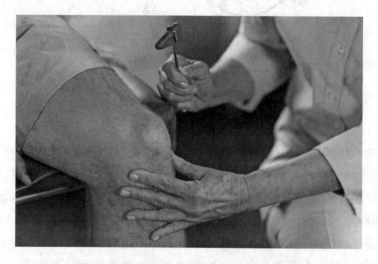

图2-17 膝跳反射：一种经典的无条件反射

无条件反射的神经通路是固定的神经联系，它由中枢神经系统低级部位的脑干和脊髓实现。但在高等动物身上，无条件反射也受到大脑皮层中枢的调节。无条件反射是维持个体生存与种系繁衍和成长不可或缺的神经活动。但是，由于无条件反射具有刻板的性质，使有机体不能适应极其复杂和频繁变化的现实情境。因此，有机体在客观环境的作用和影响下，在无条件反射的基础上形成了条件反射。

2. 条件反射

无条件反射对个体来说是不学而能的,它的反射弧是与生俱来的固定的神经联系,是个体生存与发育的先天基础,对维持有机体的生命、延续种族的繁衍具有重要意义。

条件反射是高级神经活动的基本方式,是脑的高级机能之一,是在无条件反射基础上建立起来的反射。条件反射是在个体生活过程中为适应环境变化通过学习建立起来的反射,其神经联系是暂时的。例如,婴儿出生后逐渐认识了自己的父母、亲人;母亲能根据婴儿的哭声判断他(她)是冷了还是饿了;学生听到铃声就上课,这些都是条件反射。引起条件反射的刺激物叫条件刺激物,由条件刺激物引起的反应叫条件反应。条件反射具有概括性和灵活性,可以随外部环境和机体内部状况而变化,因此能更好地适应环境。心理学认为,学习活动就是条件反射建立和巩固的过程。

(二) 非条件反射

1. 巴甫洛夫经典条件反射

一个原来不能引起某种无条件反射的中性刺激物,由于总是伴随某个能引起该无条件反射的刺激物出现,重复多次后,该中性刺激物也能引起无条件反射,这种反射称为经典条件反射。

经典条件反射的实质是刺激与刺激之间的联结,又称"S 型条件作用"或"S–S 学习"。俄国生理学家巴甫洛夫(1849—1936)用经典条件反射实验程序和方法探讨条件反射的形成机制,他用狗做实验来进行食物性条件反射的建立。

在实验中,狗被固定在架子上,通过手术将狗脸颊上的唾液腺用导管引出以收集唾液,用铃声作为无关(中性)刺激。

狗吃食物(肉)时会分泌唾液,这是无条件反射。食物(肉)是狗分泌唾液的无条件刺激物,当不给食物(肉)而只给以铃声时,狗并不分泌唾液,因为铃声是中性刺激物,它与唾液分泌无关。但如果每次在给狗吃食物(肉)以前出现铃声,多次以后,铃声一响,尽管食物(肉)尚未出现,狗也会分泌唾液。这样原本铃声与唾液分泌无关,只是由于多次与食物(肉)结合,才具有引起唾液分泌的作用,成为进食的信号,此时铃声成为分泌唾液的条件刺激物,即由中性刺激物成为引起无条件反射的刺激物,巴甫洛夫把这种学习称为条件反射(图 2-18)。

巴甫洛夫用条件反射方法对动物大脑活动规律进行了系统研究,他认为条件反射的生理机制是大脑皮层上暂时神经联系的接通。在大脑皮层上,分别有无条件刺激物(食物)和中性刺激物(铃声)形成的两个兴奋灶,当两个刺激物多次结合后,它们之间形成暂时功能上的接通,此时中性刺激物变成了条件刺激物。当中性刺激物单独作用时,它引起的兴奋沿着暂时神经联系并激起无条件反射皮层区的兴奋,从而引起相应的条件反射。

2. 斯金纳操作条件反射

操作条件反射是美国行为主义心理学家斯金纳(1904—1990)20 世纪 30 年代在经典条件反射的基础上创立的研究程序和方法。斯金纳认为,存在着两种类型的学习:一类是由刺激情境引发的反应,即刺激—反应的应答性反应,这种学习与经典条件反射相似;另一类是

狗的非条件反射示意图

狗对无关刺激物无进食反应示意图

在非条件反射的基础上去建立条件反射示意图

在非条件反射的基础上建立了条件反射示意图

图2-18 巴甫洛夫的条件反射实验

操作条件作用,这类学习不是由刺激情境引起的,而是由个体的自发行为所致的。在日常生活中,绝大多数人的行为都是操作条件反射行为。影响行为巩固或再次出现的关键因素是行为结果。

强化是条件作用形成的关键变量,指在学习过程中增强个体某种反应重复可能性的力量或程序。斯金纳把能够起强化作用的刺激物称为强化物,他说:"凡是使反应概率增加,或维持某种反应水平的任何刺激都可称为强化物。"强化物分为两种类型:正强化物和负强化物。环境中能增加行为反应出现频率的刺激物为正强化物,像食物、水等。例如,白鼠按压杠杆得到食物,食物对它来说是正强化物(图2-19)。环境中能减弱行为反应出现频率的刺激物为负强化物。负强化物通常是一种厌恶刺激,是个体力图回避的,像伤害性刺激、强光、电击等。例如,当白鼠处于轻微电击时会按压杠杆使电击解除,电击对白鼠来说就是负强化物,它同样能增加动物的压杆反应。因此,无论是正强化还是负强化,其结果都是增加行为出现的概率。

与正强化和负强化相对应的是惩罚。惩罚是个体在一种行为发生后随即出现厌恶事件,从而导致该行为出现率下降的现象。例如,对个体施予生理的或心理的不愉快刺激,就会减低或遏制个体某些不良行为出现。惩罚有两种类型:一种是在行为之后施加厌恶事件;另一种是在行为之后取消正强化。斯金纳认为,厌恶事件会把惩罚反应产生的本体感觉的反馈信号变成"条件性厌恶刺激";当后来产生反应时,来自先前的运动反馈会成为厌恶性刺激,从而使反应停止。

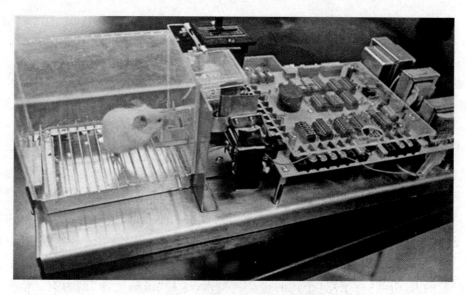

图 2-19　斯金纳的小鼠抬杠实验

二、高级神经活动的基本规律

(一) 兴奋与抑制过程的扩散与集中

在刺激物的作用下,兴奋或抑制在大脑皮层一定区域产生后,并非停滞原处,而是向邻近部位的神经细胞传播,这是兴奋或抑制的扩散。当扩散到一定限度,又逐渐向原来发生的部位聚集,这是兴奋或抑制的集中。

刺激物引起的中枢神经过程的强度决定兴奋或抑制的扩散和集中。当兴奋或抑制的强度过强或过弱时,易于扩散;当兴奋或抑制的强度适中时,易于集中。显然,只有在中等强度刺激下,兴奋容易集中并产生分化抑制,从而导致对刺激物准确的感觉定位。

(二) 兴奋与抑制过程的相互诱导

兴奋和抑制紧密联系,其中一种中枢神经过程引起或加强另一种中枢神经过程,称为神经过程的相互诱导。相互诱导在时空上具有不同特点,中枢神经过程同时在大脑皮层区域之间发生的相互诱导是同时性诱导;中枢神经过程相继在大脑皮层区域之间发生的相互诱导是继时诱导。相互诱导在效果上又分为负诱导和正诱导。由兴奋过程引起或加强邻近区域的抑制过程称为负诱导;由抑制过程引起或加强邻近区域的兴奋过程称为正诱导。例如,当人专注阅读书本时,对周围环境的人或事往往"视而不见,听而不闻",这是负诱导现象。孩子临睡前的"闹觉"则是正诱导现象。兴奋过程和抑制过程的规律,使大脑皮层的机能得以协同活动,从而保证了个体对客观事物和现象的正确反映。

三、第一信号系统和第二信号系统

客观环境中的刺激可以分为两种性质不同的信号刺激物，与此相应存在着两种信号系统，即第一信号系统和第二信号系统。

第一信号指直接作用于感官的具体的条件刺激。由具体事物及其属性作为条件刺激而建立起来的条件反射系统叫作第一信号系统。例如，让人闭上眼睛，在他嘴里放进一只酸梅子，他就会流唾液，这是无条件反射；而有吃过梅子经历的人看见梅子时，也会流口水，这就是条件反射，即平常所说的"望梅止渴"，它属于第一信号系统的活动。

第二信号指人类使用的言语、文字，这种言语和文字不是具体事物或刺激物，对第二信号发生反应的大脑皮层机能系统叫作第二信号系统。人类不仅能够对具体刺激物（即第一信号）作出反应，而且对抽象概括的言语和文字（即第二信号）也能发生反应。例如，当有吃过梅子经验的人，听到"梅子"这个词时也会流口水，这种"谈梅生津"即为第二信号系统的活动。

第四节　内分泌系统

神经系统能够对有机体起支配和调节作用，内分泌系统也对人的心理和行为产生影响，它的作用是辅助神经系统工作。如果说神经系统是身体内活动的第一信息交流系统，那么内分泌系统就是身体内活动的第二信息交流系统。内分泌系统通过特殊生物化学物质实现对有机体的控制和调节。

人体内有两种腺体，分为有导管腺体的外分泌腺和无导管腺体的内分泌腺。外分泌腺是指分泌物通过导管流入身体内其他部分或排出体外，如唾液腺、汗腺、胃腺等。内分泌腺的分泌物由腺体细胞直接渗入血液或淋巴中，进而传布到整个身体而影响其他细胞和器官的功能。由内分泌腺生成并分泌的生理活性物质即为激素或荷尔蒙（hormone）。一个人很少能够意识到激素的存在，但它们却通过多种途径影响着人的心理和行为。例如，激素会影响身体的生长和发育；激素会影响人的情绪和行为，当在感受到压力时，肾上腺分泌会迅速增加；男性激素（雄性激素）或女性激素（雌激素）的分泌会启动、维持和终止性征和副性征；有些青春期问题与激素水平的升高与否有关。研究发现，愤怒和害怕与不同激素的分泌存在密切联系。

内分泌腺包括脑垂体（分为腺垂体和神经垂体）、甲状腺、胰腺、肾上腺（分皮质和髓质）和性腺。

内分泌腺并不是一个独立的活动系统，其活动受中枢神经系统的调节。中枢神经系统一方面直接调节各种器官的活动，另一方面又作用于内分泌腺，通过激素来影响身体各种器官的活动。

内分泌系统对身体的调节与神经系统的调节作用不同。内分泌系统对身体的调节作用范围广泛且比较缓慢,但效果持久。神经系统对身体的调节,其作用范围比较局限,但定位清晰而精确。因此,内分泌腺对于有机体的正常活动具有特定的调节作用,这种调节作用虽不像神经系统的调节作用那样迅速,但整个有机体的正常活动与内分泌系统存在着重要的依存关系,如果身体内某种内分泌腺的活动失调,就会发生机能不足或功能亢进,其生理和心理活动甚至行为表现,就会出现相应的变化。

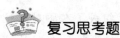 复习思考题

1. 什么是神经元?其基本构造是什么?
2. 神经元之间的信息传递主要通过什么方式实现?请简述突触传递的过程。
3. 什么是反射和反射弧?请举例说明反射弧的工作机制。
4. 什么是条件反射和非条件反射?请分别给出定义并举出实例。
5. 请简述大脑皮层的基本结构和功能,并说明其在心理活动中的作用。

第三章 感觉与知觉

在心理学研究中,感觉与知觉是极其重要的两个概念,二者一起共同组成了人脑对客观事物的根本反映。其中,感觉涵盖的是人脑对直接作用于感觉器官的客观事物的个别属性的反映;而知觉则是人脑对直接作用于感觉器官的客观事物的各种属性、各个部分及其相互关系的整体反映。

感觉与知觉共同作用,形成了人脑对客观世界和周边事物的认知、感知全过程,成为了心理学研究的重要领域。二者相互联系的同时,又存在诸多不同之处,研究清楚二者的具体概念和内容,能够为我们下一步具体学习人对世界的认知,以及心理学领域的其他理论打下坚实基础。在这一章,我们就将对感觉与知觉两点,从具体概念、类别、二者的联系与区别等方面展开,对这两个概念进行系统的学习。

主要学习目标: 掌握感知觉的概念,能表述感觉与知觉的联系与区别,了解感觉、知觉的作用、分类及生理机制,能够在生活中创造性地运用感觉、知觉的规律。

第一节 感 觉 概 述

在本节中,我们将围绕心理学中"感觉"这一信息加工过程展开学习,具体对感觉的概念、生理机制种类、一般性规律及相关领域研究进行展开性介绍。通过本节的学习介绍,能够对"感觉"这一心理学上重要的概念有具体、深入的了解,对心理学中的信息加工过程的相关理论和人脑感知、认识世界及周边事物的过程有所认识。

一、什么是感觉

在梁宁建教授的《心理学导论》中,他将感觉定义为人脑对直接作用于感觉器官的客观事物的个别属性的反映。[1] 理查德·格里格和菲利普·津巴多在《心理学与生活》中认为感觉是个体感应器(如眼、耳等器官中的结构)接受刺激而产生的表示身体内外经验的神经冲动过程。[2] 总体来说,感觉就是人脑对直接作用于感觉器官的客观事物的个别属性的反应,

---

[1] 梁宁建.心理学导论[M].上海:上海教育出版社,2006.
[2] 理查德·格里格,菲利普·津巴多.心理学与生活[M].王垒,王甦,译.北京:人民邮电出版社,2003.

是人脑接收到来自于周边环境和客观事物的刺激而产生的神经冲动。举例来看,比如说人面前的桌子上有一个苹果,人的鼻子(嗅觉感官)闻到了苹果的香味,眼睛(视觉感官)看到了苹果的红颜色的外观,手(触觉感官)触摸到了苹果的光滑的果皮,用嘴(味觉感官)咬尝到了它的味道是甜的,等等。红是苹果的表面反射出一定波长或频率的光波和电磁波作用于视觉感官引起的,而圆是由苹果的外部轮廓作用于视觉感官引起的,甜是苹果内部的某些化学物质作用于味觉感官引起的。我们的头脑接收和加工这些属性,进而认识这些属性的过程,就是感觉。在感觉之下,物体的这些个别属性通过感觉器官作用于人脑,在人脑中引起了这种心理活动。[①] 感觉是人对外围世界和客观物质的一切认识活动的起点。

感觉的信息神经加工机制包括主要的三个环节,简单来说分别是从事物对感受器的刺激过程,到这种过程传入神经的活动,再然后传导到中枢神经系统(特别是大脑皮质的活动),至此,感觉经验才被产生出来。

大多数的感觉剥夺带来的影响是负面的,但目前心理学领域的研究中,也有妥善将其进行运用,从而发挥其正面影响的,如1980年心理学家聚德费尔德曾以吸烟者、肥胖者为被试进行实验,发现对他们的感觉输入进行限制有助于修正他们的行为。当他们在一个限制刺激的环境中待24小时,那些想改变行为的人的自控能力会有一定程度的提升。在1982年,贝斯特和聚德费尔德在后续的实验中,让吸烟者在一个安静的黑屋子的床上躺24小时,同时进行吸烟有害的宣传。在随后的一个星期内,实验者都没有进行吸烟的行为。在实验结束后一年间,2/3的人仍不抽烟,其数量是只听吸烟不利的话而没有限制感觉输入的不再吸烟者的2倍。[②]

加拿大科学家斯科特于1954年首次报告了"感觉剥夺"的实验结果。在实验中,要求被试安静地躺在实验室里一张舒适的床上,室内非常安静,听不到一点声音,周围一片漆黑,看不见任何东西,两只手戴上手套,并用纸卡卡住。吃喝都由主试事先安排好,用不着被试动手脚。总之,来自外界的刺激几乎都被"剥夺"了(图3-1)。实验开始,被试还能安静地睡着,但稍后,被试开始失眠、不耐烦、急切地寻找刺激,他们想唱歌、吹口哨、自言自语、用两只手套互相敲打或者用其去探索这间小屋。换句话说,被试变得焦躁不安,觉得很不舒服。实验中被试每天可以得到20美元的报酬,但即使这样,也难以让他们在实验室中坚持这种实验到2~3天以上。这个实验说明来自外界环境的刺激对维持人体的正常生存是十分重要的,也从这个实验中体现出了环境会制约人的心理和行为,心理和行为又会导致环境的改变,因而心理学是不能离开环境和感受来研究心理和行为的。[③]

感觉的重要性,也就在于它提供了内外环境的信息,通过感觉,我们不仅能够了解客观事物的各种物质属性,如物体的颜色、形状、气味、硬度、光滑度等,也能以此了解身体内部的状况和变化,如饥饿与否、疼痛与否、自身体温上的冷热变化等,从而实现人的自我调节。除此之外,感觉还保证了人体机体与外界环境的信息上的平衡,这也是人正常生活所不可或缺的条件之一,当人体缺失了感觉,进而导致信息过载或信息不足时,都会造成机体与环境的

---

① 彭聃龄.普通心理学[M].北京:北京师范大学出版社,2016.
② 郭念锋.心理咨询师(三级)[M].北京:民族出版社,2005.
③ 童腮军."感觉剥夺"实验及其环境机制[N].中国环境报,2003-12-12.

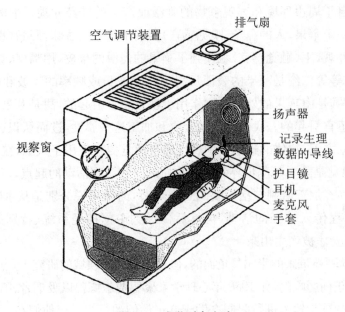

图 3-1 感觉剥夺实验
资料来源：Bexton，Heron，Scott，1954.

信息不平衡。比如有人认为大城市由于信息过载，使人产生冷漠的态度；也有研究发现由"感觉剥夺"造成的信息不足，也会使人产生无法忍受的不安和痛苦（有关于"感觉剥夺"的概念我们将在下文进行展开）。由于感觉是人认识外界事物过程的开端，它也是一切较高级、复杂的认识活动的基础，因此感觉成为了人的全部心理现象的基础。同时，感觉作为一种生理概念，"是否存在感觉"也就成为了区别各种高等、低等生物形式的衡量标准之一。人的知觉、记忆、思维等复杂的认识活动必须借助于感觉提供的原始材料，人的情绪体验也必须依靠人对环境和身体内部状态的感觉。

因此，在心理学的研究上，感觉占有相当重要的地位，它是意识和心理活动的重要依据，是意识对外部世界和客观物质的直接反映，也是人脑与外部世界的直接联系。一旦割断了这种联系，一方面大脑无法准确地反映外围世界的客观存在，另一方面意识也就无从产生。人们理解周围世界的过程始于感觉，正如列宁所说的，感觉是运动着的物质的映象。

从心理学概念上讲，感觉具有以下的三个特点：直接性、个别属性和主观与客观的统一。

直接性，指的是感觉反映的是当前直接接触到的客观事物，而不是过去的或间接的事物。由于感觉是对当前事物的反映，因此，记忆中再现的事物属性的映象，或是幻觉中各种类似于感觉的体验等，这些间接的反应都不是感觉。

个别属性，指的是感觉所反映的客观事物属性，是它的个别属性，而不是事物的整体属性。通过感觉，我们只能了解到事物的声、形、色、味等其他个别属性，而不能单纯通过感觉把这些事物的属性联系起来整体地反映客观事物，或是通过感觉直接得出事物的意义。对客观事物的整体反映以及对其意义的揭露是比感觉更高级的心理过程的机能，一切较高级、较复杂的心理现象都是在感觉的基础上产生的，这也就是为什么感觉是人认识客观世界的开端。

客观内容和主观形式的统一，指的是从感觉的对象和内容来看，它是客观的，即反映着不依赖于人的意识而独立存在的客观事物。从感觉的形式和表面来看,它又是主观的,即在一定的主体身上形成、表现和存在着,人的任何感觉都受到了个性、经验、知识及身体状况等主体因素的影响。由此可见,感觉以客观事物为源泉,以主观解释为方式和结果,是主、客观联系的重要渠道,是客观事物的主观体验。

二、感觉的生理机制和种类

(一)感觉的生理机制

感觉的生理机制主要考察刺激的物理能量是怎样被转换成神经过程和心理活动的。

感觉要产生,首先要作用于感觉器官表面(如口、耳、眼等感官系统器官)而产生的客观事物的刺激模式,比如视网膜像,这是信息的传递者。然后是由刺激引起的神经系统和脑内的神经生理活动,即信息加工过程,最后产生感觉体验。各种感觉过程的完成均是以相应的感觉器官作为基础的。

感觉的产生是分析器活动的结果。分析器是感觉器官、传入神经和大脑皮层的感觉中枢所组成的统一的形态机能结构整体。感觉的产生,必须具有分析器所有部分的完整性。首先是感受器能把外界刺激的物理能量转化为神经冲动,故又把它称为"换能器",即将感觉器官接受的各种适宜刺激,转换为生物电能。其次是传入神经把神经冲动通过神经系统传递至大脑皮层,并在复杂的神经网络的传递过程中,对传入的信息在不同阶段上进行有选择的加工。最后,在大脑皮层的感觉中枢区域,传入的刺激信息被加工为人们所体验到的具有各种不同性质和强度等维量的感觉。从信息加工的角度看,感觉主要是大脑皮层感觉中枢对由感觉器官提供的各种信息进行加工的过程和结果。

(二)感觉的种类

根据感觉的性质,可把感觉分为两大类:外部感觉和内部感觉(表 3-1)。

表 3-1 感觉的种类

种	类	感 受 器	皮层中枢	适 宜 刺 激
外部感觉	视觉	视锥细胞、视杆细胞	枕叶	380~780 纳米的电磁波
	听觉	毛状细胞	颞叶	16~20000 赫兹的声波
	嗅觉	嗅细胞	边缘系统	挥发性物质
	味觉	味蕾	中央后回最下部	溶解于水、唾液和脂类的化学物质
	肤觉	毛发的篮状神经末梢和游离神经末梢、迈斯纳氏触觉小体、巴西尼氏环层小体、罗佛尼氏小体和克劳斯氏球	中央后回	机械性和温度性刺激

续表

种类		感受器	皮层中枢	适宜刺激
内部感觉	运动觉	肌梭、肌腱和关节小体	中央前回	骨骼肌运动、身体四肢位置状态
	平衡觉	内耳前庭器官中的纤毛	前外雪氏回	头部运动的速率和方向
	机体觉	内脏器官及组织深处的神经末梢	下丘脑、第二感觉区和边缘系统	机体内部各器官的运动和变化

1. 外部感觉

外部感觉是指接受外部刺激，反映外界事物的个别属性的感觉。外部感觉包括视觉、听觉、嗅觉、味觉和肤觉。肤觉又可细分为温觉、冷觉、触觉和痛觉。具体来看，视觉是指眼部感觉器官受到光波刺激，以视网膜的视锥细胞和视杆细胞作为感受器所传递出的感觉，其获取的信息内容主要包括客观物体的颜色、模式、结构、运动、空间深度等属性。听觉是指耳部感觉器官受到声波刺激，以耳蜗内基底膜上的毛细胞作为感受器所传达出的感觉，其获取的信息主要是响度、音调、音色。嗅觉指的是鼻部感觉器官受到挥发性气体分子的刺激，以嗅上皮毛细胞作为感受器所传达出的感觉，其获取的信息主要是各种气味（如麝香、花香、烧焦味等）。味觉是指食物在人的口腔内对味觉器官化学感受系统的刺激并产生的一种感觉。最基本的味觉有甜、酸、苦、咸四种，我们平常尝到的各种味道，都是这四种味觉混合的结果。舌面的不同部位对这四种基本味觉刺激的感受性是不同的，舌尖对甜、舌边前部对咸、舌边后部对酸、舌根对苦最敏感。肤觉指的是皮肤作为感官器官，受到外界接触的刺激，通过皮肤末梢神经所传递的感觉，其主要获取的信息包括触、痛、温、冷等方面，这也就是肤觉下所包括的温觉、冷觉、触觉和痛觉。

2. 内部感觉

内部感觉是指接受机体本身的刺激，反映机体的位置、运动和内部器官不同状态的感觉，包括运动觉、平衡觉和机体觉。具体来看，运动觉指的是肌肉、肌腱、关节等感觉器官受到身体运动的刺激，以肌肉、肌腱和关节的神经纤维作为感受器所传递的感觉，其所获取的信息主要为身体各部分的运动和位置等；平衡觉指的是内耳感觉器官受到机械和重力的刺激，通过前庭器官中的毛细胞作为感受器所传递的感觉，其所获取的信息大多为空间运动和重力牵引；机体觉又叫内脏感觉，其指的是内脏器官在发生工作异常或发生病变时，个别的内脏器官受到痛觉刺激而传导出的感觉，其获取的信息包括：饥、渴、气闷、恶心、窒息、牵拉、便意、胀和痛等，机体觉也就以此分出了饥觉、渴觉等不同感觉。值得一提的是，由于内感受器的神经末梢比较稀疏，一般强度的刺激信号，在从内感受器到达大脑时常被外感受器的信号掩盖，不会引起机体觉。而只有在强烈的或经常不断的刺激作用下，机体觉才会较为鲜明。

对感觉生理机制的说明有助于认识感觉乃至心理活动的本质。例如，人的感觉器官（感受器）具有不同的形态构造，执行着不尽相同的职能，它们各自具有特定的适宜刺激物，即只对各自的适宜刺激产生最大的感受能力（眼睛接收可见光波，耳朵接收一定频率和振幅的可听声波等),从而产生清晰、有一定意义的感觉。这种不同感觉器官只接受特定的、适宜的刺激而产生的感觉的现象,称为感觉器官专门化。

除了通过感觉的性质划分,感觉还可以通过刺激能量的性质进行划分,如接受电磁能的感觉、接受机械能的感觉、接受化学能的感觉、接受热能的感觉。例如,视觉是对光波/电磁波(电磁能)的反映,听觉是对声波/机械波(机械能)的反映,味觉和嗅觉是对滋味、气味(化学能)的反映,皮肤感觉是对触压(机械能)和温度(热能)的反映。[①] 也可以通过临床进行划分,分为特殊感觉、体表感觉、深度感觉和内脏感觉。

三、感觉的一般规律

(一) 感受现象规律

在人脑进行感受反应的过程中,在感觉发展的不同阶段,感受的现象会出现大致相同的感受规律,比如会出现感觉适应、感觉后像、感觉对比、补偿作用、相互作用、联觉等各种情况。

1. 感觉适应

感觉适应指的是由于刺激对感受器的持续作用,从而使感受性发生变化的现象,具体来看就是由于感受器长时间受到持续的刺激作用,感受器对刺激的感受性会得到升高或下降的现象。比如长时间呆在黑暗环境内的视觉刺激会出现明显的"暗适应"情况,或是我们通常所说的"入芝兰之室,久而不闻其香",就是因为人长期处于黑暗或芬芳的环境内,视觉感官器或嗅觉感官器对刺激的反应产生了变化。但需要注意的一点是,由于人对痛觉的适应极难产生,痛觉上的感觉适应很少出现,也正因如此,痛觉成为伤害性刺激的预警信号而颇具生物学意义。

2. 感觉后像

感觉后像指的是当刺激对感官的作用停止以后,我们对刺激的感觉并没有立即停止,而是继续维持一段时间,感觉也就会再持续一段时间,这种现象就是感觉后像。后像分为正后像和负后像两种。后像的品质与刺激物相反就是负后像,而如果后像的品质与刺激物相同,那就是正后像。电影就是运用了感觉后像的心理学原理,此外,我们的成语"见朱成碧"从心理学上讲也是由于感觉后像的存在而产生的,颜色对视觉感受器的刺激停止之后,视觉并没有立即消失,而是会保持一个短暂的时间。[②]

3. 感觉对比

感觉对比指的是不同性质的刺激作用于同一感受器,使感受性发生变化的现象。感觉对比广泛存在于视觉、温觉、味觉等各种感觉通道中。感觉对比这一效果增强了人的感觉差别,从而使人能够更好地辨别事物。根据刺激呈现时间的不同,感觉对比通常可以分为同时

---

① 黄希庭.心理学导论[M].北京:人民教育出版社,2001.
② 徐柯.看朱成碧:谈视觉后象[J].教育科研情况交流,1984(4):54.

对比和继时对比。同时对比是指两个刺激同时作用于同一感受器时产生的感觉对比现象，比如1868年奥地利物理学家E.马赫提出的"马赫带"，当同时观察一副图片中两块亮度不同的区域时，边界处亮度对比加强，轮廓表现得特别明显(图3-2)；继时对比是指两个刺激物先后作用于同一感受器产生的感觉对比现象，例如，吃糖之后接着吃西瓜，会觉得西瓜不甜了。

图 3-2 马赫带现象

4. 补偿作用

补偿作用指某种感觉缺失后由其他感觉加以弥补的现象。例如，盲人一般具有较好的听觉和触觉能力，可以通过脚步声或拐杖击地的回响来辨别附近障碍物、房屋、河流、马路等地形，也可以通过触摸觉"阅读"盲文。

5. 不同感觉的相互作用

不同感觉的相互作用指的是某种感觉对其他感觉器官的感受性造成影响，使其感受性提高或降低的现象，当其提高时就形成了感觉的补偿作用，这就是不同感觉间的相互作用。补偿作用我们上文已经介绍过了，而使其他感受性降低的情况就比如人感冒的时候会食而无味，这就是因为味道不完全取决于味觉，也受到了嗅觉的影响。味觉和嗅觉紧密地联系在一起，起到了相互作用。感冒时嗅觉受到了影响，进而味觉也降低了。

6. 联觉

联觉指一种感觉的刺激会引起另一种感觉的心理现象，是感觉相互作用的表现，常见的有颜色与温度联觉、色听联觉和视听联觉。例如，红、橙、黄等颜色类似于太阳和烈火，往往会引起人的温暖感觉，称为暖色调，绿、蓝、紫等色则会使人平静，产生清冷的感觉，称为冷色调，这属于颜色与温度的联觉。如果把声波和光波进行类比，则有视听联觉现象，比如低音波长长，听起来使人感觉火热，所以对应波长长的暖色红光，高音波长短，听起来使人感觉冰冷，所以对应波长短的冷色蓝光。

(二) 感觉阈限

感觉阈限是测量人的感觉系统中感受性大小的指标,一般使用刚能引起感觉或差别感觉的刺激量大小来表示。感觉阈限可以分为绝对感觉阈限和差别感觉阈限两类。

绝对感觉阈限简称绝对阈限,指的是刚刚好能够引起感觉的最小刺激强度。研究者通过对绝对感觉阈限的测量来了解感觉系统的绝对感受性。

绝对阈限又分为感觉的下绝对阈限和上绝对阈限。例如用某一极轻的刺激物刺激被试的皮肤,他不会有感觉,但是如果逐渐提高这个刺激量(即不断加大针刺的力度),就会引起被试的感觉反应。这个刚能引起感觉的最小刺激量称为感觉的下绝对阈限(RL,德文 REIZ-LIME 的简称)。而如果引起感觉的刺激量继续不断地增加而超过一定限度时,就会引起痛觉。这个能够引起感觉的最大刺激量称为上绝对阈限。从下绝对阈限到上绝对阈限之间的距离,即是人有关感受性的整个范围。因此,绝对感觉阈限并不是仅靠一次被试的判断为根据,而是以被试多次判断中的50%点为根据,即当50%的概率被试感觉到的最小的刺激量为绝对阈限。当然,各种感觉的绝对阈限彼此是各不相同的。根据心理学的研究,绝对阈限与绝对感受性之间成反比关系。绝对阈限越低,即能引起感觉所需的刺激量越小,绝对感受性就越高,即对刺激越敏感。用字母 S 代表绝对感受性,用 R 代表绝对阈限,则两者之间的数学关系可表示为:$S = 1/R$。绝对感觉阈限可因刺激物的性质和有机体的状况不同而有所不同。例如,活动性质、刺激强度、刺激持续时间、个体的自身状态等都会影响绝对感觉阈限。

表 3-2　人类重要感觉绝对阈限

感觉类型	绝 对 阈 限
视觉	夜晚晴朗时可看见 50 千米处的一只烛光
听觉	安静环境中可于 6 米处听见手表秒针走动声
味觉	可尝出 7.5 升水中加入的 1 茶匙糖的甜味
嗅觉	可闻到在三居室中洒一滴香水的气味
触觉	蜜蜂翅膀在脸颊上方 1 厘米处即有感觉

能觉察的刺激物的最小差异量称为差别感觉阈限,与之相应的感受性称为差别感受性。刺激物引起感觉后,刺激数量的变化并不一定都能引起感觉的变化。例如,100 克的重量,再加上 1 克,人并不感觉到重量有所增加,但增加 3 克以上时,就能感觉到重量的变化。显然,差别感觉阈限是被试辨别两种刺激强度不同时所需要的最小差异值。这一量值又称为最小可觉差(just noticeable difference,简称 JND)。

差别感受性的大小是用差别感觉阈限的大小来度量的,两者成反比关系。差别感觉阈限越小,则差别感受性越大,反之,差别感觉阈限越大,差别感受性越小。在广泛的范围内,差别感觉阈限与原刺激量的比值是一个常数,用公式表示:$\Delta I/I = K$,其中 I 为原刺激量,ΔI 为差别感觉阈限(即用 $I + \Delta I$ 来表示感觉到差别所需要的刺激量)。当 I 不同时,ΔI 可表示感觉到差别所需要的刺激量。当 I 不同时,ΔI 也不同,但是与 I 的比值却是一个相对固定的常数，记为 K。K 又称为韦伯分数。上述公式也称为韦伯定律，表明了差别感觉阈限与刺激量之间近似为恒定的正比关系。

尽管韦伯定律提示了引起差别感觉的一些规律，但是，它只适用于中等强度的刺激。在刺激过强或过弱时，韦伯定律就不再适用，其 K 值就会发生变化。验证性实验表明，当重量刺激低于 100 克或超过 500 克时，韦伯分数就会发生变化，但在不同感觉中，韦伯分数的差别是很大的（表 3-3）。因此，韦伯分数成为不同感觉通道的辨别能力的指标，韦伯分数越小，辨别越灵敏。

表 3-3 不同感觉的韦伯分数

感 觉 类 别	韦伯分数
举重（在 300 克时）	0.019 = 1/53
响度（在 1000 赫兹和 100 分贝）	0.088 = 1/11
咸味（在每千克 3 克分子量时）	0.200 = 1/5
重压（在 400 克时）	0.013 = 1/77

就目前心理学研究成果来看，传统的感觉测量方法共有三种，分别是最小变化法、恒定刺激法和平均差误法。具体来看，最小变化法又称极限法、系列探索法、最小可觉差法或感觉等距法，其基本特点是刺激按强度的递增序列和递减序列交替呈现，各序列的刺激由小到大或由大到小以最小梯级逐渐变化，探索从一类反应到另一类反应的转折点；恒定刺激法又称为常定法、次数法或正误法，其特点是通过预备实验，选用 4~7 个恒定的、从被试"感觉不到"至"感觉到"的等距刺激，在整个实验中始终应用这几个恒定刺激量，并以随机顺序多次（如 50~200 次）反复呈现这些刺激来测定感觉阈限值；而平均差误法又称再造法、调整法或均等法，其特点是让被试自己来调整刺激，使之与标准刺激相等，然后根据被试多次调整好的刺激与标准刺激的误差的平均值来确定感觉阈限的大小。

第二节 知 觉 概 述

在本节中，我们将围绕心理学中"知觉"这一感觉信息的加工过程展开学习，具体对知觉的概念、种类、特征和影响因素进行展开性介绍，同时对知觉与感觉二者的区别和联系进行讨论。通过这一节的学习，大家能够对"知觉"这一心理学上重要的概念有具体、深入的了解，对心理学中的信息加工过程的相关理论，以及人脑解释外界客观事物的产生的信息加工过程有所认识。

一、什么是知觉

根据梁建宁教授的《心理学导论》，其中知觉的定义是人脑对直接作用于感觉器官的客观事物的各个属性和各个部分及其相互关系的整体反应。[①] 知觉是在感觉的基础上产生的，是对感觉信息整合后的思维反应。换言之，知觉是客观事物直接作用于感官后，产生在大脑中对事物整体的认识，而这一认识过程是发生在感觉之后的。

我们都知道，人脑对客观事物的认识是有一个过程的，从对事物的单一属性了解到全面了解，其中单一属性比如物体的形状、大小、颜色、味道、外界的声音、自身的温度、内在感官等各方面因素，随后经过大脑处理由事物的单一认知发展到全面认知。

从心理学角度分析，对客观事物和外界存在的认识过程首先是从感觉开始的。在实际生活中，由于物体的个别属性永远不会脱离具体事物而独立存在，因此，在认识的进程中，人对某事物的一个具体方面进行反应的同时，也会对该事物的其他部分属性进行反应。在人脑反应客观事物、处理信息的过程中，不仅形成了某一具体物体的单一属性和物体整体间关系的经验，同时也会形成物体与周边物体之间关系的经验，而人对周边环境的整体认识就是由物体与物体构成经验联系而形成的。所以当客观事物直接作用于人的感觉器官的时候，人不仅能够反映该事物的个别属性，同时也能通过各种感觉器官的协同活动，在大脑中将事物的各种属性，按其相互之间的联系或关系整合成事物的整体，从而形成该事物的完整的映象。例如，人们感觉到面前苹果的颜色、香味、硬度、形状和甜味等个别属性，然后把感觉到的个别属性的信息进行综合，加上经验的参与就形成了苹果这一整体的映象，这个信息整合的过程就是知觉。由此可见，知觉的产生和形成是以各种形式的"感觉"为前提的，知觉和感觉是一起进行的。

但需要注重的一点是，知觉并不是简单的感觉总和。这是因为知觉除了以各种感觉为基础外，还需要借助于过去经验和知识的帮助，以此进行人脑的信息加工处理。这一过程可以理解为如果人脑想对一个确定的客体形成知觉，不仅需要拥有对这一客体相关属性的感觉认识，更需要有关于这一确定客体的知识和经验。知觉就是把感觉器官获得的信息转换成对物体或事件的经验和知识的过程，其中语言在知觉发展过程中起着极其重要的作用。可以说，词语的学习和掌握是人们知觉能力发展到高级水平的必要工具。除此之外，知觉还受到各种心理特点如兴趣、需要、动机、情绪和态度等的影响，使人的知觉具有一定的倾向性，有关于这一部分特性及其他特征我们将在下文进行展开讲解。

知觉的特点体现在三个方面：

（1）知觉反映的是当前直接作用于感觉器官的事物。

（2）知觉反映的是事物相互联系的个别属性，并以此形成事物的整体属性，是多种感官分析器协同作用的结果。

（3）知觉作为对事物的各种个别属性加以综合解释的心理过程，在其发生的过程的每一个环节中都存在人主观因素的参与。

一般来讲，知觉活动的过程由五个环节组成，这也被称为知觉链，每一个环节都是人们形成正确知觉所不可缺少的。

第一个环节是外界环境，它是指环境中作为知觉来源的客观事物的各种属性、特征、位

---

① 梁建宁.心理学导论[M].上海：上海教育出版社，2006.

置及其分布。例如,是事物的颜色、体积、硬度等属性的综合引起的知觉活动,还是物体的运动、变化、位移等引起的知觉活动等。对环境中物体刺激整合如何,会直接影响到知觉的效率。

第二个环节是中介物,外界环境中的物体的各种属性,通过中介物,如光、空气、力、热等传递到人的感觉器官。例如,有些物体的属性或特征是通过光反射传递到人的眼睛的;有些物体的属性,例如声波或化学物质则是通过空气传递到人的耳朵或鼻腔的;而有些物体的属性则是以压力形式传递给皮肤的,等等。

第三个环节是刺激物与感觉器官之间相互作用的过程,这是外界刺激以各种形式的能量以及中介物中的其他刺激与知觉系统的感受器之间的相互作用,即感受器把作用于它的刺激物,如光、声、热、电能等,转换成生物的神经冲动,这是从一种物质运动形态向另一种物质运动形态的转变,是将外界物理的、化学的、机械的运动形态转换成生物的运动形态的过程。如果没有这种转换活动,外界刺激能量就不可能转化为神经冲动的生物能量,外界事物也就不可能在人脑中形成映象。

第四个环节是神经冲动通过传入神经系统向大脑传递各种外界信息的过程。

第五个环节是大脑对传入到皮层相应投射区的信息进行整合处理的过程。人的知觉过程不仅把神经冲动传入到脑的有关区域,而且还必须和早先存在于脑中的其他一些观念进行加工整合,然后再由传出神经系统传递至效应器。

目前,心理学家普遍认为知觉是人的认识活动的重要组成部分,是心理学研究的重要课题之一。对知觉的科学研究正在成为现代心理学的一个有广阔前途的领域。

二、感觉与知觉的关系

感觉与知觉同样作为人脑对当前客观事物的反映和认识周围世界的思维意识过程,二者都是人脑在客观事物作用于感觉器官后对当前事物所产生的直接反映。无论是感觉还是知觉,其都只有当客观事物直接作用于感觉器官后才会产生,而一旦客观事物在感官器感受范围内消失,感觉和知觉就不复存在了。

1. 感觉与知觉的联系

二者的联系主要体现在三个方面。首先,感觉是知觉产生的基础,没有基础的感觉和经验就没有知觉,二者相辅相成,感觉越丰富、越精确,对事物产生的知觉也就越完整、越正确。其次,知觉是感觉的深入发展。如上文所述,知觉是建立在感觉结果的基础上,辅以人脑对事物了解的经验处理后共同进行的。最后,知觉是高于感觉的心理活动,换句话说,感觉某种程度上以知觉的组成部分而存在于人脑的活动过程中,很少有脱离知觉而孤立存在的感觉存在,只是出于心理学科的研究需要,才将感觉从知觉中区分出来予以研究。

2. 感觉与知觉的不同点

二者的不同点也体现在三个方面,分别体现在二者的产生来源不同、反映的具体内容不同、活动过程的生理机制不同。

首先,从二者的产生来源上来看,感觉作为一种介乎于心理活动和生理活动之间的活动,其产生主要来自于感官器官系统的生理活动,以及外界刺激事物的物理特性,相同或类似的客观刺激都会引起相同的感觉;而知觉则是一种以生理机制为基础的纯粹的心理活动,它的产生是在感觉的基础上,对物体的各种属性加以综合和解释的心理活动过程,在这一过程中,处处都有人主观因素的参与。

其次,从反映的具体内容来看,感觉所反映的是人脑对客观事物的个别属性;而知觉反映的则是客观事物的不同属性、不同部分,以及客观事物之间相互关系的综合的、整体的体现。

最后,从感觉和知觉的生理机制来看,感觉是单一分析器活动的结果;而知觉的活动过程则比感觉要复杂得多,它是多种分析器相互进行协同活动,对外界复杂刺激物或外界刺激物之间的关系进行分析综合的结果。在知觉的心理活动过程中,将会有多种分析器的参与,通过反映事物多种属性并整合后才形成知觉。由于人脑已有的知识和经验对知觉认知的形成具有重要作用,因此,在知觉过程中,还包括了当前的刺激所引起的兴奋和以往相应知识经验的暂时神经联系的恢复过程。

感觉和知觉二者同是人对客观世界认识的初始阶段,是人们认识世界的开端,也是人脑其他心理活动的基础。如果缺少了人脑活动中的感觉和知觉两个心理活动,就不可能形成意志力、意识、思维、记忆等复杂的心理活动。由此可见,感觉和知觉两种心理活动是一个人正常心理活动发生发展的必要条件。

三、知觉的种类

知觉可以从不同角度进行分类,如果我们从知觉活动过程中起主导作用的不同分析器的特性来分类,可以将知觉分成视知觉、听知觉、触知觉和嗅知觉等;而根据知觉所反映的内容的特性来分类,则可以分为时间知觉、空间知觉、运动知觉和错觉等。

通过知觉活动中主导的不同分析器进行分类的几类知觉,其进行区分的主要标准是知觉信息从何处进行接收,如视知觉指的是由眼球接收器官接收到视觉刺激后传达到大脑的信息所引起的知觉活动;听知觉指的是由听觉感官接收器接收到听觉刺激后传达到大脑的信息所引起的知觉活动;触知觉指的是由触觉感官接收器接收到触觉刺激后传达到大脑的信息所引起的知觉活动;嗅知觉指的是由鼻部嗅觉感官接收器接收到嗅觉刺激后传达到大脑的信息所引起的知觉活动。

而通过知觉所反映的不同事物的特性上的分类的几类知觉活动则更加复杂,本节对这一部分知识点进行展开学习介绍。

(一) 时间知觉

时间知觉(time perception)是指个体对直接作用于感觉器官的客观事件持续性和顺序性的感知。它是人类一切认知活动和动作技能的基础。客观时间为一种独立于物体之外而存在,并且能够被相对准确测量的事物;而主观时间则具有一定的弹性和不确定性,人们主观上的时间知觉并不完全相等于客观时间。因此,对于相同的客观时间,不同的人对其长短的感受不同,不同情况下人对时间的感受也有所不同。根据文鹏、杨玲发表在中国社会科学院的最新研究结果,时间知觉会受到诸如情绪唤醒度和愉悦度等因素的影响而发生变化。①

由于时间知觉是人脑主观活动对客观且持续流动时间的认知,人脑为了进行这种时间反应,通常会选择某些时间知觉的线索或媒介来感受时间,为时间提供信息。时间知觉的这种线索通常可以分为外在标尺和内在标尺两种。

外在标尺包括自然界的周期性变化、自然界中的其他客观自然现象和计时工具等。自然界的周期变化如太阳升落、潮汐变化、季节轮换等,依据这些周期性时间变化,人类得到了最早期的计时工具。自然界中的其他客观自然现象也常被用来计算时间的历程,如用年轮来计算树龄,从动物牙齿估算它们的年龄等。通过这些现象来判断物质变化过程所经历的时间知觉称为物化时间感。而计时工具则指的就是现代的钟表、日历等计时工具,随着时间的推移,这些已经成为较为准确的衡量时间知觉的外在时间标尺。

时间的内在标尺是人体内部的一些有节律的生理过程,如心跳、呼吸、消化、排泄、饥渴等,这些变化都可用于对不同长短时间的估计。人的生理节律性活动过程基本上是以 24 小时为一个周期,因此,也把人的身体看作一个"生物钟"。

提到内在时间标尺就不得不提到一个相关的时间知觉概念,即内部时钟模型。内部时钟模型是最为经典的时间信息加工假设,该假设认为,个体对时间的加工包含时钟、记忆和决策三个阶段,其中时钟阶段又分为开关、起搏器、累加器三个部分。个体的时间知觉产生何种程度和方向的偏差取决于个体在哪个阶段受到了影响,目前学术界的讨论主要集中于对时钟阶段的研究。一般认为,如果一个强烈的刺激能够引发机体较高的唤醒水平,就会提高起搏器发放时间脉冲的频率,从而延长时距估计的长度,而注意会影响到开关的闭合程度,如果分散个体对时间维度的注意力就会使得个体的主观时距缩短。该模型虽然具有极强的解释力,但至今没有得到神经生理学上的证明。②

前文提到过,人脑对时间的知觉是不准确的,其会受到包括自身活动的内容、情绪、动机、态度等不同因素的影响,此外还会受到前文所提到过的情绪唤醒度和愉悦度等因素的影响而产生不同维度的变化。

这些不同元素对时间知觉的神经机制影响来自于两个方面:其一是生理机制,其二是脑机制。

从生理机制上看,神经递质机制认为,多巴胺神经传递对时间知觉具有重要的影响,多巴胺投射受到损伤的患者通常会表现出在时间知觉和精准运动方面的缺陷。一般来说,多巴胺能神经元有两种放电模式:基础放电模式(tonic firing)和时相性放电模式(phasic firing),这种具有爆发性的时相性放电模式在时间知觉的过程中起到"发令枪"的作用。③ 而不同的情绪因素会在一定程度上改变多巴胺能神经元时相性放电的潜伏期而影响到个体对时距的主观估计。此外,去甲肾上腺素、谷氨酸以及 γ-氨基丁酸(GABA)也会对时间知觉产

---

① 文鹏,杨玲. 情绪唤醒度和愉悦度影响时间知觉[N]. 中国社会科学报,2020-09-17(003).
② 夏碧菡.情绪调节时间知觉的作用方式及认知神经机制[J].现代医学与健康研究电子杂志,2018,2(13):51.
③ 王宁,王锦琰,罗非.情绪对时间知觉的影响及其神经生理学机制[J].生理学报,2016,68(4):464-474.

生影响。皮层微环路的研究显示,突触可塑性以及皮层的神经活动也会影响到多巴胺和 GABA 的传递,进而影响到对时间知觉任务的判断。

从脑机制来看,对时间信息的加工涉及多个脑区,背外侧前额叶、前扣带回、右侧额下回、小脑区域等都是重要的加工区域,但是实现情绪调节时间知觉的特异性脑区还不明确。学术界普遍认为基底节、前额叶皮质以及后顶叶皮质等脑结构会影响纹状体的振荡频率,从而造成时间知觉扭曲。在面孔刺激的时间二分任务的研究中,通过 fMRI 技术追踪到当个体观看到愤怒和开心的表情时,其右侧辅助运动区、右侧额下回以及前岛叶出现了明显的激活,与此同时个体对时距的判断相较于中性表情出现了显著的延长现象。总体来看,皮层—丘脑—基底节环路可能是构成情绪调节时间知觉的重要神经基础。①

时间知觉随着在人社会活动经验的增加而同步发展起来的。"时间感"是人适应环境的重要组成部分,其会由于年龄、生活经验和职业技能训练等方面的不同,使不同人群在时间知觉方面存在着差异。

(二) 空间知觉

空间知觉指的是人对物体的形状、大小、距离远近、方位等空间特性的知觉,空间知觉并不是单一分析器作用的结果,而是多种分析器协同活动的结果。人的视觉、触觉、听觉、动觉等经验及其相互联系,对空间知觉具有重要作用(图 3-3)。而目前的研究显示,在个人空间知觉形成的过程中,在多种通道的信息刺激共同存在的条件下,视觉通道的刺激存在着优先加工效应,也就是说在空间知觉形成过程中,视觉作用的优先级较高。②

图 3-3 空间知觉示意图

---

① 夏碧菡.情绪调节时间知觉的作用方式及认知神经机制[J].现代医学与健康研究电子杂志,2018,2(13):51.
② 曾庆雪,闫姿伊,贾宁,等.个人空间知觉中的视觉优先效应[C]//中国心理学会.第二十一届全国心理学学术会议摘要集,2018:2.

在空间知觉中，距离知觉是极为重要的组成部分，其指的是人对物体远近距离或是深度的知觉。作为距离知觉的信号或线索有多种多样，有些靠单眼视觉提供知觉线索，有些则需要由双眼视觉提供。人根据各种客观线索和机体内部的条件，通过大脑皮层对这些信号进行分析和综合，加以推断而获得对物体距离的知觉。但是，人在估计物体距离的时候，却并不会意识到这些信号的作用。

其中具体来看，单眼视觉线索会受到物体遮挡、线条和空气透视、明暗变化等因素的影响而发生不同的变化，与此同时，其具有运动视差和结构级差的特点。运动视差指的是当周围环境静止不动而观察者的头部或身体移动时，由于在同一单位时间内不同距离的物体的视角变化的差异（如近物体视角变化大，远物体视角变化小），便引起相对运动视差。而结构级差则指的是随着人的视野向远处延伸，运动视差（如客体的物体分布密度）有规律地递缩地变化，上部黑点密度大，看起来是一个向远方延伸的表面，因此如果了解物体本身的结构，那么它们的结构级差的变化就成为知觉物体远近的线索。

而双眼视觉线索则指的是深度知觉由眼睛的运动决定而不是由视觉提供的知觉物体距离的线索决定，其包括水晶体调节和双眼视轴的辐合。

除此之外，还有双眼视差，双眼视觉线索影响下的双眼视差是产生物体立体知觉的最重要的依据。人的两眼构造是一样的，当人注视一个平面物体时，它的每一点都落在两眼视网膜的对应点上，视像互相吻合，这时人知觉到的是一个平面的物体（图3-4）。当人看一个立体物体时，由于两眼间相距约65毫米，两眼视像便不完全落到对应部位，这时左眼看物体的左边多些，右眼看右边的物体多些，它们都偏向鼻侧。这样，立体的物体在两眼视网膜上的成像就有了差异，这一差异称为双眼视差。两眼的不对应的视觉刺激转变为神经兴奋传到大脑皮层，通过整合即产生了立体知觉。双眼视差作为距离（立体）知觉的主要线索，可以通过实体镜加以验证。

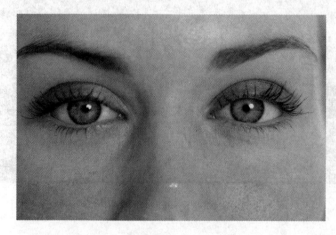

图3-4　人眼

而在空间知觉的构成中，其也会受到来自于情绪概念的影响。由于情绪概念本身又不像一般的抽象概念一样，缺少直接的身体感知经验，而人们在情绪表达时伴随了一定的身体活动（如人们高兴时经常身体直立、抬头，人们悲伤时收缩身体、低头），这种情绪发生时的身体姿态使垂直的空间表征成为了情绪表征的一部分。[1]

我们认为在情绪概念理解中,情绪空间效应的产生可能基于双重机制,即空间表征的自动激活和隐喻映射关联。具体而言,如果在某种情绪概念获得的过程中伴随着典型直立向上的身体活动(比如快乐),那么在该情绪概念的理解中,情绪概念与空间的交互效应可能源于自动激活的空间表征与空间维度的交互影响;如果在某种情绪概念获得的过程中,并没有伴随典型向上的身体活动(比如愤怒),那么该情绪概念与空间交互效应的发生可能源自隐喻映射。[2]

(三) 运动知觉

运动知觉指的是人脑对物体在空间内位移的知觉。运动知觉并不是类似于空间、时间知觉的单一的知觉,而是一种较为复杂的知觉活动。它由运动者的视觉、触觉、本体感觉、平衡觉等多种感觉组成,并通过这些感觉的协同作用而实现。运动知觉既包括对客体的运动知觉,也包括对主体自身的运动知觉。对客体运动情况的知觉主要通过视分析器、听分析器、前庭分析器等获得,是对外部物体运动特点的反映。对主体自身的运动知觉则主要是通过运动分析器获得的机体内部骨骼和肌肉活动引起的肌肉运动觉、平衡觉等本体感觉,并综合视觉、触觉、听觉等外部感觉,是对机体自身运动特点的反映,尤其是对自身各部位运动器官运动特点的反映。[3] 此外,由于运动中的物体总是在一定的时间、空间内变化的,因此,运动知觉和空间知觉、时间知觉之间有密不可分的联系。

运动知觉的作用在于辨别物体和动作的运动状态。而由于外界环境与自身相对位置和相对时空的信息总是在变化,所以运动者的视觉、触觉、本体感觉等总是会根据这些不断变化的信息而一直发生变化。通过这些各种感觉相互协调而形成的运动知觉,可以辨别物体和动作的运动形态、幅度、速度、时间、方向等。

影响运动知觉的因素包括三点:一是外部感觉会对机体运动知觉上的本体感觉所覆盖;二是运动时的连续动作会影响到机体的运动感觉;三是由于人体的运动感受器和运动效应器都位于肌肉,所以外界对肌肉感应的影响也会影响到机体的运动知觉。而由于运动知觉是由多种感觉协调融合而产生的,主体运动知觉因为人体自身的结构和功能特点,很容易受到机体内部和外部因素的干扰,所以运动知觉也有清晰度弱的特点。

从分类上看,运动知觉可以分为真动知觉和似动知觉两种。其中真动知觉是反映物体按特定速度或加速度从一处向另一处作连续性位移,而引起的知觉;而似动知觉则是指在一定时间和空间条件下,把静止物体知觉为运动,或者把没有连续位移的物体知觉为连续的运动。其中似动知觉又包括动景运动、自主运动和诱导运动。动景运动又称 Φ 现象(Phi-Phenomenon),是指当两个刺激物按一定空间间隔和时间间隔相继呈现时,人看到原来两个

---

[1] Niedenthal P M. Embodying emotion[J]. Science,2007,316(5827):1002-1005.
[2] 张恩涛,李淑敏.情绪概念与垂直空间知觉的相互影响[J].心理研究,2017,10(6):3-8.
[3] 宫照玮.运动知觉的特征及在体育教学中的培养方法研究[J].体育世界(学术版),2019(2):126-127.

静止的物体的连续运动的现象。自主运动又称为游动运动或自动效应,指人在注视暗室内一个微弱的、静止的光点片刻后感觉到光点在来回移动的现象。诱导运动是指由于一个物体的运动使其邻近的一个静止的物体产生运动的现象。

(四) 社会知觉

社会知觉指人对各种社会性的人或事物形成的直接的整体性印象,主要是指对人的知觉(如人,人与人之间的关系,群体)。社会知觉的过程不仅包括依据主体的社会经验对有关的信息、线索进行选择、识别的知觉活动,还包括分析、比较、归纳、概括、判断、推理等思维活动。根据知觉对象的不同,将社会知觉大致分为以下三大类:

对自我的知觉:个体必须对自我有较为清晰的感知与认识,进而形成一定的自我概念,解释自我的心理与行为。

对他人的知觉:社会知觉中,个体通常会依据他人的外表、语言、行为、形态、情境等,对他人状态、心理与行为等进行了解与认识。

对人际的知觉:人际知觉不但包括自我知觉、他人知觉,还包括对交往情境的知觉。

在现实生活中,人们往往由于受到主客观条件的限制而不能全面的看待问题,尤其是在看待别人时,往往受各种偏见的影响而造成歪曲的社会知觉,即社会知觉偏差。常见的社会知觉偏差有以下几种:

(1) 首因效应(primary effect),指的是在总体印象形成上,最初获得的信息比后来获得的信息影响更大的现象。

(2) 近因效应(recency effect),指的是在总体印象形成上,最近获得的信息比原来获得的信息影响更大的现象,值得注意的是,近因效应没有首因效应那么普遍和明显。

(3) 晕轮效应(halo effect),指的是对一个人形成了某种印象后,这种印象会影响对其他特质的判断,人们会习惯以与这种印象相一致的方式去评估其所有的特点。戴恩(Dion)等1972年做过一个实验,用科学数据证明了晕轮效应,他们让被研究者分别看高吸引力、无吸引力和吸引力一般的三类人的照片,然后让他们对照片上这些人的某些特征进行评定,结果见表3-4。

表3-4 不同吸引力者的社会性

评定特征	高吸引力者	一般吸引力者	无吸引力者
受欢迎性	65.39	62.42	56.31
婚姻能力	1.70	0.71	0.37
职业地位	2.25	2.02	1.07

(4) 预言自我实现效应(self-fulfilling prophecy),指对一种情境的最初错误解释,会引起某种预料的行为,使错误的观念成为现实。一个典型的例子就是罗森塔尔效应实验,1968年的一天,美国心理学家罗森塔尔和L.雅各布森来到一所小学,说要进行几项实验。他们从一至六年级各选了3个班,对这18个班的学生进行了"未来发展趋势测验"。之后,罗森塔尔以赞许的口吻将一份"最有发展前途者"的名单交给了校长和相关老师,并叮嘱他们务

必要保密,以免影响实验的正确性。其实,罗森塔尔撒了一个"权威性谎言",因为名单上的学生是随便挑选出来的。8个月后,罗森塔尔和助手们对那18个班级的学生进行复试,结果奇迹出现了:凡是入选了名单的学生,个个成绩有了较大的进步,且性格活泼开朗,自信心强,求知欲旺盛,更乐于和别人打交道。

社会知觉偏差在我们认知过程中起着非常重要的作用,接下来,我们通过系统阐述社会知觉偏差的影响因素,来帮助我们更好的理解社会知觉偏差,避免在决策和行为中出现偏颇。

通常,我们认为影响社会知觉偏差的影响因素有以下几点:

1. 认知者因素

(1) 认知启发:人并不对关于他人的所有信息进行感知,而是倾向于走捷径,感知那些最明显、对形成判断最必要的信息。常见的有:① 代表性启发/表征性启发:人们根据当前的信息或事件与其认为的典型信息或事件的相似度或者拟合程度进行判断。如人们会认为公交车上贼眉鼠眼的人是小偷,人们会认为穿着干净得体、戴眼镜的人是教育工作者等。② 可得性启发/可用性启发:人们根据回忆某些事件的艰难程度进行判断,那些容易回忆的信息比那些不太容易回忆的信息更多的被拿来作为我们知觉判断的依据。比如人们认为坐飞机比坐火车出事的概率要大。③ 调整性启发/锚定性启发:当人们试图对模糊的信息进行评价时,他们都是先设定一个锚定点以降低信息的模糊性,然后逐渐地调整自己的判断。比如让你估计一袋大米的重量,你根据平时关于面粉的重量的印象,先大致猜出一个重量,然后在这个数目基础上作调整,而初始点会对估计值产生决定性影响。再如,人们估计$1×2×3×4$小于$4×3×2×1$。

(2) 投射作用:投射作用是指人由于自身的需要和情绪倾向,将自己的特征投射到别人身上的现象。投射作用使人将自己具有的特征看成是别人具有的。

(3) 情感卷入:对被知觉者越熟悉,个人卷入越多,越有可能出现偏差(法官、警察等回避亲属的规定)。

(4) 内隐人格理论(门外汉理论):每个人在成长过程中都发展了自己的人格理论,即一套关乎人格各种特征是怎样相互适应的、未言明的假定,这种理论之所以是隐含的,是因为它很少以正式的词汇表达出来,甚至个人意识不到(图3-5)。柏曼等人又把这种理论称作相关偏见。这种偏见为人们提供了一种方法——把认识到的各种特征性有规则地联系起来。每个人都依照自己有关人格的假定,把他人的各种特性组织起来,成为一种总体形象。

(5) 情绪的泛化:莫瑞(H. A. Murray)证实,处于恐惧状态下的人,对恐惧更为敏感。在一次实验中,他先让一些女孩做一种很可怕的游戏,再让她们和其他女孩一起判断一些面部图片。结果是做过游戏的女孩比没做游戏的人把面部图片判定得更为可怕。现实生活中也是这样,情绪低落的人,更容易把周围看得灰暗一片。

(6) 原有经验:原有经验对认知过程产生着特殊的影响。个体在一定的基础上,形成某些概括对象特征的标准、原型,从而使判断简单明了。如果我们没有关于"聪明"、"大方"的原型,我们就无法很快地将对象认定为聪明、大方的人。同一座建筑物,建筑师更多着眼于它的构造、轮廓,而木匠更注重它的木料的质地。

图 3-5 内隐人格示意图

2．认知对象因素

（1）魅力：构成个体魅力的因素既有外表特征和行为反应方式方面，又有内在的性格特点方面。评价一个人有魅力，意味着他具有一系列积极属性，如容貌美、有能力、正直、聪明、友好，等等。但是，在实际的认知过程中，个人往往只需具备其中的某一两个特性就可能被认为有吸引力，如前面所谈到的晕轮效应，美貌通常最快被人认知，且直接形成对人的魅力的评价，从而往往首先导致晕轮效应。除了相貌之外，态度也同魅力相关。对于认知者来说，对方的态度是否同自己接近，决定着其魅力的大小。按照弱化理论，人们喜欢爱自己的人而讨厌恨自己的人。在这个意义上，只要认知对象的判断对自己有利，认知者就会把他看成是有魅力的并对他持积极肯定的态度。

（2）知名度：一个人知名度的大小也影响着别人对他的认知。在一个人有一定知名度的情况下，人们通过某种社会传播媒介或周围其他人传递的有关他的信息，实际上已经开始了对个人的认知。这时，人们所依据的都是间接材料，受他人暗示的成分较大。一般说来，知名度高、社会评价积极的人，对于认知者的心理有特殊的影响力。人们常常把这样的人先入为主地看成是有吸引力的人。

（3）自我表演：在多数情况下，认知对象并不是认知活动中完全被动的一方，而是"让"别人认知的一方。因此，认知对象的主观意图势必要影响他人对自己的判断。按照戈夫曼（Goffman）的理论，每个人都在通过"表演"，即强调自己许多属性中的某些属性而隐瞒其他的属性，试图控制别人对自己的印象。认知对象透过语言与非语言信息的表达，试图操纵、控制知觉者对他形成良好印象的过程被称作印象整饰或印象管理。常见的印象整饰策略有按照社会常模管理自己、使自己的言行符合角色的社会规范、隐藏自己和投人所好等。

3．认知情境因素

（1）空间距离：空间距离显示交往双方的接近程度。在认知活动中，它构成一种情境因素。霍尔（E. Hull）认为人际空间距离可分为四种：亲昵区，表现在夫妇、恋人之间；个人区，表现在朋友之间;社会区,表现在熟人之间;公众区,表现在陌生人之间或一般公开的正式交往场合。这些距离是人们在无意之中确定的,却能影响认知判断。比如,我们希望陌生人不要过于接近自己,但是如果他莫名其妙地一步一步地向自己靠近,我们就会感到窘迫、紧张甚至恐惧,同时我们会断定这个人缺乏教养、不懂礼貌或者有侵犯性。特别是在认知他人之间的关系时,空间尺度往往成为一种判断依据,看到两个人在低声交谈,我们就知道他们所说的事不愿意让别人听见,并推断他们可能有较深的关系,等等。

(2)背景参考:在认知活动中,对象所处的场合背景也常常成为判断的参考系统。对象周围的"环境"常常会引起我们对其一定行为的联想,从而影响我们的认知。人们往往以为,出现于特定环境背景下的人必然是从事某种行为的,他的个性特征也可以通过环境加以认定。

四、知觉的特征与影响因素

知觉作为人脑有组织、有规律的心理活动过程,其在反映过程中是有一定的规律的,具体体现在知觉的整体性、选择性、理解性、恒常性上。此外,知觉还具有相对性和组织性的特征。

(一)知觉的整体性

知觉的整体性指的是人脑在认识周边事物的过程中,会结合自身经验将直接作用于感官器官的客观事物的各种属性整合成统一的整体,进行组织加工,知觉中的这一环节就是知觉的整体性特征(图 3-6)。环境心理学理论知觉的经验是通体相关的有组织整体,具体体现在整体属性先于部分而不是部分之和,而部分的属性也不包含整体的特征。[①]

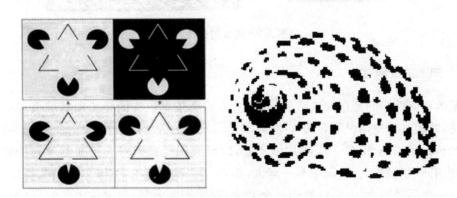

图 3-6 知觉的整体性

一部分学者根据知觉整体性的规律提出认为知觉整体性体现出人的知觉经验是完整的格式塔,无法人为地区分各元素的单一属性,其也被称为格式塔学派并提出知觉整体性下的

---

① 林玉莲.环境心理学[M].北京:中国建筑工业出版社,2000.

接近律、相似律和连续律三个定律。其中，接近律是指当外界事物的空间、时间上彼此接近的部分，容易在知觉形成过程中被人脑归为一个整体；相似律是指当外界事物的物理属性（如强度、颜色、大小、形状、气味等）相似时，这些不同个体容易被知觉过程认为是一个统一的整体；连续律是指当客观外界事物具有连续性或诸客体在运动方向上具有相近特点的，容易被知觉归为同一整体。

（二）知觉的选择性

知觉的选择性指的是个体根据自身的需求和兴趣，会有目的、有选择地将感受器接收到的某些刺激信息或刺激的某些方面作为知觉活动处理对象，而将其他事物作为背景进行有选择的组织加工的过程（图3-7）。《心理学大词典》指出，知觉的选择性使人的知觉活动会受到刺激物的物理特性、知觉主体的态度、兴趣、期望、知识、经验等因素的主观影响，其具体体现在强度大、对比鲜明、运动变化符合人的兴趣和期望的刺激物容易被选择为知觉对象。有利于个体从作用于感官的刺激物中选择少数重要的或其重要方面进行反应，排除次要刺激物的干扰，从而更有效地认识外界事物，适应外界环境。①

图 3-7　知觉的选择性

（三）知觉的理解性

知觉的理解性指的是在知觉活动过程中，人脑会依据以往的经验和基础去理解和解释外界事物，并通过自身知识形容其特性，对其进行具体的理解，赋予意义（图3-8）。心理学家黎柏（Leeper）曾用A、B、C三张图片做实验，以研究知觉经验对人脑知觉理解的影响。其中，A图中有一年轻妇女，C图中有一老太，而B图则同时具有A与C两图的特征，其既可以看成是一个年轻妇女，也可以看作一个老太，这之间的差异，关键在于知觉经验。实验时把被试者分为两组，第一组先观看A图15秒，以在人脑中形成年轻妇女特征的经验，然后看B图，结果100%的被试把B图看成年轻妇女。第二组先观看C图15秒，以在人脑中形成老太特征的经验，然后再看B组，结果96%的被试把B图视为老太。对同一知觉对象（B图）产生了如此差异显著的知觉理解现象，说明人对客体的理解程序受到了个人知识经验的

---

① 林崇德，杨治良，黄希庭.心理学大词典[M].上海：上海教育出版社，2003.

很大影响。除去实验中指出的知觉的理解性使得知觉形成受到知识经验的影响外,知觉也会受到言语提示的影响,言语提示能在环境相当复杂、外部标志不很明显的情况下,唤起人的回忆,运用过去的经验来进行知觉。言语提示越准确、越具体,对知觉对象的理解就越深刻、越广泛。

图 3-8　知觉的理解性

(四) 知觉的恒常性

知觉的恒常性指的是当人通过不同客观环境(如角度、距离、明暗变化)观察某一熟知物体时,虽然因客观环境变化导致外界物体的客观物理属性可能有所改变(如亮度、颜色、形状等属性),但人脑在进行知觉反应的过程中,会更倾向于根据过去已有的知觉经验进行知觉活动(图 3-9)。在彭聃龄的《普通心理学》中,将知觉的恒常性定义为:当客观条件在一定范围内改变时,我们的知觉映象在相当程度上却保持着它的稳定性,即知觉恒常性。① 而根据《简明心理学辞典》,知觉恒常性可分为大小恒常性、形状恒常性、颜色恒常性、距离恒常性、速度恒常性等。② 最常见的恒常性包含以下几种:

1. 形状恒常性

当我们从不同的角度观察同一物体时,物体在视网膜上投射的形状是不断变化的,但是我们知觉到的物体形状并没有显示出很大的变化,这就是形状的恒常性,比如我们看一扇从关闭到敞开的门,尽管这扇门在我们视网膜上的投影形状各不相同,但是人们看去都是长方形的,这就叫作形状恒常性。

2. 大小恒常性

当我们从不同距离观看同一物体的时候,物体在视网膜上成像的大小是有变化的,距离大,则它在视网膜上成像较小,距离小,则它在视网膜上成像大,但是在实际生活中,我们看到的对象大小变化并不和视网膜映象大小的变化相吻合。例如,一个人远远地向我走来,尽

---

① 彭聃龄.普通心理学[M].北京:北京师范大学出版社,2004.
② 杨治良.简明心理学辞典.[M].上海:上海辞书出版社,2007.

管他在我的视网膜上的投射大小有很大的变化，可是我看到的大小并没有明显改变。当距离减少时，我并没有把原来这个人看得越来越高，这就是大小恒常性。

图 3-9　知觉的恒常性

3. 明度或者亮度恒常性

明度或亮度恒常性指的是当照明条件改变时，物体的相对明度或者视觉上看到的亮度不会改变。例如白墙，不管是在月光下还是在太阳光下，都是白色的，而煤块在阳光和月色中看上去都是黑的，因此，我们看到的物体明度或者视觉亮度，并不取决于照明条件，而是取决于物体表面的反射系数。

4. 颜色恒常性

颜色恒常性指的是一个有颜色的物体在色光照明条件下，它的表面颜色并不受色光照明的严重影响，而是保持相对不变，比如家里装修室内的家具，在不同的灯光照明条件下，它的颜色保持相对不变一样，这就是颜色恒常性，再比如红旗，不管是在晴朗的天气还是在雾霾的天气，它的红色保持相对不变，我们知觉到的都是红旗的鲜红色，这都反映了知觉的恒常性。

知觉的恒常性会受各种条件的影响，最主要的是视觉线索。所谓视觉线索是指环境中各种参照物给人们提供的物体距离、方位和照明条件的信息。这些信息对维持知觉的恒常性有重要的意义。如果在实验中设法消除环境中的视觉线索，恒常性就会受到破坏。

最后，我们再阐述知觉的影响因素，从知觉的影响因素上来看，首先知觉作为建立在感觉活动之上的心理活动，其很大程度上会受到个人感觉和生理因素的影响。此外，由于知觉的选择性，知觉作为心理活动极大地受到以往的知识和经验、个人兴趣、需求、动机、情绪等主观因素的影响。根据1947年布鲁纳和戈德曼的知觉实验，知觉过程还会受到个性倾向性和需求强度的影响。

第三节 错 觉

错觉指的是当人们观察事物时,由于物体受到形、光、色等外界因素的干扰,同时加之内在主观的生理、心理因素影响而导致知觉活动产生与实际不相符的判断,以此形成知觉误差。错觉是知觉的一种特殊形式,它是人在特定的条件下对客观事物的扭曲的知觉,也就是把实际存在的事物被扭曲的感知为与实际事物完全不相符的事物。黄希庭教授在其所著的《心理学导论》中将错觉定义为:错觉是在特定条件下产生的对客观事物的歪曲知觉。[①]

关于错觉现象的描述由来已久,事实上两千多年前人类就已经发现了错觉的现象,古希腊哲学家亚里士多德就曾经描述过有关月亮错觉的现象。现代心理学对错觉的研究是从1885年开始的,但到目前为止,有关于错觉的具体成因,心理学学术界仍然没有一个公认的答案以解释所有的错觉现象。[②] 目前心理学试图从以下两方面去寻求解答:一是从生理机制和功能方面作出生理学的解释,认为人的感官和大脑的神经机能参与了错觉产生的过程。二是从心理学方面解释,影响人的错觉纯属心理活动的结果,是人当前的知觉与过去的经验之间产生矛盾而进行思维输入的过程。其实在各种错觉产生的过程中,生理原因和心理原因都不可能是孤立地起作用的,而是相互影响、相互制约,共同起作用的。

目前心理学研究中已发现的错觉现象,大多属于视错觉。视错觉是指人脑凭借眼睛对客观事物产生的失真或歪曲的知觉经验。常见的图形视错觉现象表明了在人的知觉中主观与客观的不一致,但是这种不一致不能归咎于观察的疏忽,而是每个人处在一定条件下必然产生错觉的正常心理活动,个体差异只表现在错觉量上的变化。

一、在心理学研究中较为主流的错觉种类

1. 线条横竖错觉

线条横竖错觉指的是 a 和 b 两条直线的长度相等,a 垂直于 b 线中点,看起来 a 线比 b 线长些,具体如图 3-10 所示。

2. 缪勒-莱尔错觉

缪勒-莱尔错觉指的是两条横线等长,区别是两端所附箭头方向不同,看起来向外箭头的横线较长,如图 3-11 所示。

---

① 黄希庭.心理学导论[M].北京:人民教育出版社,2007.
② 王丹阳.浅析心理学中的错觉现象[J].才智,2017(30):213.

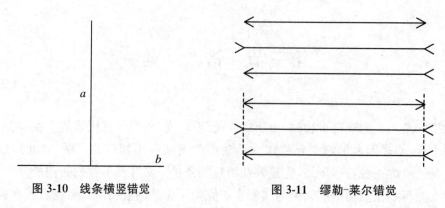

图 3-10　线条横竖错觉　　　　图 3-11　缪勒-莱尔错觉

3. 奥伯逊错觉

奥伯逊错觉是指有一正圆形和正方形图形,但附上线条,看起来正圆形并非正圆,正方形并非正方,具体如图 3-12 所示。

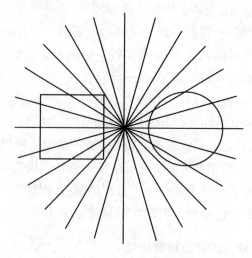

图 3-12　奥伯逊错觉

4. 赫尔岑错觉

赫尔岑错觉是指两条平行线被多方向的直线所截时,看起来就失去了原来平等线的特征,而令人感到两条线向中点凹陷,如图 3-13 所示。

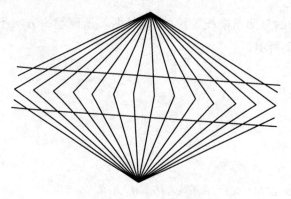

图 3-13　赫尔岑错觉

5. 戴勃错觉

戴勃错觉指的是在两个实际面积相同的圆形内,一个圆形外部外绕半径较小的圆,另一个围绕半径较大的圆形,结果左边的比右边的圆形较大,具体如图3-14所示。

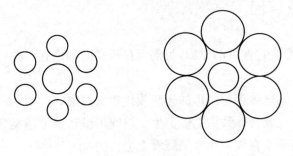

图 3-14 戴勃错觉

6. 佐尔纳错觉

佐尔纳错觉是指 5 条平衡线,用左斜线和右斜线分别画在平行线上,当数条平等线被不同方向的斜线所截时,看起来就失去了平行线的特征,具体如图3-15所示。

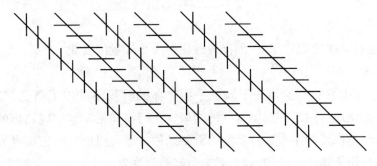

图 3-15 佐尔纳错觉

7. 楼梯错觉

楼梯错觉是指当人注视楼梯图形数秒钟后,会有两种透视图形感,有时看似是正面放着楼梯,有时则看似是倒放着的楼梯,如图3-16所示。

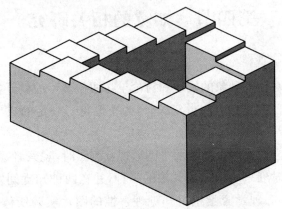

图 3-16 楼梯错觉

根据目前心理学的错觉理论,其在现实生活中有了许多具体的运用之处,如平面设计、室内设计、商品品质、色彩对比、交通、体形等方面。

二、错觉形成原因

每种错觉的产生都有它独特的原因,目前解释错觉的理论有六种:

1. 眼动说

在看几何图形时,眼球会跟着图形的轮廓或线条做扫描的运动,而眼球运动的方向会影响到眼球运动的速度,这就会导致错觉的产生。以线条横竖错觉错觉为例,眼睛做垂直运动比做水平运动困难,因而垂直线会比水平线看上去长些。

2. 移情说

观察者自己认同图形的某部分,并将自己的情感投射到图形上面,因而引起视觉变形。

3. 完形倾向说

人的知觉系统有某种完形的倾向,这种倾向夸大了似乎能分开的事物各特征间的距离,因而引起错觉。

4. 透视说

由于图形通过透视暗示着深度,因而导致图形大小知觉的变化。

5. 恒常性误用说

当把知觉三维世界的经验运用于知觉平面物体的时候便产生了错觉。从这个意义上说,错觉是人们错误地运用了知觉恒常性的结果。人们在知觉三维空间物体的大小时,总把距离估计在内,这是保持物体大小恒常性的重要条件。当人们把知觉三维世界的这一特点,自觉、不自觉地应用于知觉平面物体时,就会引起错觉现象。

6. 神经抑制作用理论

这一理论把错觉归结为知觉系统的神经生理学原因。

第四节　知觉的相关研究

如前文所述,人类对知觉现象的发现和讨论早在两千多年前就开始了,而近代心理学最早关于知觉的研究也可以追溯到 19 世纪,迄今为止取得了一定的成果,本节选取一些具有代表性的相关研究进行分析。

视觉转换,指的是当向观察者呈现两可图形视觉刺激时,观察者会产生两个互相竞争的视知觉,观察者在任何时刻只能感知到其中的一种,并在两种知觉间发生自发的转换,这种过程被称为知觉转换。心理学家黎柏对知觉理解性的图片实验所体现的就是知觉转换的原理。

就目前的研究结论来看,心理学界对影响知觉转换的诸因素已经有较普遍的认知,认为影响知觉转换的因素包括刺激时间、熟悉程度、学习、主观期望、视觉刺激物特征、遗传特征、瞳孔扩张、扫视、注意力、意志力控制、咖啡因和酒精刺激、年龄等多元素。这些影响变量在近代心理学研究中已基本形成普遍性共识。

除上述所提到的诸因素外,近年来,我国心理学学者李婧又指出,视敏度和特质愤怒也会影响知觉转换。[①] 视敏度指的是人眼辨识外界物体的敏锐程度,临床医学中也把它称为视力,指的是眼睛分辨事物细微结构的一种能力,衡量的标准是能分辨空间两点的最小距离,眼分辨两点之间最小距离的能力,就称之为视敏度或视力。[②] 而特质愤怒指的则是个体的一种内在潜质,包括愤怒气质和反应两个方面。

李婧的研究结果表明,当双眼的视敏度相同或者二者相差 0.1 时,被试的左眼与右眼的平均知觉转换时间之间没有差异,而当单眼的视敏度相差大于等于 0.2 时,则两眼间的平均知觉转换时间之间有极其显著的差异。而从特质愤怒的角度上来看,实验表明,相对于较少愤怒的个体而言,在两可图形引起的知觉转换中,转换时间较短,转换较快。[③]

一、格式塔观点

关于格式塔学派和格式塔观点,在前文关于知觉的整体性描述时已经有所涉及,事实上,在近代知觉理论中,格式塔学派占据极其重要的地位。格式塔,是德文"整体"的译音。格式塔心理学反对心理学中的元素主义(构造主义),认为心理元素的分析并不能使我们了解整体的心理现象,所以它主张以整体的观点来描述意识与行为。其代表人物是 W.克勒、K.科夫卡和 M.韦特海默。

格式塔心理学派将知觉体系提出并整理了 8 条原则,分别为:

(1) 形状与背景原则,即在具有一定配置的场内,有些对象凸显出来形成图形,有些对象退居到衬托地位而成为背景(图 3-17)。

图 3-17 形状与背景原则

(2) 接近性原则,即某些距离较短或互相接近的部分,容易组成整体。如距离较近而毗邻的两线,自然而然地组合起来成为一个整体(图 3-18)。

---

①③ 李婧.视敏度、特质愤怒与两可图形知觉转换的关系[D].西安:陕西师范大学,2014.
② 刘瑞珏,朱广友.视觉电生理与客观视功能检查[J].法医学杂志,2002,18(2):115-117.

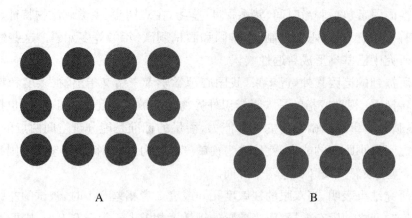

图 3-18　接近性原则

（3）闭合性原则，即知觉印象随环境而呈现最为完善的形式。彼此相属的部分，容易组合成整体，反之，彼此不相属的部分，则容易被隔离开来（图 3-19）。

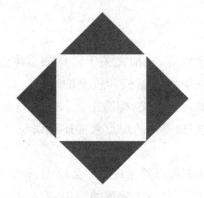

图 3-19　闭合性原则

（4）相似性原则，即如果各部分的距离相等，但它的颜色有同有异，那么颜色相同的部分就自然组合成为整体（图 3-20）。

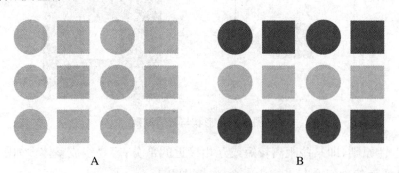

图 3-20　相似性原则

（5）好图形与转换律原则，即主体在知觉很多图形时，会尽可能地把一个图形看作一个好图形（图 3-21）。

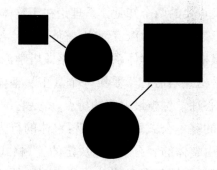

图 3-21　好图形与转换律原则

(6) 共同方向运动原则,即一个整体中的部分,如果作共同方向的移动,则这些作共同方向移动的部分容易组成新的整体(图 3-22)。

图 3-22　共同方向运动原则

(7) 简单性原则,即人们对一个复杂对象进行知觉时,只要没有特定的要求,就会常常倾向于把对象看作有组织的简单的规则图形(图 3-23)。

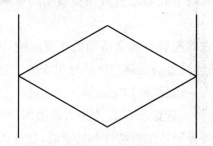

图 3-23　简单性原则

(8) 连续性原则,即如果一个图形的某些部分可以被看作是连接在一起的,那么这些部分就相对容易被我们知觉为一个整体(图 3-24)。[①]

图 3-24　连续性原则

---

① 孙宁.认知过程的格式塔感知基础[J].考试周刊,2012(12):21-22.

除此之外,格式塔学派最重要的两个知觉体系理论在于整体论和组织性的提出。

事实上,整体论观点并不是格式塔学派首创的,整体论观点早在古希腊和罗马时期就萌芽了,在哲学上主要表现在黑格尔的哲学体系中。在格式塔学派诞生之前,心理学中也存在一些零碎的整体论思想,但是格式塔心理学是第一个真正从整体论意义上研究个体心理发展规律的理论流派。格式塔心理学思想最鲜明的特点,就是它的完形和整体内涵。[①]韦特海默曾明确指出:"格式塔理论的基本公式可表示如下:整体的行为不是由个体的元素所决定的,相反,部分过程本身倒是由整体的固有本质所决定的。"[②]格式塔学派强调,感觉并不是各种感觉要素的复合,知觉并不是先感知各种成分再注意到整体,而是先感知到整体的现象,而后才注意到构成整体的诸成分。[③]

而格式塔学派的组织性,则是强调在时刻变化、丰富多彩的世界中,知觉者受通道的限制,不可能输入每一时刻作用于感官的所有信息。因此,人们只能对刺激的基本特征进行反应,把外界许多孤立的刺激组织成一个有意义的整体。

二、构造主义观点

构造主义的形成与格式塔学派理论中过分强调神经系统的制约作用有关,因部分心理学者认为格式塔学派的理念忽略了先前经验对知觉活动的影响,所以提出了与之相对应的构造主义知觉理论。

构造主义知觉理论强调先前经验对知觉活动的重要影响,因此把记忆引入知觉活动领域,即一个人把记忆中的先前经验参与由刺激所诱导出来的知觉之中,从而构造出某种知觉图像。构造主义知觉理论认为,有组织的知觉是从一个人的记忆中选择、分析并添加某些刺激信息的过程,而不是格式塔知觉理论所认为的是大脑组织的"概略"规律所引起的自然操作作用的结果。当人们知觉外界物体细微特性和特点时,往往借助记忆中的过去经验作"任意选择",在这个意义上说,同样的刺激物可以由知觉者各自经验的不同而被构造成不同的知觉图像。

动作行为的知觉理论由巴甫洛夫创立,后来为西方一些心理学家所接受。他们认为,知觉是知觉者借助动作行为习得的,通过活动及在活动中习得的经验影响和指导着知觉活动。比如,儿童在视觉发展的早期阶段,眼球运动并不倾向于追随物体的轮廓线条,而是全神贯注在面前的图形特点上,他们先是用手指来触摸和描绘某物体模式的轮廓,只是到后来,才用眼球运动来代替这种手指的活动。这些理论假设已在儿童、恢复视力的成年人以及脑操作后重新获得视觉的患者身上得到了证实。这说明活动以及由动作行为而导致的学习经验对知觉活动来说是重要的。然而恰如有些心理学家所指出的,动作行为的知觉理论把重点

---

① 徐美玲.格式塔心理学的整体论思想及其对心理学的影响[J].科技信息(学术研究),2008(27):87,89.

② B·R·赫根汉.心理学史导论[M].郭本禹,等,译.上海:华东师范大学出版社,2004.

③ (德)Kurt Kolffka.格式塔心理学原理[M].黎炜,译.杭州:浙江教育出版社,1997.

放在视觉运动方面无疑是适用的,事实证明也是成功的,但它似乎不适用于人类知觉活动中的所有运动。

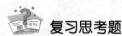复习思考题

1. 什么是感觉?感觉在和工作中有什么意义?
2. 怎样对感受性进行测量?
3. 感觉和知觉的区别与联系为何?

第四章 记　　忆

记忆是人脑对过去经验的保存、再现的心理过程。根据不同的标准,记忆可分为不同种类。记忆是人脑对输入信息的编码、存储并在一定条件下提取的过程。记忆系统包括感觉记忆、短时记忆和长时记忆三个子系统。遗忘的规律呈先快后慢的趋势,不仅受时间因素影响,而且还受其他因素影响。及时复习与及时反馈是避免遗忘信息的重要策略。

记忆心理现象引起古今中外众多心理学家的高度关注。自从德国心理学家艾宾浩斯(H. Ebbinghaus)在1885年发表其记忆研究的开创性成果以来,记忆已经成为心理学研究并取得成果非常多的领域之一。20世纪50年代中后期以来,认知心理学兴起和发展,记忆成为认知心理学研究的核心问题,人们开始从信息加工角度研究记忆,获得了许多开创性研究成果,为揭开其神秘面纱作出了重要贡献。

主要学习目标:理解记忆系统的基本构成和运作机制掌握记忆的不同类型,如感觉记忆、短期记忆、长期记忆等;了解记忆的编码、存储和提取过程;学习并应用记忆增强策略,如复述、联想、组织等;理解遗忘的机制和防止遗忘的方法。

第一节　记忆的概念

一、记忆的含义

(一) 什么是记忆

记忆是人脑对过去经验的保存、再现的心理过程,即感知过的事物、思考过的问题、体验过的情感、练习过的动作等经验在人脑中的保持。过去经验可以以形象或语词的形式存储在人脑中,并在一定条件下无需再加以练习即可重新得到恢复。因此,记忆发生在感知之后,是人脑对过去经验的反应,是人脑积累知识经验的心理活动,也是心理过程在时间上的持续。[①]

记忆与感觉、知觉一样,都是人脑对客观事物的反应,同属于认知过程。但是,它又与感

---

① 郭丽娟. 从心理学角度看交传中的记忆难题及策略[D].青岛:青岛大学,2010.

觉、知觉不同。感觉和知觉是人脑对当前直接作用于感觉器官的客观事物的特征或属性的反映，它不能离开当前客观事物而单独存在，相当于信息的输入；而记忆发生在感觉和知觉之后，是人脑对过去经历过的事物和体验的反映，总是指向过去，相当于对信息的编码、存储和提取。人们将过去的经验储存在人脑中，这些经验既包括具体的、形象的直接经验，也包括抽象的、概括的间接经验。这些经验以"痕迹"的形式被保存下来。记忆保持包括"记"和"忆"两个方面，其中"记"涉及信息的存储，"忆"则涉及信息的提取。

(二) 记忆环节

记忆在人脑中对过去经验的积累和保存过程，包括识记、保持、回忆或再认三个基本环节。"记"主要表现在识记和保持上，"忆"主要表现在回忆或再认上。记忆的第一个基本环节是识记，指人获取知识经验的过程，它具有选择性的特点，只有那些引起人注意的刺激信息才会在感知觉基础上被识记。识记既是记忆的开端，又是保持和回忆的前提。保持是记忆的第二个基本环节，指通过识记获得的知识经验在人脑中的巩固和存储过程，它既是记忆的重要标志，也是回忆或再认的重要条件。回忆或再认是记忆的第三个基本环节，是人在不同条件下恢复过去经验的过程。回忆是指过去经历过的事物不在眼前，个体把它们在头脑中重新呈现出来的过程；再认是指过去经历过的事物重新出现在面前，个体能把它们加以识别和确认的过程。既不能回忆又不能再认的现象我们称为遗忘。回忆或再认既是记忆的目的，也是检查记忆效果的指标。三个基本环节相互依存、紧密联系。如果没有识记获取的经验，就谈不上对经验的保持，没有识记和保持，也就谈不上对经历过的事物的回忆或再认，因此，识记和保持是回忆或再认的前提，回忆或再认是识记和保持的结果，同时又进一步巩固和加强识记和保持的内容。①

记忆作为基本的心理活动过程，与其他心理活动紧密联系在一起，协调人的心理活动功能，对保证人的正常学习、工作和生活起着极其重要的作用。记忆是一种积极能动的心理活动，与学习过程关系密切，记忆中经验的获得、积累和应用等，也是学习过程的不同阶段和不同方面。人通过感知，从周围环境中获取信息，如果这些信息不能储存下来并在需要时重现，人就不可能获得和积累知识与经验，就无法形成概念进行判断和推理，也就不能适应复杂多变的客观环境，更不能解决纷繁复杂的各种问题。②没有记忆，人的心理活动将不可能正常发展，会永远停留在新生儿水平，在人的智能系统中，记忆也处于重要的地位。有了记忆，才能将人心理活动的过去、现在和未来连接成一个整体，使人的心理活动在时间上得以持续，并最终使个体实现心理的发展、知识经验的积累和人格特征的形成。

二、记忆的类型

根据不同的标准，可以把记忆分为不同类型。

---

① 王波，李惠雅.恩格斯的心理学思想及其时代价值[N].中国社会科学报，2021-07-08(005).
② 赫伯特·西蒙.认知：人行为背后的思维与智能[M].北京：中国人民大学出版社，2020：287.

(一) 内隐记忆和外显记忆

根据记忆过程中意识的参与程度不同,记忆可以分为内隐记忆和外显记忆。

1. 内隐记忆

内隐记忆也称自动记忆,它与外显记忆相对,是指在无意识状态下,个体已有的经验对当前任务能自动产生影响的记忆。这种记忆是在不需要对特定的过去经验进行有意识或外显回忆的测验中表现出来的对先前获得信息的无意识提取操作。

2. 外显记忆

外显记忆与内隐记忆相对,指人在意识的控制下,主动地收集某些知识经验来完成当前作业任务时表现出来的记忆。外显记忆是对过去经验的有意识检索和提取的过程,其突出的特点是强调信息提取过程中的有意识性,而不是信息识记过程的有意识性,即个体能意识到自己正在积极地检索或提取记忆中的信息,从而实现回忆或再认。[①] 外显记忆能够用语言进行比较准确的描述,即在需要的时候,可以通过自由回忆、线索回忆、再认等形式表现出来。经典的记忆研究大都是外显记忆研究。有的心理学家认为,外显记忆中的经验和信息是存储在一个独立的记忆系统中的,它受到个体信息加工水平的重要影响,尤其是语义加工对外显记忆来说具有很强的促进作用。

(二) 陈述性记忆和程序性记忆

根据信息加工和储存方式的不同,可以把记忆分为陈述性记忆和程序性记忆(图 4-1)。

1. 陈述性记忆

陈述性记忆是指对有关事件和事实性知识的记忆。它与程序性记忆相对,包括有关认知的对象、事物具体特征以及人名、地名、名词解释、定理、定律等静态信息,例如,记住圆的面积公式是什么,心理学的主要研究方法有哪些。

陈述性记忆具有明显的可以用语言描述和传授的特征,即在需要时可以将记得的事实陈述出来,主要反映客观事物的性质、内容、状态、事物变化发展的原因等。陈述性记忆中的信息提取往往需要个人意识的参与,美国心理学家安德森(J. R. Anderson)认为,陈述性记忆涉及"是什么(what)"和"为什么(why)"的知识,其中绝大多数信息可以用语言传授,但不一定都用语言的形式表征,如教科书的课本知识、日常生活常识、抽象命题等。

2. 程序性记忆

程序性记忆是指对具有先后顺序活动的记忆,它与陈述性记忆相对。程序性记忆是一种对具体事物操作的记忆,主要包括知觉技能、运动技能、认知技能等操作如何进行的过程性信息。程序性记忆涉及的是"如何做(how to do)"的知识,常常需要经过多次尝试和练习才能获得,且很难用语言加以描述和言传。例如,骑车、游泳、溜冰、写字以及怎样解答数学应用题等。

程序性记忆通常不需要个人意识的参与,在开始学习知识时,按一定程序进行,最初比

[①] 臧志远.《选定立场:心理学话题的对立观点》(第八章)翻译报告[D].郑州:河南大学,2019.

较困难,但经过反复地按顺序进行,就会逐渐意识不到它的存在,因此程序一旦掌握并熟练后便很难忘记。例如,人在孩提时学会了骑自行车,十几年后仍然不会忘记。如果已经达到纯熟的程度,对程序性记忆的信息检索和提取就会以自动化的方式进行。①

图 4-1　常见的陈述性记忆和程序性记忆

许多研究的结果表明,陈述性记忆和程序性记忆是两个独立的记忆系统。例如,脑损伤病人的陈述性记忆系统受到破坏,而其程序性记忆系统却完好无损。有的脑损伤病人的程序性记忆系统受到破坏,而其陈述性记忆系统却完好无损。由此说明,陈述性记忆和程序性记忆分别储存于大脑的不同区域部位。美国心理学家斯奎瑞(Squire,1992)以动物、遗忘症病人和正常人为被试,对陈述性记忆和程序性记忆进行了大量的实验研究,发现这两种记忆类型不仅存在明显的分离现象,而且它们对应的脑区域也不同,如图 4-2 所示。②

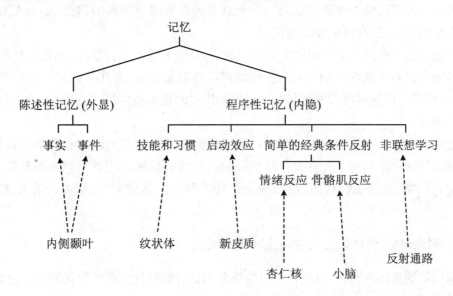

图 4-2　长时记忆的分类及相关的脑结构

---

① 莫传玉.弗拉基米尔·纳博科夫文学心理学思想研究[D].上海:华东师范大学,2019.
② 罗绮.心理学知识的追寻与自我整合[D].武汉:华中师范大学,2019.

(三) 语义记忆和情景记忆

根据长时记忆中储存的信息内容不同,可以把记忆分为语义记忆和情景记忆。加拿大心理学家图尔文(Tulving,1983)提出,语义记忆和情景记忆分别存储在长时记忆中。[①]

1. 语义记忆

语义记忆是指人对词语及其语义永久性知识以及关于世界知识的记忆。语义记忆中,包括各种有组织的一般知识和事物发展规律的记忆,也称为语言逻辑记忆。

语义记忆是以词语概括的事物的关系以及事物本身的意义和性质为内容的记忆,如对词的概念、语法规则、化学公式、物理定律、公式符号以及哥伦布发现新大陆和四季更替的气候知识,等等。

语义记忆中的信息组织是抽象的、概括的,它存储的信息不受人所处的特定时间和地点等空间限制,也不易受外界各种因素的干扰,因此比较稳定而且比较容易提取,并不需要作明显的意志努力。[②] 语义记忆使人能够掌握和保持客观世界各种事物的信息,即关于世界的一般知识,人类凭借语义记忆把思维的结果保存下来,从而获取间接的知识。语义记忆与人的抽象思维关系密切,它随着人的抽象思维能力的发展而发展,因此它与人的认知活动和智能具有紧密联系。

2. 情景记忆

情景记忆是指对人在一定时间和地点亲身经历的事件或情景的记忆。比如,人会想起在某处参加过的活动或曾经去过的某个地方。情景记忆接收和储存的信息是个体在特定的时间和地点内经历的情景或事件以及与之相联系的各种时空关系的信息,是个人亲身经历的各种事情的记忆,具有自传体性质。

情景记忆由于受到一定时间和空间的限制,并且经常处于变化状态,因此信息的储存容易受到各种因素的干扰,有时不够稳定,难以储存且不易提取,尤其是推理能力较少使用其中。但是,情景记忆能够使人回想起自己曾经经历过的往事和情景,因此对人的生存和发展具有重要意义。

把记忆分为语义记忆和情景记忆具有一定的合理性。在当代认知心理学知识体系中,抽象概括的语义信息和与个人有关具体事件的时空信息被视为两种不同的刺激信息,并由此产生记忆功能上的区别,然而,这两种记忆功能并非完全独立,它们之间存在着密切的联系。

(四) 形象记忆、情绪记忆、逻辑记忆和动作记忆

根据记忆的具体内容,可以把记忆分为形象记忆、情绪记忆、逻辑记忆和动作记忆。

1. 形象记忆

形象记忆是指人以感知过的事物形象为内容的记忆。它在人脑中保持的是客观事物的

[①] 杨庆峰. 当代记忆研究的哲学透视[J]. 华东师范大学学报(哲学社会科学版),2017,49(5):26-37,173.

[②] 王东. 采访中的记忆心理学:从一个美联社记者的采访案例谈起[J]. 青年记者,2016(11):48-49.

具体形象或外部特征,具有比较鲜明的直观性,例如,对日常生活中的人物体貌特征、自然景色等的记忆,是直接对客观事物的形状、质量、体积、气味、软硬、口感、冷暖等属性的记忆。①

形象记忆以表象的形式储存,因此又称为"表象记忆",一般以视觉和听觉的形象记忆为主,也存在着某些触觉的形象记忆、嗅觉的形象记忆和味觉的形象记忆等,一般人的形象记忆是混合型的。人感知过的客观事物只有经过形象记忆才会成为人的直接经验。形象记忆与人的形象思维密切相关,并随着人的形象思维能力的发展而发展。

2. 情绪记忆

情绪记忆是指以曾经体验过的情绪或情感为内容,并以亲身感受和深切体验为形式的记忆。即便引起情绪和情感的事情已经过去,但对该事情的体验和感受仍保存在记忆中,在一定条件下这种情绪和情感又会重新被体验到。强烈的、对人有重大意义的情绪和情感容易保持长久并容易被再现而重新体验。情绪记忆既可能是积极愉快的体验,也可能是消极不愉快的体验,这与记忆中的情绪情感的性质和强度有关,也与人们对过去情绪情感相关客观事物的态度、评价或关系发生改变有关。

3. 逻辑记忆

逻辑记忆又称为语言逻辑记忆、意义记忆,指人对客观事物之间的关系,以及客观事物本身的意义和性质,使用概念、判断、推理等为内容的记忆。逻辑记忆主要是以思维成果、逻辑判断、推理等逻辑思维过程为内容的记忆。例如,反映客观事物意义、特征、规律以及事物之间内在关系的科学概念、公式、定理、定律、学科体系等,它们都是逻辑思维的结果,因此具有高度的概括性、理解性、逻辑性和抽象水平。

4. 动作记忆

动作记忆又称为运动记忆,指以过去从事和做过的身体运动、动作及其系统为内容的记忆。一般认为,运动记忆是以过去的运动或操作动作形成的动作表象为前提的,因此是一种形象记忆,其信息大都以运动觉和视觉表象的形式出现,没有动作表象,即各种运动和动作形象在人脑中的表征过程,就不会有动作记忆。动作表象来源于人对自己动作的知觉以及对他人动作和图案中动作姿态的知觉,此外也可以通过对自己已有的动作表象进行加工改组而创造出新的动作形象。

(五) 元记忆

元记忆(metamemory)是元认知的重要形式之一,指人对自身记忆活动的认识、评价和监控过程的记忆。

元记忆中包括人对记忆系统的内容、功能的认识和评价,以及对记忆过程的监控,包括对客观事物信息的接收、编码、存储和提取的信息加工过程。元记忆由美国心理学家弗拉维尔(J. H. Flavell)于1971年首次提出。他认为元记忆是个体对自己记忆过程和记忆内容的了解和控制。②

---

① Edgell B. Mental life (psychology revivals)[M]. London: Psychology Press, 2014.
② 吴晓斌. 从认知心理学的角度论交替传译中的记忆原则[D]. 赣州: 赣南师范学院, 2011.

元记忆是复杂的动态认知系统,它由三个主要成分构成:元记忆知识、元记忆监测和元记忆控制。元记忆知识是指个体具有的与记忆活动有关的知识和信念,包括记忆中的人的因素、记忆目标和记忆内容、记忆策略和记忆方法三个方面,例如了解记忆的编码、存储和提取过程。元记忆监测是指人对记忆状态的各种监测性判断以及伴随的情感体验。元记忆监测分为两类:一是回溯性监测,如个体对自己的回忆、再认得正确与否的信心判断;二是预见性监测,如学习难或易的判断、学习结果和知晓感的判断等,它们都依赖个体的内省报告。元记忆控制是指在元记忆监测的基础上,激活自己已有的元记忆知识,对记忆过程进行有意识地组织和调节的过程,例如制订学习计划、运用记忆策略等。元记忆三种成分共同作用,形成个体的元记忆能力。

随着年龄的增长,元记忆能力逐渐发展,其中最为关键的是随着语义记忆的进步而逐渐提高。元记忆与记忆行为之间存在密切的关系,元记忆通过控制和调整元记忆知识,帮助人们更好地理解和运用记忆系统,使人们了解元记忆的特点和规律,进而改善学习和记忆的效果。

第二节 记忆的过程

记忆过程包括识记、保持、再认或回忆三个基本环节,这些环节也是记忆过程三个连续的信息加工阶段。它们之间相互影响、相互依存、紧密联系,构成完整的记忆过程。如果记忆失败,则说明在以上三个阶段的一个或几个阶段出现了问题。

一、识记

识记是记忆过程的开始阶段,也是保持、再认和回忆的前提。识记是人通过识别和记住事物获取知识经验的过程,它具有一定选择性,与学习紧密联系。环境中的各种事物只有被个体注意并加以选择才能够被记住。[1] 从信息加工的观点来看,识记就是信息的输入和编码的过程,没有识记,就没有信息的编码,就不会有对信息的认知加工和操作,也就不会使信息转入存储阶段,更不会出现与知识经验的广泛联系。识记从生理上看是信息在大脑皮层上建立暂时神经联系的过程。[2]

(一)识记的种类

根据识记时有无明确的目的,识记分为无意识记和有意识记。

1. 无意识记

无意识记又称为不随意识记,它与随意识记相对,是指事先没有自觉地识记目的,不使

---

[1] 魏屹东,周振华.揭开记忆之谜的巴特莱特认知心理学[N].中国社会科学报,2011-05-17(008).
[2] 罗明东,王荔,印义炯,等.心理学[M].昆明:云南大学出版社,2011.

用任何识记方法,也不需要意志努力地识记。人的许多日常经验和零碎的知识,在当时并没有识记它们的意图,往往是通过无意识记积累起来的。

无意识记具有比较明显的特点,尽管在识记时没有自觉的志向和意图,但是其识记内容仍带有明显的选择性。那些与人的需要和兴趣密切联系的事物,或对人具有重要含义、能引起较强情绪反应的事物,容易被无意识记。比如,当一个人在一个人头攒动的街上购物的时候,他会无意地记住一些事情:一个街头卖艺人的样子和他弹唱的歌曲(图4-3)。

图4-3 街头弹唱的艺人

人对自己感知过的事物、体验过的情绪、操作过的动作,当时虽然没有记住的意图,但事后却能够回忆和再认。社会环境对人的影响也往往通过无意识记对人发生作用,即所谓的"潜移默化"。[①] 由于缺乏明确的目的性,无意识记经常带有偶然性和片面性,但仍具有一定选择性,受到人的知识经验和对象本身特点等主客观因素的影响,那些对人的生活意义重大的事件,能引起人们的兴趣和激发人的情绪的事物容易被无意识记。无意识记虽然对人的生活、工作和学习具有重要影响,但是系统掌握科学知识不能仅仅依靠无意识记,必须还要依靠有意识记的参与。

2. 有意识记

有意识记又称为随意识记,它与不随意识记相对,是指事先有明确的目的和任务,运用一些有效方法并需要一定意志努力的识记。人们对系统的科学知识的学习和掌握,需要学习者具有高度的自觉性,并努力把注意力和艰苦的智力劳动专注在识记对象上,做到这些主要依靠有意识记。因此,有意识记比无意识记对人来说更为重要。许多研究表明,在条件相同的情况下,识记的态度愈认真,任务愈明确、愈具体,方法愈得当,效果就愈好,因此有意识记在系统掌握科学文化知识过程中的作用远优于无意识记。[②]

---

① 王哲.试述心理学前瞻性记忆模型研究进展[N].吉林日报,2010-07-20(010).
② 郭丽娟.从心理学角度看交传中的记忆难题及策略[D].青岛:青岛大学,2010.

(二)影响识记的因素

识记的效果受到诸多因素的影响,其中以下因素对识记效果的影响尤为明显。

1. 识记的目的

识记时有无明确的识记目的和任务会影响识记的效果。在其他条件相同的情况下,有意识记的效果远比无意识记的效果好,因为在目的和任务明确时,识记活动会专注并集中在该任务上,可以引起识记者复杂的智力活动,从而调动其积极性;识记目的不同,识记者对材料的组织方式也会不同,导致识记效果上存在差异。例如,如果识记目的要求能够正确回忆识记的材料,识记者就会反复默读单个词句,如果识记目的要求回忆识记材料的内容,识记者就会尽力去理解材料中的意义联系和逻辑关系。

2. 识记材料的性质、难易程度和数量

识记材料的性质、难易程度和数量等会影响识记的效果。识记材料可以分为直观材料识记和文字材料识记,识记者对这两种材料的识记效果表现出一定的年龄特征。一般而言,儿童对直观材料的识记效果优于文字材料,而成年人对文字材料的识记效果往往优于直观材料。识记者识记难易程度不等的材料时,进程不同,识记容易的材料,其进程一般是先快后慢,呈现的是一条对数增长曲线。识记难度大的材料,其过程一般是先慢后快,呈现的是一条指数增长曲线。此外,识记材料数量越多,要达到同样的识记水平,平均使用的时间也越多。但如果识记材料之间具有逻辑联系并富有意义,如教科书中的课文,识记的时间就会随课文内容的逻辑联系和学习者知识经验的不同而有所差异,并不仅仅只依存于课文的字数。

3. 对识记材料的理解程度

理解是识记的必要条件。理解了的信息与识记者已有的知识经验发生了联系,能够顺利地被纳入已有的认知结构。因此,识记者对材料的理解越深刻,识记的速度就越快,保持得也越牢固。[①] 对识记材料的理解是建立在对材料进行分析和组织的基础上的,即识记者必须把识记材料的基本观点、论据、逻辑结构、内在联系等标示出来,再运用自己的语言对它们进行再组织、概括并准确地表述出来。识记者经过对识记材料的分析和综合,运用自己的语言加以阐述,使之获得明确的、有条理的逻辑关系,因而容易识记和保持。

4. 学习态度

如果识记的材料是识记者感兴趣的、符合其需要的,或者对自己具有重要意义的,那么此时的识记客体就成为人的智慧活动的对象,就会强化识记者的学习动机,使其积极地投身参与识记活动,努力理解材料的意义和逻辑关系,充分利用自己的知识经验,主动建立事物之间的内在联系,从而大大提高识记的效果。[②] 如果某种事物或材料成为识记者智慧活动的对象,就容易被清晰地感知,并与自己过去的经验相联系而被深刻地加以理解,从而得到很

---

① 曹晖,王大伟,曹聘.记忆心理学之定向遗忘研究的新进展[J].四川职业技术学院学报,2009,19(1):91-93.

② 马晓亮.认知心理学中前瞻记忆的影响因素研究[J].中国教育技术装备,2008(22):27-29.

好的识记效果,反之,识记效果就会降低。

5. 识记方法

识记方法包括整体识记法、部分识记法和综合识记法。整体识记法是指将识记材料通篇阅读,直至能完全背诵。部分识记法是指对识记材料先分段识记,直至成诵,再加以合并,整篇成诵。综合识记法是指对识记材料先进行整体识记,然后进行部分识记,最后再进行整体识记直至完全背诵。[①] 一般而言,识记材料较短且具有意义联系时,采用整体识记法效果较好。识记材料的意义联系较少时,采用部分识记法效果较好。识记材料具有意义联系但较长、难度较大时,则采用综合识记法效果较好。

6. 多种感官的协同活动

多种感官在识记活动中同时发挥作用,即多种感官协同识记,比仅用一种感官的识记效果好。例如,在学习外语时,如果眼看、耳听、口说、手写协同进行,共同参与学习过程,其效果就会优于只有单一感官活动时的效果。

二、保持

保持是记忆过程的第二个基本环节,是储存和巩固已识记而获得的知识经验的过程。保持以识记为前提,它不仅是记忆的重要标志,也是再认和回忆的基本条件。保持的效果可以通过再认和回忆加以检验。

(一) 保持的特征

保持是人对事物识记后形成的知识经验在人脑中储存和巩固的过程。通过保持,人对识记的信息进行主动的加工,使自己的知识随着时间和环境的变化而不断地更新和丰富。[②]

虽然输入的信息经过编码以后在人脑中的储存是有秩序和层次的,但信息储存在记忆系统中以后并不是一成不变的。信息在记忆中的保持是一个动态过程,随着时间的推移,其保持的内容在数量和质量上会发生某些变化,从而体现出人脑对记忆材料进行主动加工的特点,同时表明了人已有的知识经验和态度会对识记材料的保持产生影响。

保持的内容在质的方面的变化体现了人脑对记忆信息的重构,一般表现出以下特征:记忆内容中不太重要的细节部分会趋于消失,只有那些主要内容或显著特征才能较好地保持,这样可以使记忆的内容比原来输入的信息更加简略和概括。记忆内容中的某些特征或线索会被有选择地保持下来,但同时也会增添某些信息,使记忆内容比原来更加完整、合理,更易于理解。识记内容中的某些情节程序或过程会被想象补充,从而使记忆内容更加具体或者更加突出、夸张和具有特色。

英国心理学家巴特莱特(F. C. Bartlett,1932)采用图画复绘的方法,证实了人脑中记忆内容的变化,如图4-4所示。他先让第1个被试看图中左边的刺激图形,半个小时后要求

[①] 伍小东. 长时记忆、工作记忆与一般液体智力之间关系的实证研究[D]. 西安:西北大学,2008.
[②] 王东. 采访中的记忆心理学:从一个美联社记者的采访案例谈起[J]. 青年记者,2016(11):48-49.

被试凭回忆画出该图形,然后将其画的图形给第2个被试看,半个小时后同样要求被试凭回忆画出所看到的图形,然后再给第3个被试看,依次进行到第18个被试。图中右边的8个图形就是第1、2、3、8、9、10、15、18个被试所画的图形,可以看出被试凭回忆画出的图形与原来的图形发生的变化。

图4-4 记忆过程中图形的变化

三、再认

再认是记忆过程第三个基本环节的一个形式,是指过去经验或识记过的事物再次呈现在我们面前时,我们仍能确认和辨认它们的过程。再认识记和保持过程后的结果,也是测量识记和保持成绩的指标之一。尽管再认与回忆没有本质区别,但再认总体上要比回忆简单、容易。

(一) 再认的特征

再认可以被视为知觉分析和记忆检索连续加工的过程,它包含知觉、回忆、联想、比较、验证等一系列认知活动。再认与模式识别直接相关。人在识别某个对象或刺激模式时,在对它进行知觉分析的同时,会从长时记忆中检索或提取相关的信息,并与知觉到的对象的各种特征和属性进行比较,再经过多层次连续比较验证,最后完成再认的过程。

再认的速度和准确性主要受到三个方面因素的影响。一是对原事物记忆的巩固程度和精确程度。保持的内容越巩固、精确,再认就越准确,速度也越快,反之亦然。二是需要再认的事物与先前感知和经历过的事物的相似程度。相似的材料,再认时容易发生混淆。再认过程需要依赖各种有关的线索,例如,事物的特性、属性或结构等,这些线索的变化在一定范围内,就可能再认,如果这些线索发生了很大变化,则就很难再认。三是人的经验、期待、定势和认知方式。研究表明,在从复杂图形中识别和再认简单图形的任务中,场独立性的人比场依存性的人再认成绩更好些(图4-5)。① 还有的研究表明,场合因素对再认过程也有一定的影响。

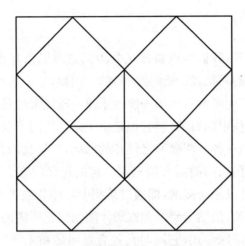

图 4-5　数数图中有几个三角形?

错误再认表现为不能再认或再认错误。错误再认的原因之一是识记不精确,保持不牢固,原有的联系线索消失或受到其他因素的干扰,再次呈现的事物不能激活原有感知或记忆的痕迹。原因之二是线索联系的泛化,再次呈现的事物与先前感知和识记过的事物具有相似特征时,就容易产生错误再认。

(二) 再认的种类

根据再认时有无目的和是否需要意志努力的参与,可以把再认分为无意再认和有意再认。无意再认又称为不随意再认,指当再次出现的事物明确、清晰、完整,或与记忆中保持的内容相符时,几乎是自动地、无意识地、在极短时间内实现的辨别和确认过程。有意再认又称为随意再认,指当再次出现的事物不太清晰、不太明确、不太完整,或与记忆中保持的内容不太相符时,需要通过意志努力而实现的辨别和确认过程。②

根据再认的程度和范围,再认可以分为完全再认和不完全再认。完全再认是指对当前事物全面确定的再认,包括对事物的内容及其内在关系的识别和确认。不完全再认是指对当前呈现的事物仅有熟悉感,而不能达到对原有事物在一定程度和范围内的再认。

---

① 宋磊.成人记忆的变化规律及其对学习的影响:心理学的分析[J].医学教育探索,2007(2):103-104,139.

② 王晓平.学习和记忆的认知心理学研究[J].自然杂志,2004(4):233-237.

四、回忆

回忆是记忆过程第三个基本环节中的另一个形式,回忆是指将过去经验和识记过的事物在头脑中再次呈现出来的过程。它是记忆过程中的一个基本环节,与再认密切相关。回忆通常是在一定的情境和线索下进行的,例如,在遇到某个熟悉的人或物时,我们会根据已有的经验和识记,回忆起与之相关的信息和情感。

(一)回忆的种类

根据不同的目的和任务,我们可以将回忆分为无意回忆和有意回忆。无意回忆是一种自然而然地想起某些经验的回忆,没有预定的目的。例如,一个人在没有特定目的或任务的情况下,自然而然地记住了他经常听到的一段音乐或一段经常经过的道路,这些都属于无意回忆。虽然无意回忆没有预定的目的,但它也是由于某些诱因引发的。

与之相对,有意回忆是一种有明确回忆任务的回忆,它是我们自觉地追忆以往经验的行为。有意回忆的目的是根据当前的需要回忆起特定的记忆内容。回忆可以是直接的,即直接回忆起所需的内容;也可以是间接的,即通过某些中间环节或线索来回忆起所需内容。间接回忆与思维活动密切相关,借助于判断和推理才能回忆起所需的内容。

追忆则是回忆的一种特殊形式,它同时具备有意回忆和无意回忆的特点。追忆需要我们进行意志努力,克服一定的困难才能回忆起内容。在追忆过程中,我们可能需要经历一系列的思考和推理,才能回忆起所需的记忆内容。

(二)回忆的影响因素

回忆是我们对过去经历的再现,它受到多种因素的影响。其中,联想是回忆的基础。联想是一种心理过程,通过联想可以将当前所面对的事物与记忆中其他事物联系起来,从而唤醒记忆。例如,当我们看到一张照片时,会通过联想联想到与照片中人物相关的经历和情感,进而回忆起当时的情景。

除了联想,定势和兴趣也对回忆产生影响。定势是指一个人在解决问题和思考问题时的习惯和倾向,它会影响我们对记忆的提取。兴趣则可以促进记忆的保持,因为人对自己感兴趣的事物会更容易记忆。在日常生活中,我们可以尝试通过关注热门话题、经常参加户外活动等方式来培养自己的定势和兴趣,从而更好地回忆过去。

表象和词语的双重线索可以提高回忆的完整性与准确性。在回忆过程中,我们可以将当前所面对的事物与记忆中相关的表象进行联系,例如通过视觉、听觉、嗅觉等感官信息来唤醒记忆。同时,我们也可以利用词语的线索来提取记忆,例如通过关键词或标题来回忆相关内容。

暗示和再认对于提取记忆也具有很大的帮助。暗示是指通过某种提示或启发来引导我们进入回忆的状态,例如通过问题或提示词来唤起记忆。再认则是指当我们回忆起某个事物时,可以通过再次确认来提高记忆的准确性,例如通过再次提问或核对信息来验证回忆的准确性。

干扰是影响回忆的一个非常重要的因素。当我们同时面对许多干扰时,回忆可能会变得比较模糊或混乱。例如,在考试时,周围的噪声和紧张气氛可能会干扰我们的记忆提取,导致成绩不佳。为了减少干扰的影响,我们可以尝试在安静的环境下进行回忆,或者通过排除干扰来提高回忆的准确性。例如,在考试时,可以通过集中注意力、深呼吸等方式来减少干扰的影响(图4-6)。

图4-6 考场会封锁周围路段以减少干扰源

第三节 记 忆 系 统

记忆是人脑的功能,其神经生理机制非常复杂,涉及记忆在人脑的部位、信息的存储、信息的恢复等方面。20世纪以来,许多科学家进行了大量研究,其中巴甫洛夫用暂时神经联系解释人类的记忆活动,认为记忆过程的神经生理机制就是大脑皮层上暂时神经联系的形成、巩固和重新活动的过程。识记是暂时神经联系的形成,保持是暂时神经联系的巩固,再现是暂时神经联系的恢复或重新活动,该理论作为记忆的经典理论,至今仍在学术上具有一定地位。但是,随着科学技术的进步和发展,特别是实验条件、手段不断更新和丰富,神经生理学、神经心理学、生物化学、分子生物学、神经外科学等对记忆的神经生理机制进行了多学科、跨学科的大量的、综合性的实验研究,对记忆的神经生理机制有了新的了解,并提出了各种假设,促进了记忆的神经机制的研究,其中主要体现在记忆的脑学说、记忆的脑细胞机制和记忆的生物化学机制三个方面。

一、记忆的脑学说

(1) 整合论。美国心理学家拉胥里提出。认为记忆是整个大脑皮层活动的结果,它和脑的各个部分都有关系,而不是皮层某个特殊部位的机能。

(2) 脑机能定位论。法国医生布洛卡提出。认为脑的机能是由大脑的一些特定区域负责的,记忆当然也不例外。

(3) 记忆的SPI理论。将记忆系统和记忆过程整合起来。主要包括5种:程序记忆系统,知觉表征系统,语义记忆系统,情景记忆系统,初级记忆系统。关于记忆过程的假设:编码是单行的,存储是并行的,提取数独立的。

二、记忆的脑细胞机制

反响回路:是短时记忆的生理基础。是指神经系统中皮层和皮层下组织之间存在的某种闭合的神经环路。外界刺激作用于神经环路的某一部分,回路便产生神经冲动,刺激停止冲动并不停止,而是继续在回路中往返传递并持续一段时间。

突触结构:作为人类长时记忆的神经基础,包含着神经元突触结构的持久性改变,这种变化是由特异的神经冲动导致的。神经元和突触结构的改变是短时记忆向长时记忆过渡的生理机制。

长时程增强作用:海马的神经元具有形成长时记忆所需要的塑造能力,是长时记忆的暂时性存储场所。利用长时程增强机制,海马能对新习得的信息进行为期数小时乃至数周的加工,然后再将这种信息传输到大脑皮层中相关部位作更长时间的存储。

三、记忆的生物化学机制

神经元的电活动不仅会引起神经元突出结构的改变,还会导致神经细胞内部的生物化学变化,这些变化包括核糖核酸及某些特异性蛋白质分子结构的改变。机体内部的一些激素分泌能够促进其记忆的保持。

第四节 培养和提高记忆的方法

记忆在整个学习过程中,是一个重要的不可缺少的要素,它是学习的基础和必要条件,没有记忆就不可能有学习活动,任何一个人要想获得知识,无论是接受间接知识还是积累个人的直接经验,都离不开记忆,而且好的记忆力是锻炼出来的,只要学习目的明确,对材料充分理解,同时,提高对记忆内容的兴趣,并让多种分析器官参加记忆活动,就能提高记忆力。

一、好的记忆力是锻炼出来的

人的记忆力确实存在着强弱的差别,不过,一个人记忆力的强与弱,与后天的锻炼有密切的关系,记忆是大脑的一种功能,而大脑的发育和身体的其他器官一样,遵循着"用进废退"的规律,因此大脑参加学习和记忆的实践活动越多,也就越发达,记忆力就越强,英国科学家斯莱特在20世纪初做过一个很著名的实验:他把一些12岁孩子分成四组,让第一组每天用半小时背诵诗歌,第二组每天用半小时背诵散文,第三组每天用同样多的时间背诵历史和地理,第四组作为对照组什么任务也不布置,半年后,他进行了测验,结果发现第一组对有节奏的诗歌记忆力较强,第二组复述散文的能力较强,第三组对历史年代和地名记忆力较强,而第四组孩子这三方面的能力都明显不如前三组的孩子,这个实验证明,记忆力是可以通过锻炼提高的。[1]

二、目的明确才能记忆牢固

实践证明,对需要记忆的材料有无明确的目的,对记忆的效果有直接影响,目的越具体明确,记忆的效果就越好,因为人的记忆是有选择的,只有那些被认为重要的材料,人们才会主动去学习和记忆它们,而且,目的明确,人们才能集中自己的注意力去记忆,这是有意识记忆的关键。从心理学上讲,目的具体明确,能提高大脑皮质有关区域的兴奋性,兴奋的神经组织蛋白质结构发生变化,能使建立起来的暂时的神经联系得到巩固,留下的印痕愈加深刻,而没有明确的记忆目的,则大脑皮质不能形成优势兴奋中心,不易建立暂时神经联系,即使能建立起来,"印痕"也会很快地消失,心理学的实验证明:在提出明确的记忆任务时,50%的受试者能正确地记住要求记忆的材料,而不提出任务时,只有43%的受试者能正确地记住要求记忆的材料。

三、理解是记忆的基础

记忆有两种,一种是机械记忆,另一种是理解记忆。所谓机械记忆,就是死记硬背,靠单纯地重复去记忆,而理解记忆则是对需要记忆的材料进行充分的研究,了解它的内部联系、本质和特点,通过理解去记它们。

理解是记忆的基础,在学习时,对所要记得材料一定要很好地理解,如对某些定理、公式、法则要反复研究,找出哪些是关键词句,哪些是成立的条件,还要掌握推导过程,以及如何运用这些定理、公式和法则去解决实际问题,另外,学习和理解新知识,是和已有的知识、经验密切相关的,因此,在记忆新知识时,要善于在新旧知识之间架设桥梁,把新旧知识串联起来记忆,这样记忆的效果会更好一些。

---

[1] 陈墨.口述历史:人类个体记忆库与心理学(二)[J].当代电影,2014(11):97-105.

四、要提高对记忆内容的兴趣

兴趣在记忆过程中具有十分重要的作用,歌德说:"哪里没有兴趣,哪里就没有记忆。"人们常常有这样的体会:对自己感兴趣的事物记得快、记得牢,保持时间也长;反之,对不感兴趣的事物记得慢,记住之后忘得也快。从心理学上分析,这是因为人们记忆自己感兴趣的事物时,能高度集中注意力,使大脑皮质有关信息接收区形成优势兴奋中心,使该事物能在脑子里留下深刻的印痕,所建立的暂时联系就会巩固,收到积极的记忆效果;记忆不感兴趣的事物时,便不专心,心不在焉,这时大脑中就会产生许多兴奋中心,它们"打架",相互干扰,必然影响记忆的效果。兴趣并不是天生的,是可以培养出来的,一般说来,人对某事物不感兴趣,是由于自身对其接触太少,或不太了解所致,如果多接触,深入地学习,就会逐渐对它产生兴趣,总之,为了增强记忆效果,要有意识地培养自己的兴趣,只有对记忆的对象有了兴趣,才能记得牢,保持得久,而记忆的效果越好,学习的兴趣也就越浓。

五、让多种分析器官参加记忆活动

在记忆时,应该充分发挥多种分析器官的作用,也就是说,充分发挥眼、耳、口、鼻、脑、手等各种分析器官的作用,通过视、听、说、嗅、想、触等,牢固地记住所要记得材料,这是提高记忆力的一个重要方法。人类的大脑构造极为复杂,分工极为精细,每一种分析器官到达大脑皮质的特定区域,都有其自己独特的神经通路,例如,我们看见一个苹果,视觉器官立刻把苹果的外形这一信息,通过特有的神经通路送达到大脑皮质的特定区域保存起来,如果在看到苹果的同时,耳朵听到"苹果"这两个字的发音,鼻子又闻到苹果的香味,要是还能咬上一口,尝尝苹果的滋味,那么视觉、听觉、嗅觉、味觉器官又同时分别将四种信息按不同的神经通路送达大脑皮质的不同区域,在大脑皮质留下四种"同一意义"(苹果)的印痕,建立起多种通道的暂时神经联系,然后,再经过大脑把各种感觉到的材料(苹果的色、香、味、形)进行加工,使它们在大脑皮质留下深刻的痕迹并保存起来。无疑,多种分析器官参加记忆,将大大加强人们的记忆和延长记忆保留的时间,是提高记忆力的一个好办法。

 复习思考题

1. 根据信息加工和储存方式的不同,可以把记忆分为哪两种?请作出详细解释。
2. 陈述性记忆对应的脑区是什么?
3. 记忆的三个基本过程是什么?请分别论述。
4. 根据你的理解,谈谈提高记忆力的方法有哪些。

第五章 意识与注意

在心理学中大概没有比"意识"更难以精确定义的术语了。从字面上看,意识是指觉醒、警觉和敏感。当人清醒时,他(她)正在做什么表明他(她)对周围环境是有意识的,如果睡着了,此时他(她)对周围环境没有反应,就会被认为处于无意识状态。

"意识通常指有机体从周围世界接受感觉信息,对该信息进行正确加工,然后恰当地作出反应。"这样的解释是抽象的,但如果说意识就是个体感到疼痛或饥饿,就容易理解了。由此可见,意识的内容是主观的,别人无法检查,也不能被客观地测量,但是每个人都有意识体验。当今信息时代,丰富多彩的世界给了人们无尽遐想,要想获得自己需要的信息,就必须通过意识和注意,在众多信息中加以选择。

主要学习目标:理解和掌握意识与注意的基本概念和理论,了解自我意识的表现形式以及青少年自我意识发展的主要特点,能够应用注意的规律到实际学习中,以培养学生的良好注意品质。

第一节 意 识

一、意识概述

(一) 意识的定义

意识是人特有的心理反映形式,依赖于感觉、知觉、记忆、思维等心理活动过程,形成一个协调一致的体系,这个体系使我们感知和认识到自己身心状态与外界环境变化。人能够觉知和认识到自身的存在、周围世界(包括自然界和社会活动)的存在,以及自己和环境之间的复杂关系。具体来说,意识是人对环境刺激信息感知、自身感受、记忆和思维的觉知以及对自身行为和认知活动产生、维持及终止的调节与控制。[①]

人的意识表现在能够通过客观事物的外部现象或特征,来认识其本质和它们之间的内部联系,并能够根据对客观事物的本质特征和内在规律的认识,指导、调节和控制自己的行

---

① 梁宁建.心理学导论[M].上海:上海教育出版社,2006.

动或自身的内部状态。从中可以看出,意识至少包含两方面的内容:一是人对客观事物与周围环境的意识,这种意识是个体对客观对象和现象的有意识的反映,表明个体对自身存在、客观事物与自然现象、自身状态与客观事物之间的复杂关系的反映。它既包括对自然环境中发生的现象的意识,如感受到季节更换、昼夜交替,也包括对社会活动中发生的事件和某些现象的意识,如社会、政治、经济、文化发展以及和平或战争等问题,同时还有对社会活动过程中人与人之间关系的意识,如他人与群体、男性与女性、群体与群体之间的冲突或和谐人际关系的建立等。二是人对自己身心状态的意识,它也包含两个方面:第一,对自己身体内部活动状态的意识,例如,感到自己身体内部的生理变化,像心跳加快、面红耳赤、手掌出汗等生理现象;第二,对自己心理活动的意识,即觉知到自己的各种主观体验,即通常所说的自我意识。自我意识是指人对自身心理活动总体状态的觉知与认识,包括对自己的感知、思考、体验、愿望、动机以及与自己利益相关的事或人的认知。

意识是人的心理活动最重要的组成部分,是人的心理发展的最高级阶段。从种系发展来看,低等动物没有意识,高等动物,如灵长类动物,也只是随着神经系统的演进才出现意识的萌芽。只有当出现人脑这一高度组织的物质形态之后,才有人类特有的意识。[1] 从个体发展来看,刚出生的婴儿还不具备真正意义上的人的意识。在生命历程中,意识出现的标志是具有自我意识,当婴幼儿能够把"自我"与"非我""主体"与"客体"区分开来时,才能说明其具有自我意识。

(二) 意识的基本特征

意识包括感觉、知觉、记忆、思维等认知活动过程,也包含情绪、情感和意志等情感活动过程。人的意识是认知活动与主观体验的统一整体。认知活动过程在意识中占有核心位置,有时候情绪情感在人的即时性活动与行为中也发挥着重要作用。人既能意识到自己正在进行的认知活动,并能够对自己的认知活动内容和结果进行评估与判断,从而产生满意感或不满意感的主观体验,也能够通过意志努力来维持自己的认知活动顺利进行,当面临困难和挫折时,会激励自己迎难而上去取得成功。[2]

意识是个体心理发展的最高阶段,具有以下基本特征:

第一,意识的主动性和创造性。

人具有积极反映客观事物的能力,能够主动去认识周围环境,改造事物为己所用,而不像动物那样只是消极地顺应或适应环境。人不仅能够正确地反映客观事物的外部表现或各种现象,而且能够从感性认识上升到理性认识,发现、揭示和掌握客观事物产生和发展的本质特征、内在联系及其基本规律。人既可以反映当前直接作用于感觉器官的客观事物,还可以借助语言、思维等活动回溯过去,甚至预测事物未来发展的方向和趋势。意识的本质是能够利用已掌握的知识经验,根据事物发展的规律,通过实践活动,按照人类自身的意愿能动地改造世界。

---

[1] Niedenthal P M. Embodying emotion[J]. Science,2007,316(5827):1002-1005.
[2] 夏碧菌.情绪调节时间知觉的作用方式及认知神经机制[J].现代医学与健康研究电子杂志,2018,2(13):51.

第二,意识的前进性。

人在认识客观事物的过程中,不会只停留在事物的表面现象上,人有能力通过事物的表面现象,探究事物的本质特征和事物之间的内部联系,从而掌握客观事物发展的规律。人不会满足于自己已有的知识经验,而是力图对客观事物及其规律获得更全面地认识。随着社会、科学技术及文化的飞速发展和进步,人的意识也不断地向前发展,人在不断追求自身主观世界的丰富和发展的过程中,也在不断地摆脱对客观事物及其规律知之不多和知之不全的状态,从而使意识能动性水平不断地提高和更新,使人类能够更好地认识世界和改造世界,并在实践活动中发挥出更大作用。

第三,意识的社会历史制约性。

从人类意识的发生发展及其内容上来说,意识具有社会历史制约性。

从意识的发生来看,马克思和恩格斯明确指出:"意识一开始就是社会的产物,而且只要人们还存在着,它就仍然是这种产物。"人的意识不仅是自然界长期演化的产物,也是社会的产物。意识是人类祖先在劳动及其社会联系发展过程中伴随着语言一起产生、形成和发展的,一开始就受到社会的影响和制约。[1]

从意识的发展来看,人类意识是在社会实践中产生和发展起来的。意识不是封闭孤立的,它是社会活动的产物,它的发生和发展受到社会环境的巨大影响,例如家庭、学校、社会环境等。与此同时,已有的意识又会反作用于社会实践,使人有目的、有计划地进行社会实践活动。一个人的意识和人格特征的形成,都是在社会生活过程中与他人交往、互动的结果,这取决于生活状况、接受教育的条件以及社会文化环境,也取决于其从事社会实践的能力水平。因此,人作为社会主体,其心理和意识活动都是对社会生活及其周围环境的反映。

从意识的内容来看,随着社会历史的发展,人类的意识内容逐渐丰富和深刻。在不同的历史发展阶段,由于社会生产力水平不同,科学技术发展水平存在差异,人们对自然界的认识和社会生活的认识深度和广度也有所不同,由于所处的社会实践领域不同,因此在意识的发展水平和表现特点上存在着很大的差异。在不同时代和不同的社会环境中,不同民族的价值观、幸福观、事业观、职业观、人生观、婚恋观等也不尽相同。这些都说明了人的意识受到社会历史条件的制约。

(三)意识水平

人的意识非常复杂,表现出多维度、多层次、多水平的意识现象。比如,在清醒状态下,人的意识包括知觉、记忆、思维、情绪、表象和愿望等,这些心理活动集中在一起,使人们能够专注于某些事情。有时,一个人则会意识到他人正在观察、评价自己正在做的事情。这些不同的心理活动构成了人的意识的内容,即对自己的经历或经验认知。

意识水平反映了人在某一时间内对自身活动及其状态的觉知程度,如在清醒状态下,是否能够意识到作用于感觉器官的客观事物。例如,感知到物体的颜色或发出的声音;能够意识到自己行为的目标,并对自己行为过程加以监督和调控;能够意识到自己的情绪体验,感

---

[1] 彭聃龄.普通心理学[M].北京:北京师范大学出版社,2016.

到愉快或悲伤;能够意识到自己的身心特点和行为表现等。①

意识一般有三种不同水平:

1. 意识的基本水平

意识的基本水平反映了人对自己内部心理活动状态及行为表现的觉知,也反映其对周围环境刺激信息的觉知。在这种意识水平上,表现为人对知觉的事物或现象以及对刺激信息反应的觉知。

2. 意识的中间水平

意识的中间水平表明人对环境刺激信息中的某一个事物或某一种现象的觉知,具有主观能动性。在这种意识水平上,人依赖自己的知识经验,通过思维和想象新事物或新现象的可能情形,并利用它来回忆过去或计划将来。

3. 意识的高级水平

意识的高级水平反映了人对自己觉知、选择的事物或现象正在进行的思考,即自我觉知,它具有个人经历的特征。在意识的高级水平上,人将体验到一种有序的、逻辑的、可预期的状态,通过这种意识活动,逐渐形成预期能力,并运用这种能力来选择当前的行动和计划未来。

二、意识的种类

人有时未意识到自己的动作或行为,或当动作发生以后才意识到对或错。例如,与人交谈时被对方言辞吸引,会不由自主地身体前倾;当不愿意与人交谈时,眼神会飘移不定。此时人很难对这些动作施加有效控制。②

根据意识的不同水平,把意识分为三种类型(图 5-1):

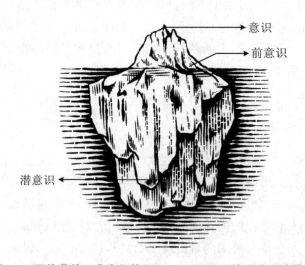

图 5-1 西格蒙德·弗洛伊德(Sigmund Freud)的冰山理论模型

---

① 黄希庭.心理学导论[M].北京:人民教育出版社,2001.
② 林崇德.心理学大辞典[M].上海:上海教育出版社,2003.

(一) 意识

意识是我们个体内部的心理状态,是我们在清醒状态下能够觉察到的心理活动。它包括了我们的感知、思考、记忆和情感等心理元素。在意识层面,我们对外部世界的感知是通过感官系统实现的,例如视觉、听觉、触觉等。同时,我们也可以通过意识对自己的内心状态进行感知和调控。

(二) 前意识

前意识是指保持在人脑中的过去经验或信息,是意识和潜意识之间的过渡区域,前意识平时虽不能被觉知,但在需要时或被注意时,可以复现或提取而达到觉知。人的长时记忆中存储着大量信息,例如语言、运动、地理、天文知识以及经历过的事件和主观体验等,平时一般不使用这些信息,可能也意识不到这些信息存在,因此,前意识起了心理背景的功能。当人面临某种问题时,就会把长时记忆中的信息资料提取到前意识之中,此时前意识担当了需要意识出现的阶梯,它类似于计算机的缓冲区域,从而使人有意识地利用信息资料完成当前的任务。

(三) 潜意识

潜意识是指人对正在进行的某种心理活动和行为表现并没有觉知或毫无知觉,是我们精神中的最深层,包含了大量的本能、冲动、欲望和情感体验,在很大程度上决定了我们的心理活动和行为,潜意识中的内容如果与社会规范和道德不符,往往会被压抑,无法进入前意识,甚至完全被排除在意识之外。例如,你有一个强烈的欲望,想要在人群中大声尖叫,但你知道这种行为不符合社会规范和道德,会被认为是无礼和扰乱公共秩序的行为。因此,这个欲望会被压抑,无法进入前意识,更无法进入意识层面。

三、意识的状态

人的意识不断变化而形成不同的意识状态。意识状态是指在一定时间和空间里意识所呈现出的主要特征。例如,什么样的刺激信息进入意识之中,进入的程度如何,哪种性质的心理活动占主导地位,个人发挥作用的效率如何等。处于不同意识状态下的个体,其生理活动、行为表现是不一样的。

人的意识状态主要有以下三种:

(一) 可控制的意识状态

在人的意识状态中,可控制的意识状态是指意识处于最清晰、注意力最集中的状态。当人在关注某件事情或某个事物时,会把自己的注意力高度集中到自身或外部事物上。此时人能够清楚地意识到自己所做的事情,能够预见到事情发展的结果,能够根据自己的目的和意图调节和控制自己的行为。① 例如,在参加重要考试时,考生处于高度紧张状态,此时的意识状态一般总是最清晰的,注意力是最集中的(图5-2)。

图 5-2　考试时人的注意力往往十分集中

(二) 自动化的意识状态

自动化的意识状态是指人在从事自己熟练掌握的活动或习惯化行为时,不需要投入更多注意资源就能顺利完成的状态。在自动化意识状态下,可能并没有意识到自己正在做的事情,或对于具体步骤并不清晰。例如,在骑自行车时,就不必一直关注车子运动的状况。在大街上,经常会出现即时性特质推论,即当看到某人表现出某些行为时,会自动地对其人格特征进行推论。例如,看到一个人正在扶助老人过马路,会自动地推论这个人具有乐于助人的品质。②

(三) 白日梦的意识状态

白日梦的意识状态是指介于清醒状态与睡眠状态之间高度自我卷入的幻想活动。许多人都有过做白日梦的经历,即会幻想自己成为一个实现自己理想的成功者。通常认为白日梦就是空想,做白日梦的人虚度光阴、脱离现实(图5-3)。但心理学的研究认为,白日梦在性质上属于我向思维,其内容与其生活具有一定联系,并与个人期望的未来活动有关,使其将未来可能发生的事情在脑中预先演练,通过白日梦使欲念冲动释放。因此,白日梦是一种纯凭个人主观感受而不顾客观现实的意识状态。③

---

① 林崇德.心理学大辞典[M].上海:上海教育出版社,2003.
② 黄希庭.心理学导论[M].北京:人民教育出版社,2001.
③ 梁宁建.心理学导论[M].上海:上海教育出版社,2006.

图 5-3 电影《白日梦想家》剧照

第二节 注 意

一、注意概述

(一) 注意的定义

注意是人的心理活动对一定事物的指向和集中,是心理活动的一种积极状态,总是与心理活动过程紧密联系在一起,因此,注意是众多心理活动的共同特性。1890 年詹姆斯在《心理学原理》著作中描述了注意:"注意是心理以清晰而又生动的形式,对若干种似乎同时可能的对象或连续不断的思维中的一种占有,它的本质是意识的聚集、集中,它意指离开某些事物以便有效地处理其他事物。"

注意是与意识紧密联系在一起的心理现象,但是,它既不同于意识,也不同于对某一事物反应的感知和思维等认知过程。注意是意识或心理活动在某个时刻所处的状态,在人的心理活动中处于非常重要而特殊的地位。人的感觉、知觉、记忆、思维等心理活动过程离不开注意的参与。在日常生活中,人们接触许多信息,由于人的心理容量具有一定局限,因此只能感知到外界环境中的一部分事物,而不可能对作用于人的感觉器官的所有刺激都有所感知,如果要对外界刺激产生清晰、完整的映象,心理活动就要选择特定的刺激作为对象。①

---

① 林玉莲.环境心理学[M].北京:中国建筑工业出版社,2000.

（二）注意的功能

注意是一种复杂的心理活动，具有一系列重要的功能：

1. 注意的选择功能

注意的选择功能，表现为人的心理活动指向那些有意义、符合需要、与当前活动相一致的刺激，避开或抑制那些无意义的、附加的、干扰当前活动的刺激和信息，具有一定指向。在生活中，周围环境给人提供了大量的刺激信息，这些刺激信息有的对人重要，有的对人不重要，有的毫无意义。人要正常地学习、生活与工作，就必须选择重要的信息，排除无关刺激信息的干扰，如果没有注意，人的心理活动就会变得没有方向，工作、学习和生活将混乱不堪。

2. 注意的维持功能

注意具有维持的功能，即当对外界信息进入知觉、记忆等心理过程进行加工时，注意能够把已经选择为有意义、需要进一步加工的信息保持在意识之中。如果没有注意的参与，外界通过感官输入的信息就无法转换为一种持久形式保持在意识中而很快消失。只有那些被注意并转换了形式的信息，才有可能进入知觉和记忆系统。正因为注意具有维持功能，才能将注意对象的映象或内容维持在意识中，并得到清晰、准确的反映，直至完成任务和达到预定目的为止。

3. 注意对活动的调节和监督功能

注意不仅表现在稳定而持续的活动中，而且也表现在活动的变化上。当需要从一种活动转向另一种活动的时候，注意就表现出重要的调节和监督功能，使人的活动朝向目标，并根据需要适当分配和适时转移，使其对外界事物或自己的行为、思想、情感反应得清晰和准确。另外，人在活动过程中难免会出现偏差，这时就需要注意的监控，及时对人的行为加以修正。人只有在注意转移的状态下，才能实现活动的转变。[①] 例如，机床操作工必须注意机器的运转情况，才能保证产品的质量。几乎每个人都有这样的体验，在学习和工作中集中注意时，错误少、效率高，而当注意分散或注意没有及时转移时，往往就会发生错误或事故。

（三）注意外部的表现

注意这种心理特性可以通过人的外部行为表现出来。人在集中注意某一事物时，常常伴随着特定的生理变化和外部表现。注意时最显著的外部表现有以下几种：[②]

1. 适应性运动

人在注意时，有关感官会朝向刺激物。这种朝向反应既可能是人的有意识反应，也可能是人的下意识活动的结果。例如，在和他人交谈时，如果被对方的谈吐所吸引，就会不由自主地将身体朝向对方稍微倾斜，似乎这样可以听得更清楚一些。所谓"侧耳倾听""举目凝视"等，都是注意时适应性运动的典型表现（图 5-4）。

[①] 徐美玲.格式塔心理学的整体论思想及其对心理学的影响[J].科技信息(学术研究)，2008(27)：87，89.

[②] （德）Kolffka K.格式塔心理学原理[M].黎炜，译.杭州：浙江教育出版社，1997.

图 5-4　与人交谈时,我们往往会注视对方

2. 无关运动的停止

人在高度集中注意时,血液循环会发生变化,即在集中注意时,肢体血管收缩,脑部血管舒张,身体肌肉处于紧张状态,与此同时,多数无关动作也会暂时停止。例如,听演讲时,如果被演讲人的精彩言辞吸引,就会专心致志,聚精会神地听讲,肢体的无关动作也会停止。如果觉得演讲人的言语索然无味,就会东张西望,心不在焉,希望演讲早点结束。一般无关动作的停止是注意高度集中的外部表现之一,而注意高度集中时,无关运动都会暂时停止。但是,人的外部行为与注意的内部状态之间并不总是一致的,有时会出现"心猿意马"的貌似注意现象。

3. 呼吸运动的变化

人在正常情况下,呼气与吸气的时间比例接近于 1∶1。当人在集中注意时,呼吸会变得轻微而缓慢,呼气时间变得长些,吸气时间变得短些。当注意高度集中时,甚至会出现呼吸暂时停止的状态,即所谓的"屏气凝神"。此外,在注意紧张时,还会出现心跳加快、牙关紧闭、拳头紧握等现象。

根据注意的外部表现,一般能够比较容易地判断一个人的专注程度。但注意的外部表现与注意的内心状态可能存在着某种程度上的不一致情况。例如,当人的视线落在某个物体上时,他的注意可能并不是该物体,而是指向完全不同的其他事物。例如,在课堂上,有的学生盯着老师看,貌似注意地听课,实则自己已陷入想入非非的状态或注意到其他事物(图5-5)。因此,只凭注意的外部表现来说明一个人的注意状态,有时会得出错误的结论。

心理学的研究发现,人在视觉注意中,眼睛有三种基本运动形式:注视、跳动和追随运动。注视是眼睛对准某一事物的注意活动。一开始,视线总是对准观察对象的某一点停留片刻,然后从注视点出发,通过跳动转换新的注视目标,并开始注视新的部位。注意某一物

图 5-5　上课时的"走神"行为

体的过程就是眼睛不断地注视、跳动、再注视……的追随运动过程。一般人总是把眼睛定位于刺激物上信息量最大的地方,或者最重要的特征。① 图 5-6 是用眼动仪记录的一个人在扫描照片时的注意轨迹,在下图中,我们不难发现人的注意主要集中在商品、货架的区域。

图 5-6　逛商场时的眼动追踪热点图

二、注意的种类

根据注意时有无目的性和意志努力的程度,把注意分为无意注意(不随意注意)、有意注意(随意注意)和有意后注意(随意后注意)。

(一) 无意注意

无意注意又称不随意注意或消极注意,是指事先没有预定目的,也不需意志努力,不由自主地对一定事物产生的注意。无意注意往往是由强烈的、新颖的和个人感兴趣的事物引

---

① 理查德·格里格,菲利普·津巴多.心理学与生活[M].王垒,王甦,译.北京:人民邮电出版社,2003.

起的,并经常是出乎意料、没有预期目的的,也不依靠意志努力的。例如,上课时学生正在专心听讲,突然教室外面传来嘈杂声,学生们会不由自主地朝门窗外张望。因此,在无意注意状态下,人对要注意的对象一般没有任何准备,也没有明确的认识任务。可见,无意注意是一种消极被动的注意,是人的积极性水平较低的注意。[1]

无意注意具有两重性,一方面可以帮助人对新异事物定向,以期获得对客观事物的清晰认识,这是无意注意的积极作用;另一方面,无意注意会使人从当前正在进行的活动中被动离开,从而干扰了正在进行的活动,这是无意注意的消极作用。

(二) 有意注意

有意注意又称随意注意、意志注意,是指自觉的、有预定目的、必要时需要一定意志努力的注意。有意注意是注意的积极形式,是在无意注意基础上发展起来的。有意注意与无意注意相对,它强调意志努力在注意中的重要作用。例如,一个学生正在思考学习上的某个问题时,旁边有人在谈论趣闻轶事,他被吸引而停止思考,这是无意注意。但当他意识到学习必须专心致志,就会断然不听谈话,聚精会神地去思考问题。这种自觉服从预定目的,并经过一定意志努力的注意,就是有意注意。

有意注意是在人的实践活动中形成和发展起来的。与此同时,实践活动也离不开人的随意注意,如果一个人缺乏注意能力,要想在学习、工作和社会生活中取得成绩是很困难的。相较于动物所具有的无意注意,只有人类才拥有有意注意这种特殊的心理机能。在人的心理发展过程中,有意注意出现得相对较晚。

有意注意的重要特点是有预定目的,目的越明确、越具体,对完成目的、任务的意义理解越深刻,达到目的与完成任务的愿望越强烈,就越能引起和保持人的有意注意。例如,具有献身于教育事业理想的人,深刻地认识到教育理论对从事教育工作的重要意义,就会在学习心理学、教育学时,自觉地保持高度的有意注意。如果对活动目的、任务不理解,就不容易引起和保持有意注意。

(三) 有意后注意

有意后注意是指有预定目的,但不需要意志努力地注意。有意后注意由有意注意发展而来,是人类注意的特殊表现形式,也是人类从事创造性活动的必要条件。[2]

有意后注意同时具有无意注意和有意注意的某些特点。一方面,有意后注意与自觉的目的和任务相联系,这类似于有意注意,它是在有意注意的基础上发展起来的;另一方面,有意后注意不需要意志努力,这类似于无意注意。有意后注意在节约心理资源的同时,使人的心理活动指向和集中于有意义、有价值的事物上,并服从于当前的要求,以完成长期、持续的任务。如一个人在开始某项工作或学习某种技能时,由于生疏,往往比较困难,练习也相对乏味,需要通过一定的意志努力保持有意注意,一旦熟悉工作、掌握技能之后,维持这种注意

---

[1] 杨治良.简明心理学辞典[M].上海:上海辞书出版社,2007.
[2] 林崇德,杨治良,黄希庭.心理学大词典[M].上海:上海教育出版社,2003.

就不需要特别的意志努力,有意注意就转化为有意后注意。例如,练习骑自行车就是有意后注意,开始学习骑自行车时,需要花费一定的时间、精力和意志努力,一旦学会以后,骑车就成为有意后注意的行为。因此,只有将有意注意转化为有意后注意,才能保持长久而稳定的注意。

三、注意的特征

(一)注意稳定性

注意稳定性是指注意在同一对象或活动上所能持续的时间。注意稳定性是注意在时间上的品质,如果在一段时间内能保持高效率,就可以说注意稳定性比较好。因此,我们可以用某一时间范围内工作效率的变化来预测注意稳定性的水平。注意稳定性在人们的工作和生活中具有重要意义,能够长时间地把注意集中稳定在一定对象或活动上,是学习、工作有效的保证,但人的注意要长时间地保持固定不变不是一件简单的事。

注意稳定性有狭义和广义之分。狭义上来说,注意稳定性是指注意保持在同一对象上的时间品质。由于人的生理和心理原因,长时间注意同一个对象,人的注意会不随意地离开该事物,出现一种周期性变化现象,即注意的周期性加强或减弱,称为注意起伏或注意动摇。① 例如,把手表放在一定距离的地方,使你刚能隐约听到滴答声,会发现有时听得到表的声响,有时听不到,或者觉得声音时强时弱。在视觉方面,当两眼知觉注视图 5-7 时,可以明显地看见小的正方形时而凸起(位于大方形之前),时而凹下(大方形凸到前面),在不长的时间内,两个方形的位置会跳跃式地变更,这种起伏周期在 1~5 秒钟就会发生,即使极力保持注意,这种变化周期也只能维持 5 秒钟左右。当知觉图 5-8 时,既可以知觉为六个立方体(上面一个、中间两个、下边三个),也可以知觉为七个立方体(上面两个,中间三个,下边两个)。

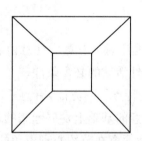
图 5-7　图形的注意起伏图

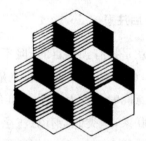
图 5-8　立方体的注意起伏

注意起伏的周期,包括一个正时相和一个负时相。处于正时相时,人的感受性提高,感知到有刺激或刺激增强;处于负时相时,人的感受性降低,感知没有刺激或刺激减弱。这种现象在感知觉方面都存在,只是不易被察觉到。注意起伏的速度因人而异,在不同情况下也

---

① 郭念锋.心理咨询师(三级)[M].北京:民族出版社,2005.

有所不同。一般说来,注意起伏周期平均时间为8～10秒。在听觉的注意起伏研究中发现,正时相的持续时间随刺激的增强而加长,而视觉刺激、触觉刺激正时相的持续时间最短。[1]

广义的注意稳定性是指注意保持在同一活动上的时间。也就是说,注意的对象和行动有所变化,但注意的总方向和总任务不变。在日常生活中,工作、学习主要涉及的是广义的注意稳定性。例如,学生听课时,跟随教师的教学活动,一会儿看黑板,一会儿记笔记,一会儿朗读课文,虽然注意对象不断变换,但都服从听课这一总任务,因此这种注意也是稳定的。

(二) 注意广度

注意广度又称注意范围,指在一瞬间内意识能觉察或知觉到的对象数量。在视觉广度的研究中,用速视器测定表明,在1/10秒内,知觉到的刺激物数量可以作为注意广度的指标。心理学的实验表明,成人一般能把握8～9个黑色圆点,4～6个彼此不相关联的外文字母,3～4个几何图形,3～4个没有内在联系的单个汉字,5～6个具有内容联系的汉字,这说明人的注意广度是有限的(图5-9)。

2	6	3	13
5	14	8	7
15	9	12	10
4	1	16	11

8	1	6	4
9	14	11	13
12	10	7	15
5	16	2	3

图5-9 注意力测试

(集中注意力,用眼睛看,不能使用其他方式数,测试一下能够记住几个数字)

人的注意广度有限,但不是固定不变的,不同的人的注意广度存在差异,有些人的注意广度较大,有些人的注意广度较小。[2] 影响注意广度的因素主要有以下两个方面:

1. 知觉对象的特点

注意广度的大小随知觉对象的特点而变化。在知觉任务相同的情况下,知觉对象的特点不同,注意广度会有所差异。一般规律是注意的对象越集中,排列得越规律,越能成为相互联系的整体,注意广度就越大。例如,对大小相同字母的注意广度,就要大于大小不等的字母;对相同颜色字母的注意广度,要比知觉不同颜色的字母大些;注意排列整齐的字母比注意散落在各个角落的字母的数目要多些;知觉具有内在联系的词组的注意广度,要大于知觉无关词汇组成的词组。

---

[1] 赫伯特·西蒙.认知[M].北京:中国人民大学出版社,2020.
[2] 莫传玉.弗拉基米尔·纳博科夫文学心理学思想研究[D].上海:华东师范大学,2019.

2. 注意者的活动任务和知识经验

人所从事的活动任务与知识经验的丰富与否,会影响注意广度。人的知识经验越丰富,知识结构越完整,注意广度就越大。美国心理学家蔡斯和西蒙(1973)要求象棋大师、一级棋手和新手之间注意同一棋局并进行复盘,结果发现如果呈现的是随意摆放的棋子,三者之间没有差异;如果呈现的是一个真实的棋局,象棋大师复盘成绩远优于新手。这说明知识经验能够帮助人建立注意对象之间的内在联系,从而提高注意广度。刚开始学习阅读的孩子,他的注意广度很有限,阅读速度非常缓慢,随着阅读能力的提高,阅读速度会不断增加,注意广度也随之扩大,甚至可以达到一目十行。

注意广度在人的实践活动中具有重要意义。注意广度越大,越有助于人在较短时间内把握更多的信息,可以提高工作和学习效率。例如,驾驶员、打字员、战斗指挥员等,就需要有较大的注意广度。[1] 学习中的"一目十行"能够在同样时间内输入更多的信息,因此,为了提高学生的学习效率,在教学过程中必须注重扩大阅读的注意广度,以促进阅读速度的提高。

(三) 注意分配

注意分配又称"时间共享",是指人在同一时间内把注意指向两种或两种以上的对象或活动上的注意品质,即通常所说的"眼观六路、耳听八方"。注意分配在实际生活中非常重要,在一定条件下也是可能做到的。例如,驾驶员开车时,在操纵方向盘的时候,要注意前方道路状况;教师上课时,边讲、边板书、边观察学生的反应;学生听课时边听、边记、边思考等,都需要注意分配。因此,善于注意分配是一个人掌握知识与技能和适应环境的必要条件。

人的注意分配能力是后天学习和训练的结果,能否顺利地把注意分配到不同对象或活动上是有条件的。

1. 活动的熟练程度

注意分配要求同时进行的两种或几种活动中,必须要确保有一种活动达到相当熟练以至自动化或部分自动化的程度。只有这样,已经熟练的活动就无需占用太多的注意资源,才可以把更多的注意集中到比较生疏的活动上去,实现"一心二用"的状态。但是,如果两种活动都非常生疏,都需要高度集中注意,注意分配就难以实现。

2. 同时进行的几种活动之间的关系

同时进行的两种或几种活动之间的关系,对注意分配具有一定影响。有内在联系的活动便于注意分配。例如,汽车驾驶员操纵汽车的进、退、动、停及鸣号,观看行车路线、仪表等联系紧密的活动,经过训练可以建立起具有内在联系的反应系统,使动作协调一致,有利于注意分配。如果各种活动之间彼此没有联系,甚至互相排斥,例如,边开车、边看书、边说话,几种活动之间彼此联系不大,就难以实现注意的分配。

人的注意品质与先天因素有一定的联系,但主要是在后天实践活动和教育、训练中形成和发展起来的。注意品质尤其与人的学习、工作和生活存在着密切联系。因为有些学习和

---

[1] 臧志远.《选定立场:心理学话题的对立观点》(第八章)翻译报告[D].郑州:河南大学,2019.

工作,要求具有较大的注意广度和良好的注意稳定性;有些学习与工作需要具有较高的注意分配能力;还有些学习与工作要求能主动、及时、迅速地转移注意。①

(四) 注意转移

注意转移是指人根据一定目的,主动地把注意从一个对象转移到另一个对象上或从一种活动转移到另一种活动上去的过程。注意转移不同于注意分散,它是一种积极的注意品质。虽然两者都有注意对象的转换,但注意转移是主动的、有目的的、符合当前活动需要的过程,而且注意转移实现后,马上会使注意稳定下来。例如,学生上完第一节课后,不受这节课生动有趣的内容的影响,会自觉地做好上第二节课的准备,这就是一种注意转移。注意分散则是一种不自觉的过程,它会干扰当前的活动。

注意转移通常发生在同一活动的不同对象之间。例如,听课时,学生一边听老师讲课,一边记笔记,活动的总任务没有变化,但注意从一个对象转移到了另外一个对象。由此可知,注意转移与注意稳定性有关。注意稳定性需要适时地在不同对象或活动之间转移注意,只要保持总目标和总任务不变。② 在相同的任务或活动中,如果没有注意转移,我们就难以保持注意稳定性。每次注意力的转移都需要对所分配的注意力进行重新调整和分配,以确保我们能够有效地应对不同的任务和环境。

注意转移的难易程度和速度,主要受到以下三个因素的制约:

1. 原先活动吸引注意的强度

一个人在实现注意转移前所从事的活动对他的吸引力大,注意的紧张度高,注意转移就比较困难,反之,注意转移就比较容易实现。一般来说,对原先注意对象的紧张度越高,前后活动之间关系越少,对原先注意对象越感兴趣,注意转移就越慢而且困难。例如,看完一场紧张刺激的足球比赛后开始学习,此时注意转移就会比较困难。

2. 新事物的性质和意义

新的注意对象吸引力越强,越符合人的需要和兴趣,注意转移就越迅速而且容易;反之就困难和缓慢。如果新的事物的内容丰富多彩、形式多样,注意就比较容易转移,否则,就不易转移。但如果人对新的事物的意义理解深刻,除了表面现象外,能够了解它的重要作用,即使事物本身并不感到有趣,也会引起人的注意转移。

3. 神经过程的灵活性

注意转移与人的高级神经活动的灵活性有关,它依赖大脑皮层兴奋过程和抑制过程的交替速度,如交替速度较慢,其注意转移就较差。相比之下,高级神经活动类型为灵活型的人通常能更快、更容易地进行注意力的转移。对于安静型的人,他们可能会在转移注意力方面遇到更多困难。

注意转移对人的实践活动具有重要意义。研究表明,飞行员在飞机起飞和降落的五六分钟内,注意转移的次数可达200多次。飞行员的注意转移能力如果不强,操作仪器时机不

---

① 罗明东,王荔,印义炯,等.心理学[M].昆明:云南大学出版社,2011:284.
② 王东.采访中的记忆心理学:从一个美联社记者的采访案例谈起[J].青年记者,2016(11):48-49.

当，就会造成极其严重的后果（图5-10）。

图5-10　飞行员正在操控飞机

四、提高注意力的方法

（一）SMART原则

SMART原则如图5-11所示。

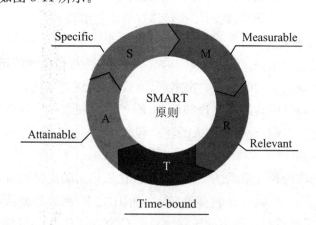

图5-11　SMART原则示意图

S——Specific，简单、明确、具体、有意义：我们的目标必须是明确的，因为人没有办法去完成一个模糊的目标。比如：我想要身体健康是一个模糊的目标，而我要减重，就是一个明确的目标。

M——Measurable，可测量，可自我驱动：可衡量的目标让人能够跟进进度，不会丧失动力，会为接近目标感到高兴。比如我们可以将"体重从60千克降到50千克"作为判断目标是否完成的依据。

A——Attainable,可达成,是合理现实的:我们的目标必须是可以达到的,我们需要正确的评估现在的自己,以及自己的能力。反例:"我要每天减 1 公斤",这违反了人体代谢规律,是不现实的目标。

R——Relevant,相关性:检查该目标是否和其他目标具有相关性,如既想减肥,又想怀孕,两者本身冲突,需要改变其中一个目标。

T——Time-bound,有时间限制:任何目标都需要时间限制,时间限制可以帮我们分解目标,让我们跟上进度。例如:我要减重 10 千克,是 3 个月内完成,还是 6 个月,或是一年。

通过 SMART 方法,我们得一个模糊的目标,就变成了一个明确的、可执行的具体任务,这样就会帮助我们有效完成这个目标。

(二) 番茄工作法

番茄工作法(Pomodoro Technique)是一种时间管理法,在 20 世纪 80 年代由 Francesco Cirillo 创立。该方法使用一个定时器来分割出一个一般为 25 分钟的工作时间和 5 分钟的休息时间(图 5-12)。

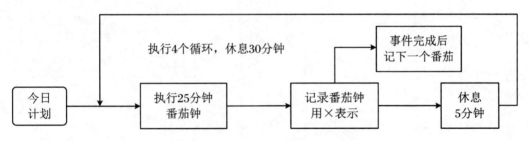

图 5-12　番茄工作法流程示意图

步骤:

(1) 决定待完成的任务。

(2) 设定番茄工作法定时器至 n 分钟(通常为 25 分钟)。

(3) 持续工作直至定时器提示,记下一个番茄。

(4) 短暂休息 3~5 分钟。

(5) 每四个番茄,休息 15~30 分钟。

(三) To-do list(待办清单)

To-do list 能帮你规划长远计划、近期计划和今日计划。

步骤:

(1) 把要做的事情准确地写出来。

(2) 排列优先级。

(3) 标上计划完成的时间。

(4) 标记需要闹钟提醒的事项。

（5）事情完成后打钩。

复习思考题

1. 意识具有哪些基本特征？
2. 简述意识的三种不同水平。
3. 简述注意的含义及功能。
4. 注意的种类有哪些？

第六章 思维与想象

思维是人的重要的认知活动,是人脑借助言语、表象或动作实现的对客观事物的本质特征概括和间接的反映。人的思维过程包括分析、综合、比较、归类、抽象、概括等认知操作。

问题解决有创造性问题解决和常规性问题解决两种。创造性思维是以新颖独特的方法解决问题,并产生首创的、具有社会价值的思维成果的认知活动。

想象是人脑对原有的表象进行加工改造而形成新形象的心理过程,是以表象为内容的特殊形式的高级认知活动。根据想象活动是否具有目的性和计划性,想象分为无意想象和有意想象。根据有意想象的新颖性、独立性和创造性程度的不同,有意想象分为再造性想象和创造性想象。

主要学习目标: 理解思维和想象的概念、过程和差异,掌握创造性思维和再造性思维的方法,学会分析和解决问题,了解思维和想象在人类认知、情感和社会行为中的重要作用。

第一节 思 维

一、思维的概念

(一) 什么是思维

思维是人的重要的认知活动,是人脑借助言语、表象或动作实现的对客观事物的本质特征概括和间接的反映。思维与感觉、知觉一样,都是人脑对客观事物的认识活动,但是,与感觉、知觉相比,思维与二者之间存在着重要的区别。

思维与感觉、知觉虽然都是人脑对客观事物的反映,但它们对客观事物的认识存在着本质的区别。从反映的内容来看,感觉和知觉反映的是客观事物的个别属性、整体特征、表面现象及外部联系,思维反映的是客观事物共同的、本质的属性与特征及内在联系。从反映的形式来看,感觉和知觉属于感性认识,是人脑对客观事物外部特征的直接反映;思维属于理性认识,是对客观事物必然联系的间接反映。总之,感觉和知觉是认识活动的低级阶段,是思维的基础和依据;思维则是认识活动的高级阶段,是感觉和知觉的深化,在人的认识过程中处于核心地位。通过思维,人们才可能对感觉、知觉中获得的各种感性材料进行去粗取精、去伪存真、由此及彼、由表及里的加工，从而实现从感性认识到理性认识的飞跃，达到对客观事物深刻、准确、全面地认识。[①]

(二) 思维的基本特征

思维具有概括性和间接性两个基本特征：概括性和间接性。

1. 概括性

思维的概括性反映的不是个别事物或事物的个别属性，而是客观事物的一般特征以及事物的内在联系。它具有两层含义：一是反映同类事物的共同特征。例如，通过感知，我们认识了直角三角形、锐角三角形、等边三角形等几何图形，通过思维，我们舍弃了不同三角形的具体特征，概括为平面三角形，这就找出了不同角度三角形的共同性特征。二是通过思维，我们能把握客观事物的本质特征和内部联系，并将其推广到同类事物中去。在思维水平上对客观事物共同性的概括，实质上是对客观事物的本质特征和内在联系的概括。例如，通过思维的概括性，可以认识四季变化的规律（图 6-1），可以认识温度的升降与金属膨胀之间的因果关系，并将其规律运用到生产和生活实践中去。由于思维的概括性，人才能通过客观事物的表面现象，掌握客观事物普遍的或必然的联系。

图 6-1　四季的变化

2. 间接性

思维的间接性并非反映直接作用于人的感官的客观事物的属性，而是以自己已有的知

[①] 莫传玉.弗拉基米尔·纳博科夫文学心理学思想研究[D].上海：华东师范大学，2019.

识经验为基础,对客观事物进行反映,即通过某种媒介来反映客观事物。

思维不同于感、知觉,感、知觉是对当前直接作用于感觉器官的客观事物的反应,思维则不同,当客观事物不直接作用于人的感官时,或感官不能准确地把握客观事物时,我们可以借助一定的媒介,通过概念、判断和推理的形式,来理解和把握客观事物的核心特性和内部关联。

由于思维的间接性,人类才能够超越时空的限制和人类感觉器官的局限,认识那些没有感知或无法直接感知的事物,揭露客观事物的本质特征和内在活动规律。

二、思维的种类

(一)直观动作思维、形象思维和抽象思维

按思维活动的性质、内容和解决问题的方式,可将思维分为直观动作思维、形象思维和抽象思维。[①]

1. 直观动作思维

直观动作思维,简称为动作思维,又称为直觉行动思维,是通过实际操作解决直观、具体问题的思维形式。它是以实际动作为支柱解决问题时的思维活动,具有直观性和动作性特点,即思维与产生的动作密不可分,离开了具体动作的操作就不再有思维。

直观动作思维主要出现在3岁前,以直观动作思维为主的儿童期,因为此时期的幼儿还不能在思想上把主体与客体分开,或把某些东西联合为整体,只有通过直接触摸、摆弄正在操作的物体才能进行初步的分析与综合。例如,儿童摆积木时,依靠的就是直观动作思维,通过摆弄积木而搭建出亭子、楼房、大炮等造型,其任务或活动是与直接感知到的对象相关,如果儿童一旦离开对积木的实际操作,思维也就停止下来或转到其他活动上去了,因此其解决问题的方式不是依据表象和概念,而是依据当前的感知觉和实际操作。再如,儿童在掌握抽象的数概念前,是用手来摆弄物体或手指进行计算的(图6-2)。

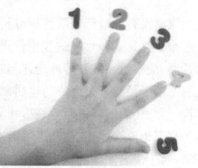

图6-2 儿童直观动作思维的表现

---

① 罗绮.心理学知识的追寻与自我整合[D].武汉:华中师范大学,2019.

成人也有直观动作思维,但成人的直观动作思维往往要比儿童的水平高,他们主要借助具体动作的帮助来进行思维,这不同于直观动作思维。在人的发展过程中,直观动作思维在思维成分中会逐渐趋于减少,代替它的是具体形象思维和抽象思维。

2. 形象思维

形象思维又称为具体思维或具体形象思维,是凭借事物的具体形象解决问题的思维,即以具体概念为支柱的思维,而具体概念与事物的表象紧密联系,具有形象性。

依据人的发展水平,形象思维在3~7岁的学龄前儿童身上表现明显。例如,学前儿童在进行加减法运算时,通常通过脑中的表象进行。成人也离不开形象思维,艺术家、作家、导演、工程师、设计师等都较多地运用了具体形象的表象进行问题解决。爱因斯坦说:"在我的思维结构中,书面的或口头的文字似乎不起任何作用,作为思维元素的心理东西是一些记号和有一定明晰程度的意象。它们可以由我随意地再生和组合……,这种组合活动似乎是创造性思维的主要形式。"从这里可以看出,在高度分析与综合、抽象与概括的思维活动过程中,也需要形象思维作为补充。[①]

3. 抽象思维

抽象思维又称为抽象逻辑思维或逻辑思维,是以抽象的概念、判断、推理的形式来反映客观事物的本质特征和内在联系的思维。例如,撰写学术论文、证明数学定理、概括文章主题等都需要依靠抽象思维,通过严密的逻辑推论和证明完成。

抽象思维在概括水平上,分为经验型抽象思维和理论型抽象思维;在抽象思维的形式上,分为形式逻辑思维和辩证逻辑思维。经验型抽象思维和形式逻辑思维是抽象思维的初级形式,即人在思考问题时遵循同一律、矛盾律和排中律。理论型抽象思维和辩证逻辑思维是抽象思维的高级形式,主要反映客观事物的内部矛盾,符合客观事物的对立统一、量变和质变以及辩证否定原理。

(二)直觉思维和分析思维

依据思维过程清晰的程度,可将思维分为直觉思维和分析思维。

1. 直觉思维

直觉思维是没有经过严密的逻辑分析,直接根据客观事物的现象及其变化的觉察而作出判断的思维。这是一种直接的领悟性思维活动。例如,医生通过观察和询问马上作出某种疾病的诊断,侦察员在敌方阵地迅速判断其进攻设施等,都是直觉思维的结果。

直觉思维由于没有经过严格的逻辑顺序和明显的推理步骤,因此具有一定的模糊整体性和偶然性,为此还需要经过对客观事物的具体分析才能明确其内涵和结构。但是,在熟练运用逻辑推理思维后会压缩、简化思维活动过程,此时则会省略许多中间环节而转化为直觉思维。例如,对于一名熟练的棋手来说,当他面对一个新的棋局时,可能会直接通过直觉来预测对方可能的走法和自己的应对策略,而不需要一步一步地分析棋盘上的每一个可能的变化(图6-3)。

---

① Edgell B. Mental life (psychology revivals)[M]. London:Psychology Press,2014.

图 6-3　棋手柯洁与 AlphaGo 对弈

2. 分析思维

分析思维又称为逻辑思维,是通过归纳推理、演绎推理、证明等逻辑推论作出结论的思维。例如,学生在解数学题时,通过一定步骤推理和论证得到正确的答案,运用的就是分析思维。

直觉思维和分析思维相互补充、相互联系。直觉思维以个体熟悉的知识经验为依据,直接作出判断,并得出结论,但在此之后需要运用分析思维,即通过演绎或归纳对所作结论进行验证。[①]

(三) 辐合思维和发散思维

根据思维探索答案的方向,可以将思维分为发散思维和辐合思维(图 6-4)。

1. 发散思维

发散思维又称为求异思维,指从已有的信息出发,沿着不同方向探索思考,通过重新组织自己记忆中的知识经验,产生两种或两种以上多样性答案的思维形式。例如,数学教学中的一题多解和作文教学中的一事多写,都是发散思维的具体运用。

发散思维具有流畅性、变通性、灵活性、独创性特点,通过了解这些特点,可以考察个体对有关问题回答的数量、灵活程度以及新颖性,从中发现创造性成分。因此,发散思维与创造性思维关系密切,是创造力水平的重要因素之一。

2. 辐合思维

辐合思维又称为聚合思维或求同思维,指从已有的信息出发,根据自己熟悉的知识经验,遵循逻辑规则获得问题最佳的单一答案的思维形式。例如,学生根据书本上固有的解题方法得到问题解决的一种答案;理论工作者根据现成的文献资料归纳出一个明确的结论。

---

① 罗绮.心理学知识的追寻与自我整合[D].武汉:华中师范大学,2019.

辐合思维的特点是闭合性,得到的结果是确定的,具有一定的方向性、条理性,其实质是求同,但会受到个体自身知识经验的制约和束缚。

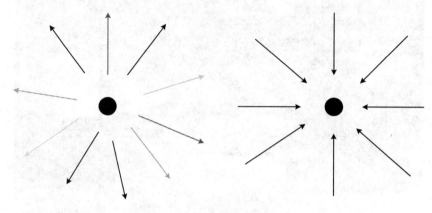

图 6-4　发散思维和辐合思维示意图

发散思维和辐合思维相互联系、相互作用。例如,倘若要完成一项课题,一方面要使自己的思维沿不同方向发散思考,探索解决问题的各种方案;另一方面又必须把思维集中于某个主攻方向,深钻细研。辐合思维是发散思维的出发点和最后归宿,发散思维则以辐合思维为中心扩及其他各个方面,并从中探索出解决问题的最佳答案或方案。

(四) 常规思维和创造性思维

根据思维的创新性程度,可将思维分为常规思维和创造性思维。

1. 常规思维

常规思维又称为再造思维,是运用自己已有的知识经验,按现成的方案和程序,运用惯常的方法、固定的模式直接解决问题的思维形式。例如,学生按照教师所教的解题方法,计算汽车从甲地到乙地运行的时间,工人按设计好的图纸建造楼房等都是常规思维的具体表现。常规思维缺乏主动性和创造性,对原有知识不需要进行明显改组,不超出日常经验范围,因此创造性水平很低。

2. 创造性思维

创造性思维是指重新组织个体已有的知识经验,提出新方案或新程序,以新颖、独特的方式,创造出符合社会价值的新的思维成果的思维形式。科学研究、发明创造、文艺创作或技术革新等创造性活动都是通过创造性思维实现的。

创造性思维往往与创造性活动联系在一起,它既是人类思维的高级活动过程,也与直觉思维、分析思维相结合,尤其会出现"灵感"现象。创造性思维是一种连续的而不是"有或无"的思维品质,即每个正常人,乃至儿童都具有创造性思维及其潜能。

思维是人的高级心理活动。从思维的本质特点和种类看,思维的概括性和间接性极大地扩大了人的认识广度,增加了对客观事物认识的深度,使人具有无穷的智慧和创造力。人类累积的物质财富和精神财富都是靠思维创造的。

思维也是认识过程的核心成分。人的认识过程包括感觉、知觉、表象、记忆、思维和想象。通过感知,人只能认识客观事物的表面现象和外部联系;通过思维活动,可以把握事物的本质特征和内部联系,从而揭示客观事物的规律。虽然思维离不开感性认识活动,但通过分析与综合、比较与归类、抽象与概括、体系与具体化等思维过程,能够实现对客观事物的理性认识。[①]

第二节 问题解决

一、问题解决的含义

(一)问题解决的定义

问题解决是由一定的问题情境引起,经过一系列具有目标指向性的认知操作,使问题得以解决的过程。问题解决有创造性问题解决和常规性问题解决两种。需要利用或发展新方法的问题解决称为创造性问题解决,利用或运用现成方法的问题解决称为常规性问题解决。问题解决具有以下三个特征。

1. 目标指向性

解决问题的活动具有明确的目的性,其目标是通过一系列认知活动,有目的地把问题的初始状态转变为目标状态。

2. 操作系列性

问题解决在把初始状态转变为目标状态的活动中,包含了一系列认知操作,只有单一的认知操作不能构成问题解决程序。例如,在课堂上,老师要让学生根据问题线索分析思考,并需作出答案。学生的这种认知操作既有目标指向,又有问题线索,因此必须通过一系列认知操作步骤才可以完成。

3. 操作认知性

问题解决的活动必须具有认知操作的参与。具备了问题解决的目标指向性和系列的认知操作,仍不是问题解决的充分条件。例如,车工熟练操纵车床的动作虽然具有目的性和一系列操作程序和阶段,但这种操作主要基于体力,没有重要的认知成分参与。因此,单纯的身体动作系列不能被视为问题解决。

问题解决的这三个基本特征是在问题解决过程中统一起来的。在对问题理解之后,就产生了解决问题的指向性,为了达到指向的目标就必须进行一系列认知操作。产生目标指向性是问题解决的前提,进行一系列认知操作是解决问题的条件。[②]

[①] 王东.采访中的记忆心理学:从一个美联社记者的采访案例谈起[J].青年记者,2016(11):48-49.
[②] 罗明东,王荔,印义炯,等.心理学[M].昆明:云南大学出版社,2011:284.

(二) 几种理论倾向

1. 尝试-错误理论

爱德华·李·桑代克(Edward Lee Thorndike,1898)通过一系列动物实验,提出了尝试-错误理论。其最著名的实验是用猫做的迷笼实验(图 6-5)。

桑代克认为动物就是这样通过尝试和不断消除错误的渐进过程,达到最终的问题的解决。

Edward Lee Thorndike(1874 —1949)
爱德华·李·桑代克

图 6-5　桑代克与迷笼实验

2. 顿悟理论

德国的沃尔夫冈·苛勒(Wolfgang Kohler)用黑猩猩做的取香蕉实验,提出了另一种观点,认为解决问题的方法是"顿悟",认为动物解决问题的过程是"突然领悟"的过程(图 6-6)。

Wolfgang Kohler(1887 —1967)
沃尔夫冈·苛勒

图 6-5　苛勒与取香蕉实验

从物种发展时来看,心理是物质发展到高级阶段的产物。人和动物心理的发展经历了以下三个阶段:

无脊椎动物(如蚯蚓等环节动物)—简单的神经链—感觉心理阶段(认识个别属性)。
脊椎动物(如鱼、猫等)—脊髓和大脑—知觉心理阶段(认识到整个事物)。
灵长类动物(如猩猩)—大脑相当高度发展—思维的萌芽(没有意识/不能抽象思维)。
人类心理具有思维和意识。意识是心理发展的最高层次,只有人才有意识。

在研究发现0~2岁幼儿的思维主要是直觉行动思维。直觉行动思维是指主要利用直观的行动和动作解决问题的思维。如图6-7所示,幼儿在不能直接拿到的玩具的情况下,在借助凳子的基础上,又借助抽屉拉手,最后获得玩具。

图6-7 幼儿的直觉行动思维

二、问题解决的策略

问题解决策略是在解决问题的过程中,搜索问题空间、选择算子系列时运用的策略总称。一个人在解决问题时都会采取一定策略。某种策略对问题解决是否有效取决于两个方面:一方面是采取的策略是否正确;另一方面是问题的性质和内容,即采用的策略是否适合该问题的解决。心理学把问题解决中的策略分为两类:算法(algorithm)策略和启发式(heuristics)策略。

(一) 算法策略

算法策略是指在解决问题时的一套规则,该规则能够指明在问题空间中的解题步骤,以及搜索所有可能的算子或途径,直至选择到有效方法解决问题。

算法策略实质上是一个按照逻辑步骤以保证问题得到解决的一套规则或程序,是具有能够得出正确答案的特定步骤,即把解决问题的途径或方法进行尝试,并根据可运行的算子,进行有步骤的认知操作,最终使问题得到解决。例如,在密码箱上有3个转钮,每一转钮有0~9十个数字,现在采用算法策略,尽快找出密码并打开箱子,这时就要通过这个转动三个数字转钮的算子,并进行随机组合尝试,直至找到密码并打开箱子为止。这种方法能保证问题得到解决,但费时费力。如果面临的问题非常复杂,利用算法策略就要进行大量尝试,因为其算子可能是不计其数的,因此用问题解决策略很难解决比较复杂的问题。另外,有些界定不良问题很难使用算法策略加以解决。

(二) 启发式策略

启发式策略是指个体根据自己已有的知识经验,在问题空间内采取较少认知操作来解决问题的方法。启发式策略并不能保证问题解决能够获得成功,但是运用这种方法解决问题比较省时、省力,效率较高。常用的启发式策略有目的分析策略、逆向搜索策略、选择性搜索、爬山法、类比迁移策略。

1. 目的分析策略

目的分析策略是一种解决问题的启发式策略,是针对需要解决的问题,先确定一系列子目标,把每个子目标作为达到最终目标的手段,通过逐步缩小问题的现存状态与目标状态之间的差距,最终达到目标状态,使问题得到解决。

目的分析策略的核心是要发现问题的初始状态与目标状态之间的差别,并且尽量搜索能减少这种差异的认知操作。具体步骤是:① 比较初始状态与目标状态之间的差异,提出第一个子目标;② 找出完成第一个子目标的方法、步骤或认知操作;③ 运用这些方法、步骤或认知操作实现子目标;④ 提出新的子目标,并运用新方法或认知操作逐步缩小问题空间。如此循环往复下去,从而接近和达到问题的目标状态,即问题解决。可见,它是一种通过减少初始状态与目标状态之间差异而逐渐前进的问题解决策略。以汉诺塔问题为例(图6-8)来说明手段—目的分析的认知操作步骤。[①]

在一块板上有3根柱子,在柱1上有自上而下大小渐增的3个圆盘A、B、C。要求被试将圆盘移到柱3上,而且仍保持原来放置的大小顺序。移动的条件是每次只能移动一个圆盘,大盘不能压在小盘上,移动圆盘时可以利用柱2。

根据条件,当C上没有其他圆盘时C才可以移动,现在C上有B,因此建立的第二个子目标是移动B。由于移动B的条件不成熟,因此另一个子目标是先移动A。现在移动A的条件成熟,因此把A移到柱3,B移到柱2,再将A移到柱2,置于B的上面,此时即可以将C

---

① 罗明东,王荔,印义炯,等.心理学[M].昆明:云南大学出版社,2011:284.

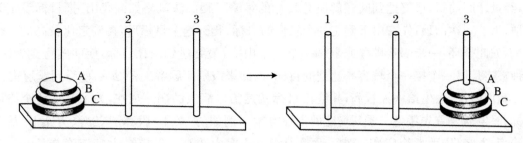

图 6-8　汉诺塔问题

移到柱 3 上。这时当前状态与目标状态的差别是 B 不在柱 3 上，要消除这个差别，需建立另一个子目标，即先将 A 移到柱 1，完成这个操作后，再将 B 移到柱 3，最后把 A 移到柱 3 上，到此达到了问题要求的目标状态，解决了这个问题，从初始状态到目标状态的具体步骤见图 6-9。

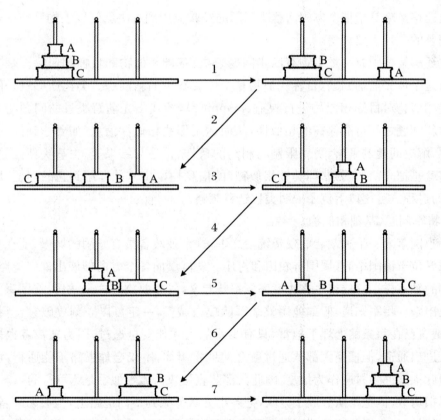

图 6-9　解决汉诺塔问题的具体步骤

目的分析策略是一种通过减少当前状态与目标状态之间差异而逐步前行的解决问题的策略。但是，有时候某些差异很难消除，此时就应该引入解决起来困难较少的差异或者暂时扩大某种差异，以有利于消除比较困难的差异。

2. 爬山法

爬山法是指通过个体评价面前的问题状态，从而增加对初始状态与目标状态之间的差异,经过迂回前行,最终达到问题解决总目标的策略。爬山法策略如同爬山,把目标设定为山顶,为了到达山顶,先在山下确定一个较低的目标,爬到这个目标后,再确定比较高的一个目标,如此循环,一步一步攀登或翻越一个一个山头,最终达到山顶目标,使问题得到解决。这种策略是以一个接一个较容易达到的目标,以此来鼓励问题解决者,最后使得问题解决。

我们假设,医生给病人看病,其终极目标就是治好病人的病。现在,为了实现这个终极目标,医生需要首先考虑一系列可能的治疗方案。例如,方案Ⅰ:服 A 药治疗;方案Ⅱ:服 B 药治疗;方案Ⅲ:手术治疗等。随后,医生从这些方案中选取一个方案,并实施该方案:

a. 如果医生选取一个看起来最稳妥的方案,例如是方案Ⅰ,那么叫作简单爬山法。

b. 如果医生选取一个不甚稳妥,但很有可能一步到位彻底治好病人的方案,例如是方案Ⅲ,那么叫作最陡峭上升的爬山法。

c. 如果医生随便选择一个方案,那么叫作随机爬山法。

3. 类比迁移策略

类比迁移策略是指把个体先前解决问题的经验应用到解决新问题上的策略。这是解决不熟悉问题的一种主要策略。

类比迁移策略中有两类事物有助于问题解决:基础相似物和目标相似物。基础相似物可以看作是个体先前的问题,目标相似物是个体要解决的新问题。类比迁移就是问题解决者用基础相似物对目标相似物进行映射(mapping),即找出先前解决过的问题与当前还没有解决的新问题之间可能存在的相似性,从而运用那些相似性信息(如要达到的目标、可利用的资源、解决问题的策略、受到限制与制约的条件、计划与结果等)去解决新问题。因此,类比迁移就是把先前的问题(即基础相似物)的信息抽取出来并运用到新的问题(即目标相似物)上的过程。可用以下例子说明类比迁移策略。[①]

(1) 将军问题(基础相似物)

一个小国落入一个独裁者的残暴统治之下,这个独裁者具有坚固的城堡,他在里面发号施令。城堡位于该国中心,周围有农田和村庄。从城堡向各个方向伸展出许多道路,就像一个轮子上的轴一样。一位将军在边境率领军队起义,发誓要攻破这个城堡,将国家从独裁者手中解放出来。将军知道,假如他用整个军队攻占城堡,一定可以立刻攻破它,但将军得到消息,独裁者已在每条路上埋下地雷,只有少量的人才能安全通过,因为独裁者也需要有部队和工人进出通道,但任何大部队通过就会使地雷爆炸,不仅会炸毁路不能通行,而且独裁者还会因此摧毁许多村庄作为报复,因此大部队直接攻击城堡似乎是不可行的。

将军很勇敢,他把军队分成小分队,把各小分队分派到不同道路上,当一切准备就绪时,他就发出信号,每个小分队就从不同方向出发,这样,所有小分队都安全地通过地雷区,然后全力攻打城堡,用这样的方法将军攻占了城堡,推翻了独裁者。

(2) 肿瘤问题(目标相似物)

假如你是一位医生,面临胃部患恶性肿瘤的病人,这个病人不能动手术,但如果不摧毁肿瘤,他就会死亡。有一种射线可用来摧毁肿瘤,但如果用高强度射线辐射肿瘤,肿瘤虽会

---

① 赫伯特·西蒙.认知:人行为背后的思维与智能[M].北京:中国人民大学出版社,2020.

被摧毁,但高强度射线也会使肿瘤通道上的健康组织受到损伤。强度较低的射线对健康组织虽然无害,但不会摧毁肿瘤,用什么方式能使射线摧毁肿瘤,同时又避免伤害健康组织呢?

"将军问题"和"肿瘤问题"都可以利用"同时聚焦"方法来解决。在将军问题中,部队分成小分队,各小分队同时靠近城堡可征服敌军;在肿瘤问题中,把射线强度减弱,同时从几个不同方向发出射线,聚焦处射线则可达到摧毁肿瘤所需的强度。假如一个人解决了将军问题(即基础相似物),再对解决肿瘤问题(即目标相似物)进行映射,运用类比迁移策略就能有效地解决肿瘤问题。心理学的研究表明,当告诉被试将军故事可能与解决射线问题有关后,约有80%的被试解决了问题。如果不说明两个问题之间的相互关系,则只有约40%的被试解决肿瘤问题,如图6-10所示。

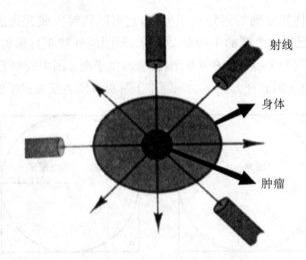

图6-10 有效地解决肿瘤问题
资料来源:Duncker,1945.

三、问题解决的影响因素

问题解决受到许多因素影响,既有社会因素和自然因素,也有客观因素和心理因素。从心理学角度来分析,解决问题的成败、速度以及质量等主要受到以下因素的影响。[①]

(一) 知识表征的方式

知识表征的方式会影响问题的解决。例如,9点连线图问题,如图6-11所示。要求将图中9个点用不多于四条直线一笔连在一起。开始常常不能成功地解决,其原因在于9个点在知觉上构成了形状,个体总是试图在这个形状轮廓中进行连线。这说明,有关知识的表征方式阻碍了对这个看似简单问题的解决。如果在连线前告诉被试,可以突破知觉形状的限制,成绩就会得到很大提高。

---

① 王波,李惠雅. 恩格斯的心理学思想及其时代价值[N]. 中国社会科学报,2021-07-08(005).

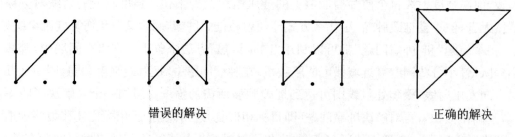

错误的解决　　　　　　　　　　　　正确的解决

图 6-11　九点问题解决

(二) 刺激模式

刺激模式是指个体知觉到的问题组织形式,它对问题解决或起促进作用,或起阻碍作用。如图 6-12 所示,已知一个圆的半径是 2 厘米,问圆的外切正方形的面积有多大？图中用不同的方式画出了圆的半径。a 图与 b 图相比较,由于在 a 图中较难看出圆的半径是正方形的一部分,因此解决 a 图表征方式下的问题难于解决 b 图表征方式下的问题。

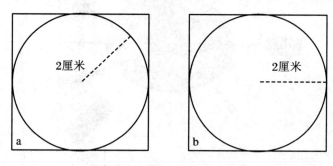

图 6-12　两种不同的刺激模式

问题中元素的不同组织也能促进问题解决,或者妨碍问题解决。梅尔(Maier)和伯克(Burke)在一项研究中,向一组被试提出下列问题:

有人用 60 美元买了一匹马,又以 70 美元卖了出去。然后他又用 80 美元买回来,再用 90 美元卖出去。在这桩买卖交易中,他赚了多少钱？

A.赔了 10 美元；B.不赔不赚；C.赚了 10 美元；D.赚了 20 美元；E.赚了 30 美元。

实验者将上面的问题稍加改变,呈现给另一组被试。

有人用 60 美元买了一匹白马,又以 70 美元卖了出去。然后用 80 美元买了一匹黑马,又以 90 美元卖出去。在这桩买卖交易中,他赚了多少钱？

A.赔了 10 美元；B.不赔不赚；C.赚了 10 美元；D.赚了 20 美元；E.赚了 30 美元。

梅尔和伯克发现,第一组大学生被试能够做出正确答案,即赚了 20 美元的不到 40%；而第二组被试都答对了。被试之所以在第一种说法中产生许多错误,是因为同一匹马,使被试把两次不同的交易看成为一次了。

由此可见,刺激材料的不同呈现方式,影响了问题在问题解决者脑中的表征,从而影响了问题的解决。[1]

(三) 功能固着

功能固着是指个体在解决问题时只看到某事物通常的功能,看不到它可能存在的其他方面功能,从而干扰问题解决的思维活动。功能固着是一种将某种物体的功能固定化的心理倾向。当一个人看到某个物体起某种作用时,要看到它的其他作用就比较困难,从而阻碍了问题解决。例如,看到锤子用于锤打的功能之后,看不到它能够压纸、防身等其他特殊功用;对于电吹风,一般人只认为它是吹头发用的,其实它还有多种功能,可以作为衣服、墨迹等的烘干器;砖的主要功能是用来建筑,然而我们还可以用它来当武器、坐凳等。

(四) 定势

定势是指问题解决者原有的知识经验对当前问题解决的心理准备状态。定势既可能在解决问题过程中发挥积极的作用,加快问题解决的速度,也可能使人的思维呆滞,限制个体根据实际情况灵活地解决问题,从而阻碍创造性思维的发展,影响问题解决的效率和质量。例如,给一个人看两张照片,一张照片上的人英俊、文雅;另一张照片上的人丑陋、粗俗。然后对这个人说,这两个人中有一个是全国通缉的罪犯,要指出谁是罪犯。这个人往往会以为丑陋粗俗的人是罪犯。人们在面对问题时,往往受到先入为主的心理影响,倾向于选择更容易、更直观的答案,而不是深入思考问题的本质。

(五) 原型启发

在问题解决的过程中,因受到某种客观事物的启发而找到解决问题的途径和方法的过程叫作原型启发。具有启发作用的事物称为原型。原型启发在创造性解决问题中起着很大的作用。例如,橡胶厂因受面包放入发酵剂产生多孔、松软的启发而制造出了泡沫橡胶;鲁班受丝毛草划破手指的启发而发明了锯子等(图6-13)。

图 6-13　鲁班受丝毛草启发发明了锯子

---

[1] Ogloff James R. P, Schuller Regina A. Introduction to psychology and law: Canadian perspectives [M]. Toronto: University of Toronto Press, Scholarly Publishing Division, 2001.

原型对问题解决能否起到启发作用,一是看原型与要解决的问题是否具有特征或属性上的联系或相似性,相似性越强,启发作用越大;二是看个体是否处于积极的思维活动状态中。若个体不能积极主动地进行联想、想象和类比推理,即使事物之间存在很大相似性,也难以受到启发。

(六)动机和情绪状态

一个人的动机状态对问题解决起着不同的影响作用。就动机的性质而言,一个人的动机越积极、越具社会价值,它对人的活动的推动力就越大,人们为解决问题进行的探索就越积极、越主动,活动效率就越高。就动机的强度而言,它对解决问题的思维活动的影响比较复杂。

一般情况下,在解决问题的过程中,动机强度太弱,人的兴奋性过低,达不到相应的唤醒水平,人的生理和心理的潜能很难发挥,解决问题的效率就比较低,因此不能有效解决问题。随着动机强度的增加,个体心理激活水平提高,思维活动积极,解决问题的效率就会逐渐提高,并促进了问题解决。但是,如果动机水平超过适宜强度,人就容易出现情绪紧张,导致思维紊乱,注意范围狭窄,动作紊乱,失误增多,使问题很难解决。

动机强度与解决问题的效率之间成"倒U"关系(图6-14),即动机太强或太弱都不利于问题的解决,只有中等强度的动机水平最有利于问题的解决。

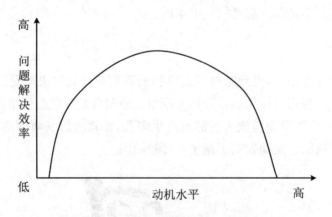

图6-14 动机水平与问题解决效率

(七)人格特征

能否顺利解决问题与一个人的人格特征有着密切关系。心理学的研究表明,具有远大理想、意志坚强、勇于进取、富于自信、有创新意识、人际关系良好、果断、勤奋等人格特征的人,常常能克服各种内外困难,善于迅速而有效地解决问题。而鼠目寸光、意志薄弱、畏缩、懒惰、拘谨、自负、自卑、人际关系不良等人格品质,往往会干扰问题的解决。此外,一个人的智力水平、气质类型等也会在一定程度上影响解决问题的效率和方式。

第三节 创造性思维

一、创造性思维的定义

(一) 什么是创造性思维

创造性思维是指以新颖独特的方法解决问题,并产生首创的、具有社会价值的认知成果的认知活动过程。创造性思维是人类思维能力的最高体现,通过创造性思维,人们可以在现有科学成果的基础上,揭示客观事物或现象的本质特征及其规律性,形成新的认知结构,并使认识超出现有水平,达到探索未知、创造新知的境界。如果思维是美丽的花朵,那么创造性思维必然是其中最璀璨的一枝。因此,创造性思维往往是文艺创作、科学发现、技术革新和发明等创造性活动时的思维过程。[1]

(二) 创造性思维的特征

创造性思维主要有四个方面的特征。

1. 新颖性

与一般思维活动相比,创造性思维最突出的特征是与创造性活动联系在一起,其思维结果具有新颖性。创造性思维不仅要遵循一般思维活动的规律,而且要另辟路径,超越甚至否定传统思维活动模式,冲破原有观念的束缚,提出具有重大社会价值、前所未有的独特的思维成果。例如,哥白尼的"太阳中心说"(图 6-15),伽利略的"自由落体定律"以及达尔文的"生物进化学说"等划时代的理论,都体现了创造性思维具有新颖性这个基本特征。

2. 发散思维与聚合思维的有机结合

创造性思维所要解决的是没有现成答案的问题,发散思维具有变通性、流畅性和独特性的特点,可以打破原有思维活动模式,拓宽思路,产生新颖独特的观念和思想,因而,是创造性思维的主要心理成分。但发散思维不能离开聚合思维而单独发挥作用,它必须与聚合思维结合在一起,依据一定标准,从众多选择中寻找最佳解决方案,以利于问题顺利解决。在创造活动过程中,发散思维与聚合思维是相辅相成、交替进行的。创造性思维的全过程,往往要经过从发散思维到聚合思维,再从聚合思维到发散思维的多次循环才能完成。

3. 创造性想象的积极参与

创造性想象的积极参与是创造性思维的重要环节。创造性想象可以弥补问题解决时有关事实的不足或尚未发现的细节或某些环节,提供未知事物的新形象,从而使创造性思维成

---

[1] 莫传玉.弗拉基米尔·纳博科夫文学心理学思想研究[D].上海:华东师范大学,2019.

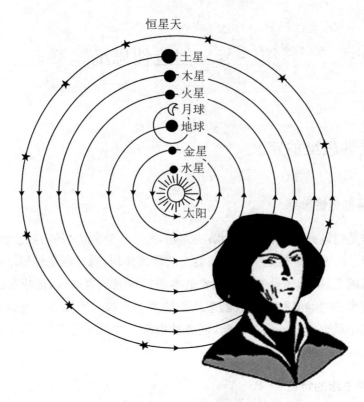

图 6-15 哥白尼的"太阳中心说"

果具体化。文艺作品中新形象的创造,科学研究中新假说的提出,创造发明中新机器的设计等,都离不开创造性想象的积极参与。

4. 灵感状态

灵感状态是创造性思维活动的典型特征之一。灵感是指人在创造性活动过程出现的认知飞跃的一种心理状态。灵感一般是由对疑难问题的百思不解转化为某种新形象、新观念、新思想的顿悟而突然产生的心理状态。灵感是人集中全部精力解决问题时,因偶然因素的触发而突然出现的顿悟现象。在灵感状态下,人的注意力高度集中,大脑处于优势兴奋状态,将全部精力投入到创造活动的对象上,此时,人的创造欲望非常强烈,创造意识十分清晰和敏锐,思维活动极为活跃,往往伴随着情绪的巨大紧张、亢奋,对创造活动的对象充满着激情。灵感并不是个体的心血来潮,而是在长期的创造性思维活动的基础上出现的认知飞跃,是人的主观能动性和积极的精神力量的集中体现,若没有个体巨大的劳动作基础,则不可能有灵感出现。

二、创造性思维的培养

创造性思维在人类的创造性活动中起着重要作用。培养大批有创新意识和创造能力的人才,是教育工作的重要任务,"为创造性而教"已成为当前教育界的共识。培养学生创造性思维应该做到以下四个方面。

(一) 保护好奇心,激发求知欲

好奇心是人对新异事物产生诧异并进行探究的一种心理倾向。求知欲又称认知兴趣,它是好奇心的升华,是人渴望获得知识的一种心理状态。好奇心和求知欲是推动人们主动积极地观察世界、进行创造性思维的内部动因。具有强烈好奇心和求知欲的人,对事物有着执着的追求和迷恋,不会感到学习和创造是一种负担,而会在活动中获得极大的精神鼓舞和情感满足。在教学中,教师要通过启发式教学或创设问题情境,使学生面临疑难,产生求知的需要和探索的欲望,主动提问和质疑,要有意识地强化学生对事物的兴趣,以保护其好奇心和求知欲。

(二) 创设创造性思维形成的氛围

教师既是知识的传授者,也是创造教育的实施者。为了培养学生的创造性思维,教师应为学生创设一个支持和容忍标新立异的环境。教师在教学工作中,应善于提出问题,启发学生独立思考,寻求正确答案;要鼓励学生质疑争辩,自由讨论;要指导学生掌握发现问题、分析问题和解决问题的科学思维方法。

为此,美国教育心理学家托兰斯(E. P. Torrance)向教师提出五条建议:
(1) 尊重学生提出的任何幼稚甚至荒唐的问题。
(2) 欣赏学生表示出的具有想象力和创造性的观念。
(3) 多夸奖学生提出的意见。
(4) 避免对学生所做的事情给予肯定的价值判断。
(5) 对学生的意见有所批评时应解释理由。①

(三) 加强发散思维和直觉思维的训练

发散思维是创造性思维的主要成分,加强发散思维的训练对培养创造性思维有重要作用。实验证明,通过有目的发散思维训练,可以发展学生思维的流畅性、变通性和独特性。例如,通过一题多解和一题多变的练习,培养学生思维的灵活性和变通性;鼓励学生自编应用题,发展学生思维的独特性和新颖性。通过课内课外活动发展学生的发散思维。例如,可以给学生提供某些原材料和元部件,鼓励学生按自己的设计进行组装;也可以在课外文学小组中,鼓励学生进行填对联和猜谜语活动等(图6-16)。

直觉思维也是创造性思维的组成部分。在创造性活动中,由直觉思维产生的想法尽管还只是一种未经检验和证明的猜想或假设,但它就像智慧的火花能推动继续深入思考,从而成为发明创造的先导。发展学生的直觉思维能力是培养学生创造性思维的重要环节。直觉思维总是以熟悉的知识为依据,教育学生掌握每门学科的基本理论,是发展学生直觉思维的前提;教师要鼓励学生对问题进行大胆的推测、应急性回答或提出各种不合常规的念头,以培养学生敢于猜想的良好习惯,使学生有更多机会获得新观念和新设想。

---

① 莫传玉.弗拉基米尔·纳博科夫文学心理学思想研究[D].上海:华东师范大学,2019.

图 6-16　发散思维的培养

（四）陶冶创造性人格

创造性思维的发展不仅与智力因素有关,而且与一系列非智力因素,特别是人格特征联系密切。人格因素是促进学生创造性思维发展的必要条件。研究认为,创造性人格一般具有以下特征:浓厚的认知兴趣,旺盛的求知欲和强烈的好奇心;敏锐的观察力,富于想象,具有捕捉机遇的能力;较强烈的进取心和较高的抱负水平,自信心强,且能有效地进行自我激励;较强的独立性,从众行为少,有开辟创新精神,不受传统观念束缚;勇敢,敢冒风险,喜欢富有挑战性的工作;有献身精神,热情,勤奋;具有幽默感、审美感、浪漫、直率,感情开放坚韧、顽强,目标明确,有锲而不舍的精神。具体见表6-1。

表 6-1　吉尔福特创造性人格 8 个特征

序号	特　　征
1	有高度的自觉性和独立性
2	有旺盛的求知欲
3	有强烈的好奇心,对事物的运动机理有深究的动机
4	知识面广,善于观察
5	工作中讲求条理性、准确性、严格性
6	有丰富的想象力,敏锐的直觉,喜欢抽象思维
7	富有幽默感,表现出卓越的文艺天赋
8	意志品质出众,能排除外界干扰,长时间专注于某个感兴趣的问题之中

除了这些共同的创造性人格特征外,艺术、自然科学、社会科学、管理等领域的人的创造性思维活动,还具有一些与其活动相应的特殊人格特征。

创造性人格特征是在教学和实践活动中逐渐形成的。教师要培养学生的创造性人格,就必须改变传统的教育观念,在教育教学活动中全面贯彻素质教育的要求,不能只把培养守纪律、听话、应试分数高的学生作为教育的终极目标,还应结合教学实际,加强学生良好人格特征的培养,正确对待具有创造性的学生,使每个学生的创造潜能得到充分展现。

第四节 想 象

一、想象的概念

想象是人脑对原有的表象进行加工改造而形成新形象的心理过程,是以表象为内容的特殊形式的高级认知活动。人不仅能够回忆起过去感知过的事物的形象,而且能够利用已有的表象想象出从未感知过的事物的形象。

想象最突出的特征是形象性和新颖性。形象性是指想象处理的主要是直观生动的图像信息,而不是词和符号,但它们不是原有表象的简单再现。新颖性是指想象产生的新形象不同于个体亲身感知过的、简单再现于人脑中的记忆表象,它可以是个体从未亲身经历过、现实中尚未存在或者根本不可能存在的事物的形象。[1]

二、想象的功能

想象在人类的发展过程中具有重要作用,并在人们的工作、学习、生活中表现为以下三种功能。

(一) 预见功能

想象的预见功能是指想象能对客观现实进行超前的反映,以形象的形式实现对客观事物的超前认知。人类进行实践活动,总是先在大脑中形成未来活动过程和期望结果的形象,并利用它指导和调节自己的活动,实现预定目的和计划。科学家的发明创造、工程师的工程设计,都是想象预见功能的体现。学生在学习过程中也必须具有想象力,如果想象力匮乏,思考问题的视角就比较局限,就难以提升分析问题和解决问题的能力。

(二) 补充功能

想象的补充功能是指弥补人类认知活动在时间和空间上的局限和不足,或者在很难直接感知的对象时,想象能够弥补对象认知的不足。例如,光速是30万千米/秒,某些粒子

---

[1] 王波,李惠雅. 恩格斯的心理学思想及其时代价值[N]. 中国社会科学报,2021-07-08(005).

的生命只有 1/100000 秒，人根本无法感知它们，但是可以通过想象活动认识它们。

在社会生活中，也会经常遇到一些靠感知无法直接认知的事物。如宇宙间的天体运动，原始人的生活情景等（图 6-17），这些在空间和时间上十分遥远的事物，不能直接感知，此时凭借助想象的补充功能，实现对客观世界充分、全面以及更深刻的认识。

图 6-17　想象中原始人的生活场景

（三）代替功能

想象的代替功能是指当人的某些需要和活动不能得到实际满足或完成时，可以通过想象从心理上得到某种替代和满足。例如，在中国古典戏曲表演艺术中，许多活动场面，像骑马、摆渡、开门、关门等动作细节，常常通过演员形象化的动作来唤起观众的想象，以代替实际活动和特定场景。又如在游戏中，儿童借助想象，满足其模仿成年人某些行为的需要，来增长知识和才干，实现自己参与社会活动的愿望。

三、想象的种类

根据想象活动是否具有目的性和计划性，可以把想象分为无意想象和有意想象。

（一）无意想象

无意想象又称为不随意想象，是指没有预定的目的，在一定刺激的作用下，不自觉地产生的想象，是一种最简单、初级形式的想象。例如，当抬头仰望天空变幻莫测的浮云时，脑中产生起伏的山峦、柔软的棉花、活动的羊群、嘶鸣的奔马等事物形象;当看到北方冬季窗上的冰花时,会觉得它像梅花或树叶等,都是无意想象的具体表现。儿童的想象往往没有预定目的,因此,他们经常产生的是无意想象。

无意想象的特殊形式是梦。梦是在睡眠状态下产生的正常心理现象,是无意想象的一种表现形式。人在睡眠时,整个大脑皮层处于一种弥漫性的抑制状态,但仍有少部分神经细胞兴奋着,由于意识控制力的减弱,这些记载着往日经验的细胞便不随意、不规则地结合在一起,形成一个个离奇古怪、荒诞绝伦的梦境。梦有时对创造性问题解决具有一定的启迪作用,当然,过多或内容过于离奇古怪的梦,可能是过度疲劳或心理失调的表现,甚至会干扰人的正常思维活动和行为表现。不管梦境如多么不可思议、多么离奇,梦仍是人脑对过去经验和信息的组合,"日有所思,夜有所梦"是对个体生存状态的反映。[①]

(二) 有意想象

有意想象又称为随意想象,指根据预定目的,在一定意志努力下自觉进行的想象。科学家提出的各种假设,文学艺术家在脑中构思的人物形象,学生完成某项学习任务获得的某些知识和经验,工程师的建筑物蓝图设计等,都是有意想象的结晶。因此,有意想象具有一定预见性和方向性,它在人的想象过程中调节和控制着想象活动的方向和内容。有意想象在人类认识世界和改造世界的活动中具有极其重要的意义。

根据有意想象的新颖性、独立性和创造性程度的不同,可以把有意想象分为再造性想象和创造性想象。

1. 再造性想象

再造性想象是指根据言语的描述或图形符号的示意,在人脑中形成相应事物新形象的过程。再造性想象形成的新形象是相对的,虽然对于想象者来说是新颖的,但实际上是在社会环境中已经存在的事物,只是根据某种图形提示或语言描述再造出来而已。不过从某种意义上说,再造性想象仍然具有一定的创造性。

由于每个人的知识、经验、兴趣、爱好、人格特征上的不同,每个人再造性想象的内容和水平必然存在着一定的差异。

再造性想象对人的各种实践活动,尤其是学生在掌握和理解知识的学习活动中具有重要意义。在接受间接经验的书本知识时,他们可以通过再造性想象帮助个体摆脱狭窄的思路,生动形象地认识自己没有感知过或不可能直接感知的事物,在脑中形成与概念相应的形象,理解和掌握知识,扩大认识范围,从而丰富自己的知识经验。因此,在学校教学过程中,教师要通过生动的语言描述或图表和模型演示,使学生借助再造性想象,在脑中形成与概念相应的生动形象,深刻地理解教材,牢固地掌握知识,获得有用的经验。

2. 创造性想象

创造性想象是指根据一定的目的和任务,不依据现成的描述,在人脑中独立地创造出某种新形象的心理过程。例如,设计师在脑中构思新型宇宙飞船的形象;作家在脑中塑造新的

---

① 赫伯特·西蒙.认知:人行为背后的思维与智能[M].北京:中国人民大学出版社,2020.

典型人物的形象;发明家对自己将要发明的工具形象的构思等都属于创造性想象。创造性想象中的形象并非依赖于他人的描述,而是人们以相关的记忆表象为基石,凭借自己的创新见解,创造出具有社会意义与价值的新形象。创造性想象与创造性思维紧密相结合,它们是人们一切创造性活动必不可少的重要组成部分。①

创造性想象是一种比再造性想象更复杂的智力活动,它的产生依赖社会实践的需要、个体强烈的创造欲望、丰富的记忆表象储备、高水平的表象改造能力以及思维的积极性等主客观条件。再造性想象和创造性想象既有联系又有区别,它们之间的异同和联系概括为表6-2。

表6-2 再造性想象和创造性想象的异同

	再 造 性 想 象	创 造 性 想 象
不同点	(1) 具有再造性,构造出的形象与原物体相似 (2) 再造的形象所代表的事物是已被他人创造出来的 (3) 在一般性活动中的作用较大	(1) 具有创造性,构造出的形象是崭新的 (2) 创造的形象所代表的事物是前所未有的 (3) 在创造性活动中的作用较大
共同点	(1) 都是根据已有表象构造出新形象 (2) 想象中的事物都是以前没有直接感知过的	
联系	(1) 再造性想象是创造性想象的基础,创造性想象是再造性想象的发展 (2) 创造性想象中有再造性成分,再造性想象中有创造性成分	

复习思考题

1. 思维的种类有哪些?
2. 问题解决的策略有哪些?请举例说明。
3. 影响问题解决的因素有哪些?
4. 想象的功能有哪些?
5. 阐述再造性想象和创造性想象的异同。

---

① 臧志远.《选定立场:心理学话题的对立观点》(第八章)翻译报告[D].郑州:河南大学,2019.

第七章　情绪与情感

情绪和情感是人对客观事物与自身需要之间关系的态度体验,是人脑对客观现实的主观反映。表情既是人与人之间交往和传递信息的重要手段,也是了解个体情绪和情感感受与体验的客观指标。

情绪理论是对情绪产生和发展的系统解释。情绪智力连接认知与情绪两个基本系统,揭示了由情绪引起并激发和促进人的心智良性发展的可能性。情绪影响人的认知活动,同样,人的认知过程也对情绪产生重要影响。健康情绪的培养,对提高个体的心理素质具有重要意义。

主要学习目标:理解情绪和情感的本质及区别,掌握情绪和情感的类别及常见的情绪体验,了解情绪调节的基本方法和策略,以及情感智商的概念及其在人类行为中的作用。

第一节　情绪、情感概述

一、情绪与情感的概念

(一) 什么是情绪和情感

广义的情绪包括情感,是人对客观事物与自身需要之间关系的态度体验,是人脑对客观现实的主观反映形式,是由某种外在的刺激或内在的身体状况作用而引起的体验,只是反映的内容和方式与认知过程不同。[①]

情绪和情感是复杂的心理现象,其中包括认知活动、生理反应和行为表现,主要有以下三方面的特点。

1. 具有独特的主观体验

主观体验是情绪和情感最主要的组成成分,是人对不同事物的自我感受与体验,它涉及认知活动以及对认知结果进行的评价。但是,认知过程通过概念、判断、推理来反映客观事物的特征与规律性,情绪和情感通过个体的感受和体验反映客观事物。因此,情绪和情感不

---

① 梁建宁.心理学导论[M].上海:上海教育出版社,2006.

是对客观事物和现象本身的反映,而是由客观事物与主体需要之间关系引起的喜、怒、哀、惧等主观感受。

2. 具有明显的机体变化和生理唤醒状态

表情是明显的情绪和情感的外部表现,它通过面部肌肉、身体姿势、语言语调等方面的变化表现出来,在情绪和情感中具有传递自身体验的独特作用。同时,机体内脏机能也发生变化,如消化、呼吸、血液循环和内分泌腺的活动,脑电和皮肤电活动的变化。

3. 具有特殊的生理机制

在情绪和情感活动过程中,不仅是大脑皮层,大脑皮层以下的丘脑、下丘脑、边缘系统、网状系统等部位也起着一定的作用。

(二) 情绪和情感的两极性

情绪和情感的两极性是指每一种情绪和情感的品质都能够找到与之相对立的情绪和情感,它们表现在快感度、紧张度、激动水平和强度上。

在快感度方面的两极是"愉快—不愉快"。这种感受和体验与主体需要满足的程度相联系。当一个人的情绪和情感从消极向积极方面变化时,就会伴有不愉快和愉快两种对立的主观体验,例如悲哀与快乐、热爱与憎恨等。

在紧张度方面的两极是"紧张—轻松"。这种感受和体验是想要动作的冲动的强弱。紧张程度不仅取决于当前事件的急迫性,也取决于人的心理准备状态和个性品质。在十分紧急的时候或关键的时刻,个体一般都会产生高度紧张感,例如,参加高考的学生在进入考场和拿到考卷时都会有紧张的情绪感受。与紧张相对的是轻松的情绪状态,一般是发生在紧急事件妥善解决之后的轻松感受和体验。

在激动水平方面的两极是"激动—平静"。这种感受和体验在很大程度上反映了个体的机能状态。激动和平静反应过度兴奋或抑制状态,如狂喜、暴怒、麻木、冷漠等。激动是在短时间内对某事件或现象猛烈爆发的情绪反应,并且伴有激烈的内部器官活动变化和明显的表情动作。

在强度方面的两极是"强—弱"。情绪表现的强弱是划分情绪和情感水平的标志。一般把情绪和情感中的怒划分为由弱到强的微愠、愤怒、大怒、暴怒和狂怒;喜欢由弱到强的划分为好感、喜欢、爱慕、热爱、酷爱等。情绪和情感的强度与个体面临的事件对自身意义大小有关,同时也与人的行为目的和动机强度关系密切。

二、情绪与情感的联系与区别

情绪和情感合称为感情,综合反映人的情绪和情感状态以及愿望、需要等主观感受体验。在日常生活中,情绪和情感一般不做严格的区分,但作为科学概念,情绪和情感的内涵及外延还是存在一定的区别与联系的。

(一) 情绪与情感的区别

从需要角度看,情绪通常与个体的生理需要满足与否相联系,例如,饮食、休息、空气、繁殖等主观体验,是人和动物共有的。情感是人类特有的心理活动,通常是与人的社会性需要相联系的复杂而又稳定的态度体验,例如,爱国主义、集体主义、人道主义、荣誉感、羞耻心、求知欲、责任感等。[①]

从发生角度看,情绪是反应性和活动性的过程,即个体随着情境的变化以及需要满足状况而发生相应的改变,受情境影响较大。情感是个体的内心体验和感受,具有深刻社会意义的心理体验。例如,对真理的追求、对爱情的向往和对美的事物的体验等,虽然不轻易地表露,但对人的行为具有重要的调节作用。

从稳定性程度看,情绪具有情境性和短暂性的特点,例如,色香味俱全的菜肴会引起个体愉快的体验;噪声会导致不愉快的感受,一旦这些情境不再存在或发生变化,相应的情绪感受也就随之消失或改变。情感则具有较大的稳定性和持久性,一经产生就相对稳定,不为情境变化所左右,稳定的情感体验是情绪概括化的结果。

图 7-1　情绪(左)与情感(右)的表现

从表现方式看,情绪具有明显的冲动性和外部表现,如悔恨时的捶胸顿足,愤怒时的暴跳如雷,快乐时的喜笑颜开等。情绪一旦发生,强度一般较大,有时会导致个体无法控制。情感以内在的形式存在或以含蓄的方式流露,始终处于人的意识调控之下。

(二) 情绪与情感的联系

情绪与情感的区别是相对的,虽然它们表达的主观体验的内容有所不同,但两者又相互联系。一方面,情感离不开情绪,稳定的情感是在情绪的基础上形成的,并通过情绪反应得以表达;另一方面,情绪也离不开情感,情感的深度决定着情绪的表现强度,情感的性质决定了在一定情境下情绪表现的形式。情绪发生的过程往往深含着情感的因素。总之,情绪是情感的外部表现,情感是情绪的本质内容,两者紧密联系,密不可分。

---

① 黄希庭.心理学导论[M].北京:人民教育出版社,2007.

第二节 情绪的生理成分与理论

一、情绪的生理成分

情绪的生理机制涉及复杂的神经生理和生化活动,是周围神经系统和中枢神经系统相互作用和整合的结果。情绪理论是对情绪产生和发展的系统解释。[①]

(一)情绪的生理反应

情绪产生时会伴有某些生理上的反应。这些反应主要包括植物性神经活动的变化和脑电波的变化。

1. 植物性神经活动的变化

植物性神经系统分为交感神经和副交感神经两个分支系统,主要控制各种腺体活动、内脏器官和血管运动的神经系统,它们控制的活动(如心跳、呼吸等)不受意志支配,两者在机能上相互拮抗。当个体处于情绪状态时,植物性神经活动就会相应地发生变化,并且表现在外。可以看到个体在情绪状态下,呼吸、心率、血压、血管容积、皮肤电、内外分泌腺活动等方面都会发生明显的变化,而这些生理变化就成为情绪变化状态的生理指标。

(1)呼吸

呼吸会随着情绪状态的不同,在呼与吸的次数、快慢和质量上有明显不同。人在平静时每分钟呼吸为 20 次左右,愤怒时每分钟呼吸为 40~50 次,突然惊惧时人的呼吸会发生临时中断现象,狂喜或悲痛时会出现呼吸痉挛现象。心理学在研究呼吸时间比率的改变与情绪之间关系时发现,笑时呼气快而吸气慢,呼吸的比率低至 0.30,而惊讶时吸气则是呼气的 2~3 倍,恐惧时呼气与吸气的比率由平静状态下的 0.70 上升到 3.00 或 4.00。图 7-2 展示了各种情绪状态下呼吸的情况。

(2)心率、血压和血管容积

情绪状态下循环系统的活动会发生变化,一方面表现为心跳速度和强度的改变,另一方面表现为外周血管的舒张与收缩的变化,例如满意、愉快时心率正常,恐惧或暴怒时心跳加速、血压升高。因此,心率、血压和血管容积的变化可以间接反映情绪的变化,并作为情绪测量的生理指标。

血管容积的变化很复杂,在同一情绪状态下,各器官的血管活动存在差异。例如恐惧时,大腿血管舒张,而脸部血管则会收缩,面色变得惨白。

[①] 林玉莲.环境心理学[M].北京:中国建筑工业出版社,2000.

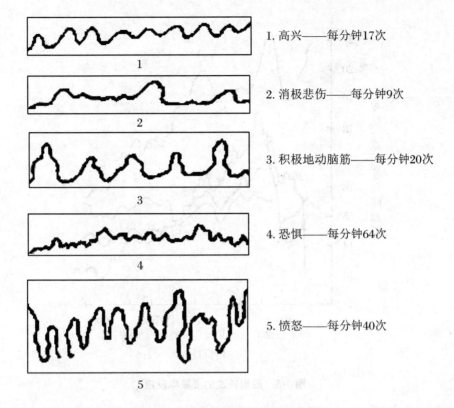

图 7-2 各种情绪状态下的呼吸曲线

有研究发现,肢体末端血管收缩率是紧张情绪的生理指标之一,心理学在实验室中模拟手术时产生的疼痛感,即在皮下注射蒸馏水为痛刺激时,记录到被试口头报告为痛时,其指端血管容积振幅从 15 毫米下降至 2.5 毫米。血管收缩持续的时间与痛时情绪的紧张程度成正比,即紧张情绪越强,血管收缩持续的时间也就越长。

(3) 皮肤电

在一般情况下,皮肤具有一定电阻参数,在情绪状态时,皮肤内血管或舒张或收缩,汗腺分泌也会发生变化,这便引起皮肤电阻的变化,通过对皮肤电流的测量和记录,就可以间接测定情绪反应。有研究表明,在吃惊、恐惧和困惑等紧张情绪状态下,皮肤导电电流会有所增加。图 7-3 是用皮肤电反应记录的在看四种性质不同电影时的情绪反应。[1]

图中四条曲线是四组被试在看不同性质电影时的皮肤电反应记录。第一组被试观看一部悲惨场面的情景并伴有声音的电影,第二组被试观看一部有悲惨场面但没有声音的电影,第三组给被试呈现一个孤立的理性描述刺激,第四组被试观看一部无声电影。结果显示,第一组被试的情绪反应最强烈,第二、三组也有明显反应,但与第四组反应区别不明显。

(4) 内、外分泌腺

人体内有内分泌腺和外分泌腺两种腺体,前者包括甲状腺、甲状旁腺、肾上腺、脑垂体、性腺等,后者包括汗腺、泪腺、唾液腺、消化腺等。这些腺体都有相应的分泌物产生。情绪状

---

[1] B·R·赫根汉. 心理学史导论[M]. 郭本禹,等,译. 上海:华东师范大学出版社,2004.

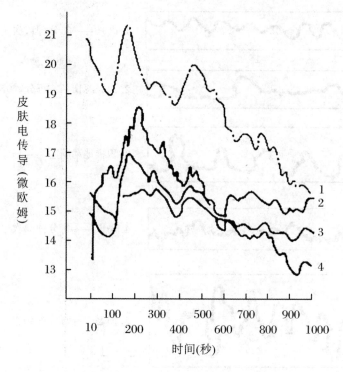

图 7-3 四组被试的皮肤电反应

态与内外分泌腺的活动关系紧密。情绪状态的不同,会引起不同腺体分泌的变化。例如,悲痛或过于高兴会使人落泪,焦急或恐惧时会使人出汗,紧张时唾液腺等消化腺分泌会受到抑制而使人感到口干、食欲减退。内分泌腺在情绪状态中的反应比较明显,例如,紧张和焦虑时会使肾上腺素分泌增多,而抑郁则可能是甲状腺素分泌减少所致。

生理反应是个体在情绪状态下发生的生理变化。许多实验表明,不同情绪状态存在不同的生理反应模式。有实验研究了恐惧与愤怒的生理反应模式,结果显示,恐惧时会诱发出呼吸增加、手掌皮肤阻抗降低、某部分肌肉紧张增加三种生理反应变化,愤怒时则记录到心率增高、皮肤电增高、整个肌肉紧张增加、血压上升几类生理反应变化,如图 7-4 所示。

2. 脑电波的变化

脑电波又称脑电图,它有 α 波、β 波、δ 波和 θ 波四种波形。在情绪状态时,不仅外周生理上有变化,而且神经中枢也有变化,所以脑电波也会发生相应变化。在强烈情绪状态下,人的脑电波与正常状态下的脑电波不同。许多研究发现,情绪状态对 α 波的影响最大。在焦虑状态下,枕叶的 α 波消失,脑电波振幅减小,在额叶区、运动区端叶区的脑电波振幅都较正常状态时小,如图 7-5 所示。在疼痛刺激时,脑电图上也会出现 α 波阻断或不完全抑制现象,并且快波增多;疼痛减轻时,快波逐渐减少,同时 α 波开始恢复。在特别高兴时出现波形,情绪不稳定时,会出现慢 α 变异性的锯齿状波形。

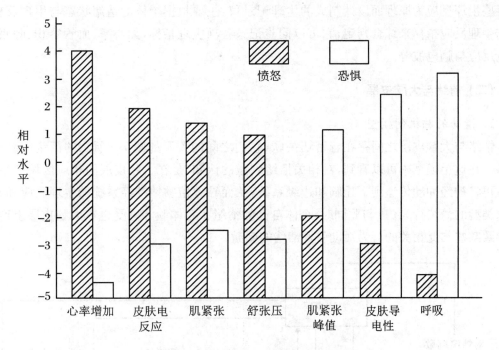

图 7-4　愤怒时不同类型的生理反应

("0"表示正常反应水平；负号表示低于正常水平；正号表示高于正常水平)

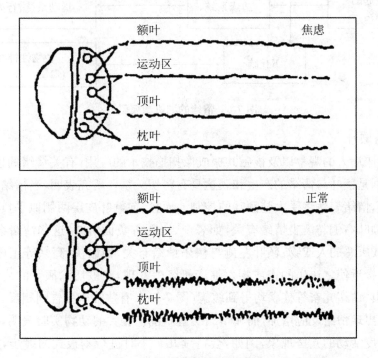

图 7-5　焦虑状态下的脑电波

3. 测谎的原理和机制

测谎是指通过测谎仪来测量个体在被检测时是否出现某些生理反应而判断其是否说谎的过程。测谎仪是一种检查受测者是否说谎的心理测试仪器，是利用受测者因说谎而产生的某些生理反应为原理而设计制成的生理记录仪,主要根据个体的情绪状态与生理反应之间的生理反应指标来综合判定,它可以同步记录各项生理指标,如心率、血管容积、呼吸、皮肤电反应与脑电波等。

(二) 情绪与大脑皮层

1. 情绪的脑机制模型

情绪与大脑皮层之间存在着密切关联,它们之间的关系如图 7-6 所示的情绪的脑机制模型。在这个模型中可以看到,对相关情绪刺激的认知,是在大脑皮层的相应区域产生的,然后再将神经冲动传递到下丘脑和边缘系统,从而导致植物性神经系统的生理反应和某种特殊类型的情绪行为。① 与此同时,个体自己的情绪状态体验和感受也在大脑皮层上产生,并导致某些与此相关的行为活动引发情绪的刺激。

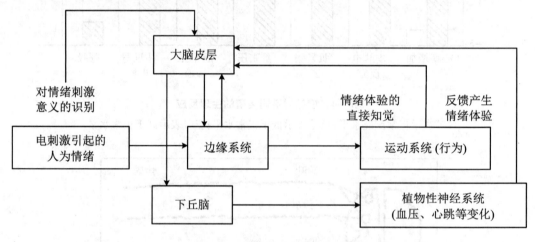

图 7-6 情绪的脑机制模型

2. 情绪与额叶

通过对临床病人的观察以及核磁共振成像扫描技术的应用,有关情绪的生理研究表明,大脑皮层,特别是额叶与情绪的产生和表达具有密切关系。研究表明,当情绪冲动在边缘系统中心产生时,情绪表达将受大脑额叶的控制。而且,前额叶皮层两侧似乎负责操控不同的情绪反应,即额叶右侧与沮丧情绪有关,如恐惧、厌恶等负面情绪,这些情绪会让人退缩、回避,使之恐惧或厌恶的人或物;额叶左侧与快乐情绪有关,如愉快、高兴等正面情绪,这些情绪会使人愿意接近使之快乐的人或物。临床研究中发现,在被切除额叶的病人中,焦虑、疑病、不合理恐惧、情绪亢奋等症状均得到缓解(图 7-7)。有些临床报告则相反,发现额叶切除术后的病人会出现情绪反应增加,而非情绪缓解状况。相关的动物实验表明,切除前额叶的猴子会出现过度活动的亢奋现象,例如,会持续几个小时进行刻板式的踱步,严重的还会出现躁狂情绪,而切除额叶的猩猩,愤怒反应会趋于消失。

---

① (德)Kurt Kolffka.格式塔心理学原理[M].黎炜,译.杭州:浙江教育出版社,1997.

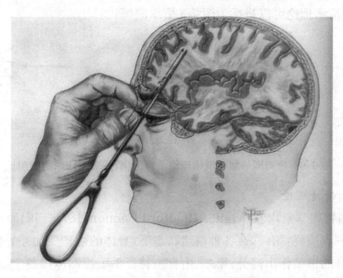

图 7-7 脑前额叶切除手术示意图

二、情绪的理论

(一) 早期的情绪理论

1. 詹姆斯-朗格情绪理论

19世纪末,美国心理学家詹姆斯(William James,1842—1910)于1884年在英国《心理》杂志上发表了著名的情绪理论。几乎在同一时期,丹麦生理学家朗格(Carl George Lange,1834—1900)在1885年也提出了类似的情绪解释。因此,一般把他们的学说合称为詹姆斯-朗格情绪理论。

詹姆斯-朗格情绪理论认为,情绪是对身体变化的知觉,即情绪是因身体器官对特殊的兴奋刺激反射性变化而产生的。情绪经验的产生过程是,先有引起个体反应的刺激,刺激会引起个体的生理或身体的反应,如身体器官、内脏和肌肉的反射性变化,正是由于这些身体上的生理反应,导致了个体的情绪经验,产生情绪。例如,幼儿手指受伤流血(刺激),引起哭泣(反应),继而感到悲伤(情绪)。詹姆斯在他的论著中这样写道:"对于激动我们的知觉对象的心态是并不立即引起情绪;知觉之后,情绪之前,必须先有身体上的表现发生。所以更合理的说法,乃是因为我们哭,所以愁;因为动手打,所以生气;因为发抖,所以害怕,并不是因为愁了才哭,生气了才动手打,怕了才发抖。"换言之,情绪体验并不是由刺激而是由对刺激反应之后产生的生理变化引起的。生理变化激起的神经冲动传至中枢神经系统就产生了情绪,这里詹姆斯所讲的生理变化,实际上既包括自主性内脏系统的反应,也包括骨骼肌肉系统的反馈作用。

生理学家朗格则强调血液系统对情绪的影响。他认为,自主神经系统支配作用的加强会引起血管的扩张,此时就会产生愉快情绪;而自主神经系统活动减弱,血管收缩,器官痉挛,此时就会产生恐惧感。例如,冷水浇身会使愤怒和暴躁减弱,是血管收缩功能改变的结果。詹姆斯-朗格情绪理论可以概括为图 7-8 所示的模式。

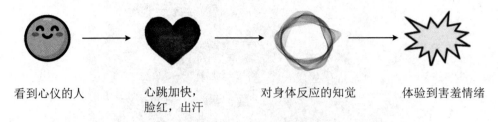

图 7-8　詹姆斯—朗格情绪理论示意图（箭头表示作用的方向）

2. 坎农-巴德情绪理论

1927 年，美国物理学家坎农（Walter Bradford Cannon，1871—1945）针对詹姆斯-朗格情绪理论提出了三点质疑：第一，在各种情绪状态下，身体的生理变化差异较小，无法在生理变化上对复杂多样的情绪作出区分；第二，由自主神经系统控制体内各个器官对刺激的反应迟缓，不足以说明个体情绪瞬息变化的特点；第三，有机体的生理变化可以用人为办法诱发出来，但只能激发某种生理状态，却不能诱发出某种特定情绪，例如无法诱发出人的愉快情绪。

在对詹姆斯-朗格情绪理论质疑的同时，坎农和他的学生巴德（P. Bard）根据实验阐述了自己的情绪观点。坎农等人认为，情绪的产生不能用生理变化的知觉来解释，而是因为大脑皮层解除了丘脑抑制的综合功能，即外界刺激信息在作用于感觉器官后引起的神经冲动首先传递到大脑的丘脑部位，再由丘脑进行加工后同时把信息传递到大脑以及机体的其他部分，即把神经冲动上传至大脑皮层，同时又传递冲动到达内脏。传递到大脑皮层的信息引起情绪体验，传递到内脏和骨骼肌的信息激活生理反应引起相关的情绪表达。情绪体验和身体反应都作为丘脑活动的结果而在同一时刻产生（图 7-9）。

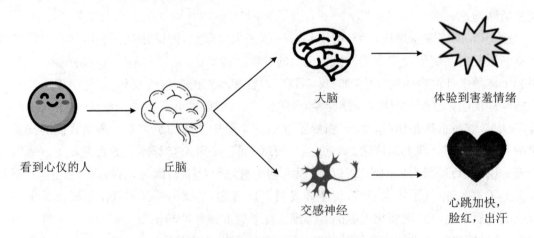

图 7-9　坎农-巴德情绪理论示意图（箭头表示作用的方向）

（二）情绪的认知理论

20 世纪 60 年代以来，随着认知心理学的迅速兴起，心理学更多地从认知角度对情绪进行探讨和研究,并提出了情绪的认知理论。其中具有代表性的情绪理论有美国心理学家阿诺德(M. B. Arnold)和拉扎勒斯(R. S. Lazarus)的认知-评价情绪理论和沙赫特(S. Schachter)和辛格(J. Singer)的情绪三因素理论。

1. 阿诺德和拉扎勒斯的认知-评价情绪理论

20世纪50年代,阿诺德提出情绪与人对事情或事物的评估有关,强调来自外界环境的影响需要经过人的认知评价与估量才能产生情绪,认为人对事物的评估与情绪产生相关,人的认知与评价会左右人对情绪的解释和反应。当人把知觉对象评估为有利时,就会产生趋近的体验和相应的生理反应;当人把知觉对象评估为有害时,则会产生回避的体验和相应的生理反应;当人把知觉对象评估为与己无关时,就会产生漠然的体验而予以忽视。在不同情境下,其知觉对象尽管相同,但人的情绪反应模式可能会因为大脑皮层对情境评估上的差异、人过去的经验以及当时的感受而有所不同。例如,在森林中看见一只老虎与在动物园里看到笼子里的老虎就会有截然不同的情绪反应,这是大脑皮层对情境评估上的差异所致,也是个体根据过去的经验以及当时个人的感受的结果。因此,大脑皮层的兴奋是个体情绪行为的基础,一个人对事物或事件的评估是在其生理反应、情绪体验和采取某种行动之前发生的,如图7-10所示。

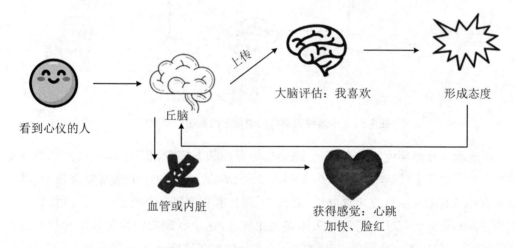

图 7-10 认知-评价情绪理论示意图(箭头表示作用的方向)

2. 沙赫特和辛格的情绪三因素理论

沙赫特和辛格的情绪三因素理论认为,个体认知的参与以及认知对环境和生理唤醒的评价过程是情绪产生的重要机制,即情绪经验来自个体对三方面信息的认知:一是对刺激情境性质的认知,如是可笑的还是可怕的;二是对自己身体生理变化的认知,如自己觉得如何;三是各种情绪状态是由交感神经系统以一定形式唤醒的。人通过周围环境的暗示以及自己对刺激信息的认知加工,对情绪状态进行解释和分类。认知是通过个体对刺激信息引起一定生理唤醒进行解释而导致情绪的产生。

美国心理学家沙赫特和辛格在20世纪60年代根据一系列情绪实验结果证实了这种推论。沙赫特和辛格在实验中精心设计了环境事件、生理状态和认知过程在情绪产生过程中作用的实验程序。实验中先给三组大学生被试注射肾上腺素,使他们处于典型的生理唤醒状态,但只告诉被试,他们注射的是一种维生素,其目的是研究这种维生素对视力的影响。然后,实验者对三组被试以三种不同的说明来解释这种药物可能引起的反应:告诉第一组被试,注射后将出现心悸、手抖、脸发热等肾上腺素注射后的正常反应;告诉第二组被试,注射此药后身体会发抖,脚有点麻,但不会再有其他反应;对第三组被试不作任何说明。

实验的第二个步骤是将三组注射完肾上腺素的被试分为两部分,让他们分别进入预先设计好的两种实验情景中休息。一个实验情景是能看到一些滑稽表演,由一些引人发笑的愉快景象组成;另一个实验情景是有人强迫被试回答烦琐的问题,并给予强加指责,是一些引人发怒的情景。

沙赫特和辛格的实验表明,人的情绪状态,实际上是认知过程(情绪经验)、生理状态(身心状态)和环境因素(刺激情境)共同作用的结果,它们之间的关系如图7-11所示。

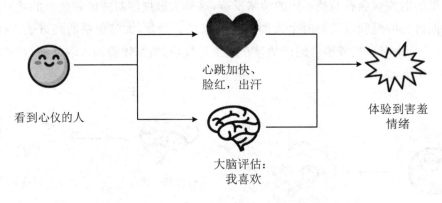

图 7-11　沙赫特和辛格的情绪三因素理论示意图

大脑皮层将外界环境信息、内部生理变化与身心状态信息以及个体的认知结果与情绪经验加以整合而产生情绪转化为一个工作系统,成为图7-12的一个情绪唤醒模型,其中包括对来自环境的输入信息的知觉分析,对过去、现在和将来期望的经验模式,以及负责将对现实情境的知觉分析与过去经验的认知加工比较器,它带有庞大的生化系统和神经系统的激活结构,并与效应器官相联系。当知觉分析与认知加工之间出现不匹配时,认知比较器就

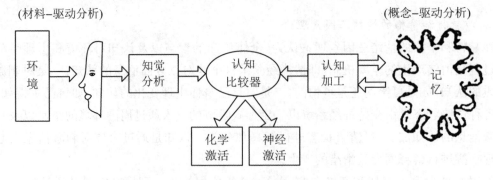

图 7-12　情绪三因素理论模型

资料来源:Lindsay,Norman,1977.

产生信息,激活生化和神经机能,使身体适应当前情境要求,情绪由此而产生。从中可见认知比较器是情绪产生的核心。

第三节 情绪的表达成分

一、情绪分类

我国古代思想家荀子将情绪划分为好、恶、喜、怒、哀、乐六类。在《礼记》中,将情绪分为喜、怒、哀、惧、爱、恶、欲七类。其中喜、怒、哀、乐是各种分类中最基本的情绪形式。

我国心理学家林传鼎将人的情绪归纳为安静、喜悦、愤怒、哀怜、悲痛、忧愁、愤急、烦闷、恐惧、惊骇、恭敬、抚爱、憎恶、贪欲、嫉妒、傲慢、惭愧、耻辱等十八类。

法国哲学家笛卡尔认为,人有惊奇、爱悦、憎恶、欲望、欢乐和悲哀六种原始情绪,其他情绪都是它们的组合或分支。

1896年,德国心理学家冯特在《心理学大纲》中提出情绪的三维理论,认为情绪由愉快—不愉快、激动—平静、紧张—松弛三个维度组成,每一种具体的情绪都分布在这三个维度的两极之间的位置上。

20世纪60年代末,美国心理学家普拉切克(R. Plutchik,1970)以情绪的强度、相似性和两极性三个维度,建立了情绪三维模型。在锥体截面上的八个扇形分别代表八种基本情绪:狂喜、警惕、狂怒、憎恨、悲痛、恐惧、惊奇和接受,它们都有其相应的适应及行为模式。相邻的情绪是相似的,对角位置上的情绪是对立的。锥体的垂直方向表示情绪的强度,自上而下表明情绪由强逐渐到弱的感受。普拉切克认为情绪的强度、相似性和两极性的不同组合就构成了人的各种各样的情绪体验。例如,在强度上的不同组合会产生不同的情绪体验模式:快乐+接收=爱;快乐+怒=骄傲;惊奇+接收=好奇;惧怕+接收=谦让;惊奇+怒=恨;快乐+怕=罪疚感;接受+悲哀=多愁善感;恐惧+期待=焦虑。[①]

二、基本情绪

基本的和原始的情绪是快乐、愤怒、悲哀、恐惧四种,它们与个体的基本需要相关联,具有很高的紧张性。

(一)快乐

快乐是达到盼望的目的后紧张解除时产生的舒适感受和体验。快乐的程度与达到目的

---

① Niedenthal P M. Embodying emotion[J]. Science,2007,316(5827):1002-1005.

的容易程度和或然率有关,其激动水平取决于自己愿望满足的意外程度。当目的突然达到时,紧张一旦解除,个体就会感到极大的快乐。

(二) 愤怒

愤怒是当个体遭受攻击、威胁、羞辱等强烈刺激而感到自己的愿望受到压抑、行动受到挫折、尊严受到伤害时表现的极端情绪体验。愤怒时,个体常会出现攻击、冲动等不可控制的言论和行为。愤怒的程度与个体的人格特征有关,也与情境对个体的压制状况和干扰的程度、次数、性质有关。因此,愤怒的产生是个体与所处环境之间交互作用的结果。

(三) 悲哀

悲哀是个体失去某种盼望或追求的事物时产生的主观体验。悲哀的强度依赖自己所失去事物的价值,失去的事物越珍贵,价值越大,就越感悲哀(图 7-13)。例如,亲人的去世会使人产生极度的悲哀,这与失去一般朋友是不同的。从强度上可以把悲哀分为遗憾、失望、悲伤、哀痛。

图 7-13　悲哀的情绪

悲哀带来的紧张释放是哭泣。哭泣既可以消除心理紧张,也是人的一种保护性反应。悲哀时的哭泣比不流泪的悲哀对人的身心健康更有好处。哭泣释放已积聚的能量可以使个体消除不平衡的心理状态。

(四) 恐惧

恐惧是企图摆脱、逃避某种危险刺激或预期有害刺激时产生的强烈情绪感受和体验。当恐惧产生时,会伴随极度不安的主观体验,想逃离或进攻的欲望,以及交感神经系统的兴奋、肌肉紧张、神经末梢收缩、呼吸急促、心跳加快等反应。

引起恐惧的状况通常是熟悉环境中出现了意外变化,如危险、陌生、黑暗、奇异事物的突然出现、身体突然失去平衡以及他人恐惧情绪的感染等。恐惧的产生与人的认知预期有关,关键是自己缺乏应对可怕情境的能力。例如,当个体预期会看到完整的人,结果看到的是断首的无头尸体,就会感到莫大的恐惧。因此,恐惧产生的直接原因是已形成的认知序列的紊乱,是人脑活动过程出现严重紊乱的结果。

第四节 情绪种类

一、情绪状态

情绪状态是在某种事件或情境影响下,人在一定时间内产生的情绪体验,典型的情绪状态有心境、激情和应激,它们是依据情绪发生的强度、持续性和紧张度划分的。[①]

(一) 心境

心境是一种较微弱、平静而持续的带有渲染作用的情绪状态,是人在某一段时间内心理活动的基本背景,例如,最近心情舒畅或闷闷不乐等。心境具有以下明显特点:

从发生强度和激动性看,心境是微弱而持续的情绪体验状态,它的发生有时自己觉察不到或很难感受到。

从持续时间看,心境是稳定的、持续时间较长的情绪体验状态,短则几天、几周,长则数月、数年。

从作用的范围来看,心境不是对某些具体事物的特定体验,而是一种具有非定向的、弥散性的情绪体验状态,即心境不指向某个特定事物,而是使人的整个精神活动和行为都染上某种情绪色彩。例如,当个体处于心情舒畅的愉快心境时,其一切活动都会以同样的情绪状态作出反应,干什么都兴致勃勃;反之,当处于悲观的心境状态时,干什么都没有信心。所谓"忧者见之而忧,喜者见之而喜"就是对心境特点的写照。

引起心境的因素很多。工作中的顺境和逆境、事业上的成功和失败、人际关系的亲疏、生活条件的优劣、健康状况的好坏乃至时令节气、环境景物、身体状况等,都是导致某种心境的原因。

(二) 激情

激情是一种强烈的、短暂的、爆发式的情绪状态。激情往往由与人关系重大的事件引起,例如,取得重大成功后的狂喜,惨遭失败后的绝望和沮丧等。激情状态的特点如下:

爆发性:激情发生过程一般都是迅猛的,在短暂时间内把大量能量喷发出来,犹如火山爆发,强度极大。

---

① 林崇德,杨治良,黄希庭.心理学大词典[M].上海:上海教育出版社,2003.

冲动性：一旦激情发生，个体会被情绪驱使，言行缺乏理智，带有很大的盲目性，出现"意识狭窄现象"，即个体在激情状态下，认知活动范围变得狭小，理智分析能力受到抑制，此时个体的自我调节能力下降，意志控制减弱，出现行为失控现象。

持续时间短暂：激情爆发后的短暂平息阶段，冲动开始弱化或消失，出现疲劳现象，严重时会出现精力衰竭，对身边的事物漠不关心，精神萎靡。

确定的指向：激情一般都由特定对象或现象引起。例如，意外成功会引起狂喜，反之，目的没有达到会产生绝望。对个体意义重大的事件、对立意向、愿望冲突等都会导致激情。

明显的外部表现：在激情状态，可以看到愤怒时的"怒目圆睁"、狂喜时的"手舞足蹈"、悲痛时的"嚎啕大哭"等，有时甚至还出现痉挛性动作，言语过多或语无伦次。

（三）应激

应激是个体在生理或心理上受到威胁时出现的非特异性的身心紧张状态，表现在出乎意料的紧张状况下引起的情绪体验。应激是人对意外环境刺激作出的适应性反应。例如，突然遭遇火灾、地震、歹徒袭击或面临重大比赛或考试时，个体需动员机体各部分以处于紧急状态，使自己的精力集中于某事件，迅速作出抉择，并采取有效行动，这时其身心已处于应激状态。

产生应激的原因主要是个体已有的知识经验与面临的事件提出的新要求不相符，缺乏有效方法参照，就会进入应激状态以备应对。另外，由于个体经验不足，难以应付当前的境遇而产生无能为力的失助感和紧张感。应激对人的活动影响很大，会表现出以下特点：一是超压性。在应激状态，个体会由于自己面临强烈刺激而承受着巨大的心理压力，并聚集在情绪的紧张度上。二是超负荷性。在应激状态下，个体必然会在生理和心理上承受超乎寻常的身心负荷，因此，个体需要尽力调动体内各种能量或资源来应对重大的突发事件。[①]

人们在纷繁复杂的社会生活中经常会遭遇到某些事件并产生应激反应，根据其强度不同，心理学家赫尔姆斯（Holmes）和雷赫（Rahe）通过对生活中最关心的100个事件，请400位不同年龄、不同职业的人判断可能会对人产生的心理压力进行评分，分数越高表示给人的压力感越大。表7-1列出了在生活中常见的应激事件以及引起的应激反应程度。生活变化程度越大，引起的应激反应就越强烈，对人的身心损害也就越大。

表 7-1 生活改变与压力感量表

生 活 改 变 事 项	压力感（分）	生 活 改 变 事 项	压力感（分）
配偶亡故	100	子女成年离家	29
离婚	73	涉讼	29
夫妻分居	65	个人有杰出成就	28

---

① 文鹏，杨玲.情绪唤醒度和愉悦度影响时间知觉[N].中国社会科学报，2020-09-17(003).

续表

生活改变事项	压力感(分)	生活改变事项	压力感(分)
牢狱之灾	63	妻子新就业或刚离职	26
家庭亲人亡故	63	初入学或毕业	26
个人患病或受伤	53	改变生活条件	25
新婚	50	改变个人习惯	24
失业	45	与上司不和睦	23
分居夫妻恢复同居	45	改变上班时间或环境	20
退休	44	搬家	20
家庭中有人生病	40	转学	20
怀孕	40	改变休闲方式	19
性关系实现困难	39	改变宗教活动	19
家庭添进人口	39	改变社会活动	18
失业重新整顿	39	借债少于万元	17
财务状况改变	38	改变睡眠习惯	16
亲友亡故	37	家庭成员团聚	15
改变行业	36	改变饮食习惯	15
夫妻争吵加剧	35	度假	13
借债超过万元	31	过圣诞节(新年)	12
负债未还,抵押被没收	30	一些未涉诉讼事件	11
改变工作职位	29	……	…

资料来源:Holmes,Rahe,1967.

二、高级社会情感

情感状态是与人的社会性需要相联系的主观体验,反映了人的社会关系和生活状况,是人类特有的心理现象。人类高级的社会性情感可以分为道德感、理智感、美感和热情。

(一) 道德感

道德感是个体根据一定的社会道德规范和标准,评价自己和他人的思想、意图及行为时产生的内心体验。当自己或他人的言论和行为符合社会道德规范和标准,就会产生肯定性情感体验,如自豪、幸福、敬佩、欣慰、热爱等;否则就会产生否定性情感体验,如不安、羞愧、内疚、憎恨、厌恶等。

道德感内涵丰富。按其内容分为自尊感、荣誉感、义务感、责任感、友谊感、民族自豪感、集体主义、爱国主义、人道主义、国际主义等情感。按道德感的表现形式可分为以下三种:

1. 直觉的道德感体验

直觉的道德感体验由对某种情境的直觉感知引起,具有迅速而突然的特点,对道德行为具有迅速定向的作用。例如,突如其来的自尊感激起某人的果断行为;突然产生的不安和内疚感阻止了某人不符合道德的行为等。直觉的道德感往往对道德行为准则的意识不明显,缺乏自觉的性质,主要是与个体的过去经验有关。

2. 形象的道德感体验

形象的道德感体验是通过联想某种具有道德意义的人或事物的形象而产生的情感体验,这种现象作为社会道德标准的化身而产生,可以使人更好地认识道德要求及其深刻的社会意义,积累个人的道德经验。同时,这种形象生动、具体,经常给人强烈的感染,成为产生道德行为的强大动力。青少年期的情感更容易与具体形象相联系,容易被英雄人物的优秀品质和事迹感染和激励,从而产生道德感。

3. 伦理的道德感体验

伦理的道德感体验是以清楚地意识到道德观念、道德伦理为中介的情感体验,它具有较大的自觉性和概括性,以及一定的道德理论水平。例如,按照理想产生符合道德标准的行为而产生的自豪感和自尊心等,但它仍然以直觉的道德体验和形象的道德感为基础。

道德感具有社会性、历史性,是品德心理结构的重要组成部分,并与道德认知、道德行为紧密联系在一起,对个体的活动产生巨大的推动、控制和调节作用,是重要的自我监督力量之一。

(二) 理智感

理智感是个体在对客观事物认知活动所得成就评价过程中产生的情感体验,主要表现在智力活动中的感受。例如,探求事物的好奇心、渴望理解的求知欲、解决问题的质疑感、取得成就时的自豪感、对科学结论的确信感等都属于理智感。

理智感是个体在认知活动过程中产生和发展起来的,对个体学习知识、认识事物的发展规律和探求真理的活动,摒弃偏见、解放思想等具有积极的推动作用。理智感在人类中表现出共性,但仍受到社会道德观念和个人世界观的影响。因此,它是个体良好精神境界的体现,是追求真理的精神力量,是人们社会实践活动和科学研究的推动力量。理智感发挥如何还与个体已有的知识经验水平有关,反映了个体鲜明的立场和观点以及世界观与理想的追求。

(三)美感

美感是个体根据审美标准评价事物时的主观感受和获得理解的精神愉悦的体验。美感包括自然美感、社会美感和艺术美感三种。游览山水风光、大海波涛、夕阳晚霞等产生的美感属于自然美感;目睹见义勇为、淳朴诚实、谦虚坦率等行为和品质时产生的美感属于社会美感;欣赏艺术绘画、音乐舞蹈、戏剧魔术时产生的美感属于艺术美感。

从内心体验角度分析,美感具有两个明显的特点:

(1)美感是一种愉悦的体验。自然界的美景使人心旷神怡,高尚的行为会使人在敬佩中享受美的愉悦,喜剧艺术使人在笑声中享受美的快乐,悲剧艺术使人在同情、赞叹中得到慷慨悲壮的美的感受。

(2)美感是一种带有好恶倾向的主观体验。美感表现了一个人对于美好事物的肯定和对丑恶事物的反感,以及对完美再现事物的美或丑的赞叹。

美感与道德感关系密切。无论是客观现实本身还是其在艺术作品上的反映,在它们激起个体美感的情感体验时,也往往会激起一定的道德情感。美感除了受被感受事物的性质、特点以及刺激的强度影响外,还受到社会环境制约,为人的社会生活所决定,在历史发展的不同阶段,在审美标准上存在着巨大差异。同时,在同一个社会的不同阶层,对美的标准和体验也存在着明显差异。

(四)热情

热情是个体是对人、事、物等肯定、强烈、稳固而深厚的情感体验。例如,对祖国、对人民的热爱、科学家对研究对象的执着、人们投入大自然怀抱的感受等都属于热情。

热情是一种高级情感,其中含有意志成分,对人的思想和行动具有巨大的推动作用,并在较长时间内决定着一个人的思想和行动的方向。具有热情的人,其生活丰富多彩,并始终坚持自己所追求的对象,具有旺盛的精力和百折不挠的毅力。

热情具有积极性特征。积极的热情与个体目标的指向性密切相关,其社会价值取决于它指向的活动对象以及目标的社会意义。正如巴甫洛夫所说:"科学是需要人的高度紧张性和很大的热情的。"

第五节 情绪与心理健康

一、不良情绪的调控

在负面情绪状态下,有机体处于一种应激状态,会产生一系列生理反应,例如,腺体和神经递质的活动使有机体紧急动员起来,肌肉紧张,血压、心率、呼吸都会发生变化。这些变化有助于个体适应环境的变化,以维系个体的生存与发展。但是,长期的应激状态会击溃人体的生物化学机制,损伤人体的内脏器官,抵抗力就会下降,最终会导致身心疾病的发生。因此,应该要用理智的力量控制自己的情绪,用适当的方法来转移和调整自己的情绪,这对保持身心健康十分重要。怎样调节和控制负面情绪?一般要做到以下几个方面:

(一) 觉知自己的情绪状态

在处于情绪状态时,主动地认识到"我正在大动肝火""我很焦虑""我很伤心"等负面情绪,此时对自我状态暂时不作反应也不加评价,只是意识到自己的情绪起伏状态,这样就提供了一个选择和处理负面情绪的空间,或是约束、控制自己的情绪,或是任由情绪宣泄。只有在认识到自己的情绪处于什么状态时,大脑才有可能发出控制的指令,及时调控自己的行为。

(二) 转移注意力

当认识到自己正处于激动的情绪状态时,就要有意识地转移注意力,以使它不至于爆发和难以控制。例如,转移话题,或者做点别的事情,改变注意焦点,从而分散注意力。做一些平时最感兴趣的事,这是使人从消极、负面情绪中解脱出来的好办法。在苦闷、烦恼时,不要再去想引起苦闷、烦恼的事,而是去游戏、打球、绘画、下棋、听音乐、看电视、读小说、阅读报纸等,或者多回忆自己感到最幸福、最高兴的事,从而把消极的负面情绪转移到积极情绪上去,冲淡以至忘却烦恼,使情绪逐步好转。

(三) 合理地发泄情绪

学会合理地发泄消极和负面情绪,是排解不良情绪的有效方法。具体的方法如下:

1. 在适当的场合哭泣

哭是一种有效解除紧张、烦恼和痛苦情绪的方法,尤其是对突如其来的打击造成的高度紧张和极度痛苦,哭可以起到缓解作用,因此有人提出"为健康而哭",认为人在悲伤时不哭是有害健康的。哭虽然会扰乱人体正常的生理功能,使人心跳、呼吸变得不规律,但对人有益的一面是它能宣泄悲痛,释放不良情绪。此外,人在不良状态下产生的眼泪中含有一种"毒素",排除后有益于身体健康。

2. 向他人倾诉

有了不良或负面情绪,可以向老师、父母、亲朋好友和心理咨询师倾诉,也可以和自己最亲近的人谈心,诉说委屈,发发牢骚,以此来消除心中的不良情绪感受。

3. 进行比较剧烈的运动

人在情绪低落时,往往不爱活动,越不活动,情绪越低落,形成恶性循环。事实证明,情绪状态会改变身体活动,身体活动则可以改变人的情绪状态。例如,改变走路的姿势,昂首挺胸,加大步幅,加大双手摆动的幅度;或者通过跑步、干体力活等比较剧烈的活动,把体内积聚的能量释放出来,使郁积的怒气和其他不愉快的情绪得到宣泄,从而改变消极的负面情绪状态。

4. 放声歌唱或放声喊叫

雄壮的歌曲可以振奋精神,放声歌唱可以提高士气。在憋闷时,找个适当的场合放声喊叫,可以把心中郁积的不良"能量"释放出来,也能解除心中的烦闷。

(四) 主动用语言控制调节情绪

言语是人类特有的高级心理活动,语言暗示对人的心理乃至行为具有有效的作用。当不良或负面情绪要爆发或感到心中非常压抑的时候,可以通过语言的暗示作用来调整和放松心理上的紧张,使不良情绪得到缓解。

二、健康情绪的培养

健康情绪的培养对于提高个体的心理素质具有重要意义,健康情绪的培养与教育已经成为当代教育的重要内容之一。要构建完整的健康的情绪教育体系,培养个体自我调控负面情绪的能力,就必须重视学校、家庭以及各方面的影响,努力实施健康的情绪教育与培养。[①]

(一) 学校的健康情绪教育

健康情绪教育与培养应该成为学校教育的重要组成部分。在学校健康情绪教育方面,要以自我训练为主。自我训练主要涉及个人在人际互动中的情绪感受和体验。与自我训练相关的还有诸如"社会性发展""人生与交往技能"社会与情绪调控"以及"个人情绪智能"等方面的教育与培训,教育学生如何识别他人的情绪感受,自身的情绪体验以及对自己内在情绪状态的调节和控制。

在推行健康情绪教育时,教师要充分认识到提高学生健康情绪的重要意义,把健康情绪教育与培养纳入自己的教育教学领域和过程中,有意识地加强教学活动中的健康情绪教育与培养的内容,以提高学生的健康情绪状态水平。

(二) 家庭的早期健康情绪教育

成功的健康情绪教育与培养需要家庭成员的积极参与,特别是要紧密配合儿童的成长阶段进行。健康情绪教育开始于家庭中父母与孩子之间的良好互动。在儿童早期,父母应该帮助儿童识别情绪状态并给情绪感受贴上积极的或消极的"标签",教导儿童学会尊重自身的情绪感受和体验,帮助孩子将情绪感受与周围情境相互联系起来。家长要特别注重培养儿童的移情能力以及延迟满足自己需要的能力,这些对个体健康情绪的形成和发展具有重要意义。

---

① 杨治良.简明心理学辞典[M].上海:上海辞书出版社,2007.

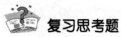 **复习思考题**

1. 描述情绪和情感的联系。
2. 阐述沙赫特和辛格的情绪三因素理论。
3. 情绪的状态分为哪三种？分别解释其含义。
4. 激情的特点有哪些？
5. 高级的社会情感有哪些？
6. 结合自身情况，谈谈如何调控不良情绪。

第八章 意 志

在日常生活中,是什么力量调节、支配人的心理活动与行为方式,从而去实现预定的目标?在困难和挫折面前,又是什么力量推动人们继续工作和学习?在看完《钢铁是怎样炼成的》以后,你一定会赞叹男主人公所具有的钢铁般的意志,并从中认识到,做任何事情,只有具备坚强的意志力,才能实现自己所确定的预定目标。

意志行动的基本特性与克服困难相联系。目的的确立与实现并不会一帆风顺,人们通常总会遇到艰难险阻。如爱迪生发明电灯的过程曾碰到过很多困难,仅实验用的灯丝材料就选用过1600种。一个人在实践活动中能够克服的困难愈大,表明这个人的意志愈坚强;反之,如果不愿意去克服困难,往往就说明这个人的意志薄弱。因此,在实践活动中克服困难的状况,就成了衡量人意志强弱的主要标志。

主要学习目标:深入理解意志的概念,掌握意志与认识、情绪和情感之间的相互关系及熟悉意志行动的基本阶段以及相关理论,掌握意志的品质及其在个人成长和发展中的作用,并学会如何培养和提升意志品质。

第一节 意志概述

一、意志的概念

(一) 什么是意志

意志是指一个人自觉地确定目的,并根据目的来支配和调节自己的行动,克服种种困难以实现预定目的的心理过程。[①]

意志的研究源于早期意志心理学,可以追溯到亚里士多德时代。亚里士多德有关"自由意志"的观点是心理学和神学领域的突出主题,为达到预期目标所付出的"自愿"或"有意努力"是其研究的核心。

意志是人类特有的心理现象,是人的意识能动性的集中表现。有无意志是人和动物最

---

① 彭聃龄.普通心理学[M].北京:北京师范大学出版社,1988.

本质的区别之一。世界上所有动物中,只有人能够在自己从事活动之前,将活动结果作为活动目的存储在脑中,并以此来指导自己的行动。动物虽然也能够作用于环境,但是,有些看似"有目的"的动物行为,并不是自觉的意识能动性的表现。"如果说动物不断地影响它周围的环境,那么,这也是无意地发生的,而且对于动物本身来说是偶然的事情。但是,人离开动物愈远,他们对自然界的作用就愈带有经过思考的、有计划的、向着一定的和事先知道的目标前进的特征。""一切动物的一切有计划的行动,都不能在自然界上打下它们的意志的印记。这一点只有人才能做到。"可见,动物作为自然界的一部分,以自身的活动适应周围环境,动物的活动虽然也改变环境,但是它在自然界并没有留下意志的痕迹,而人类则通过自觉的活动来改造自然,在同自然界进行物质和能量的交换中留下人类意志的烙印。因此,只有人类才能预先确定一定的目的,有组织地去逐渐实现这一目的,即人类是通过意志,通过内部的意识事实向外部动作的转化,达到认识世界和改造世界的目的(图8-1)。

图 8-1 越王勾践卧薪尝胆

(二) 意志行动的概念

由意志支配的行动称为意志行动,它表现为人有目的、有计划地认识世界和改造世界的心理特性。意志与意志行动相互作用、紧密联系。人的意志是人的主观活动,它体现在人的意志行动之中,没有意志就不会有意志行动,意志行动是意志活动的外显表现。

意志行动表现为意识对人的行为的调节与控制方面。人的目的性是主观的,目的与愿望要成为现实就必须付诸实施。如果说人的认知活动是外部刺激向内部意识转化的内化过程,那么,意志行动就是人的内部意识向外部行动转化的外化过程。意志对行动的调节主要体现在对行为的发动和制止两个方面。发动行为是指在意志作用下,推动个体去从事达到目的和愿望的行动。制止行为是指在意志作用下,阻止与个体的目的和愿望不相关的行动产生。发动和制止两方面的作用,在实际生活中相互联系。心理学的研究表明,意志行动对人的学习、工作、身心健康和优良人格特质的形成与发展都具有十分重要的影响。[①]

人的意志行动体现在以下四个方面：

1. 意志行动的目的性和计划性

人在认识事物时，总是根据实践的需要，带有一定主观倾向和要求，抱有一定目的和动机，确定一定计划和步骤，体现出人的意志的目的性和计划性。

2. 意志行动的主动性和创造性

人对客观事物的反应是积极的，即主动地根据实际需要去认识世界和改造世界。人不仅能够反映客观事物的外部属性和现象，也能够由感性认识上升到理性认识，揭露客观事物的本质特征和规律。同时，人不仅能够从实践中形成正确的思想，更重要的是能够以正确的思想和理论为指导，通过实践活动把观念的东西变成现实，在自然界打上人类意志的烙印（图8-2）。

图 8-2　意志行动的主动性和创造性

3. 意志行动的前进性

人的意志行动是不断向前发展、不断前进的，永远不会只停留在某个水平。人的意志随着实践的发展而发展，在不断地追求中丰富和提高，在不断摆脱对客观事物及其规律的知之不多和知之不全的状态中，摆脱旧的思想、旧的观念的束缚，使自身的意志行动提高到一个新的阶段，并在实践活动中发挥出前所未有的作用。

4. 意志行动必须符合客观规律

人的意志行动表现为以个体自觉的目的支配和调节行为。然而，有了预定目的，通过个体的行动并不一定能够实现。人的预定目的是否能够实现，关键是看人的认识活动是否符合客观事物发展的规律。如果人能够根据事物发展的规律确定自己的行动目的、制定计划、实施方案，那么这个目标就能够实现；否则，不管个体如何努力也不会取得成功。因此，可以

[①] 林崇德.心理学大辞典[M].上海：上海教育出版社，2004：1556.

看出,人的意志是自由的,但又是不自由的。说它自由,是因为在一定条件下,人可以按照自己的意愿自主地选择和确定目的,发动或制止行为,采取相应的行动方式或步骤。说它不自由,是因为人的一切愿望、目的和行动都必须符合客观事物发展的规律,否则就会失败。因此,意志行动的自由是相对的、有条件的。一个人掌握的科学知识越多,越善于利用客观规律,对事物的认识与改造就越主动。同时,个体的知识和经验的获得又必须依赖人的意志努力,依赖自身的勤奋和刻苦以及克服各种困难和障碍的意志行动。

(三)意志行动的特征

意志是通过行动表现出来的,意志行动是人类特有的行为,但并不是所有的人类行为都是意志行为。意志行动具有以下三个基本特征:①

1. 自觉的目的性是意志行动的前提

意志行动的目的性是人与动物的本质区别。自觉的目的性是人的意志行动的前提。一个人在活动之前,总是先经过自己的深思熟虑,对行动的目的有了充分认识,并且把活动的结果存储在头脑中之后才去采取行动。在活动过程中,方法的选择、步骤的安排等始终从属于自己确立的目标,然后以目标来评价自己活动的结果。如果一个人没有自觉的目的,也就没有意志可言,更不会产生意志行动,即失去了能动地认识事物和改造事物的基本前提。

人的活动和行为始终是在个体自觉目的的意志支配下进行的,确立的目的水平高低与人的意志行动的效应大小直接有关。在崇高理想支持下确立的目标,能够有效地调节自己的行为,并在实现目的的过程中,表现出积极、顽强、进取的精神,其行为结果就会产生较大的社会价值(图8-3)。②

图8-3 岳母刺字:树立崇高的远大理想

---

① 郝唯茂.浅议意志与成就[J].贵州民族学院学报,2003(4):124-125.
② 王波,李惠雅.恩格斯的心理学思想及其时代价值[N].中国社会科学报,2021-07-08(005).

2. 随意运动是意志行动的基础,意志行动表现在人的随意运动中

人的动作可分为不随意的和随意的两类。不随意运动是指那些不受意识支配的、不由自主产生的动作,主要有四种形式:一是本能动作,即无条件反射下产生的动作,如防御本能、摄食本能、性本能、哺乳本能等;二是无意识状况产生的动作,即自动化了的动作,如人说话时的发声动作、喝水时的肌肉和骨骼相结合的动作;三是习惯性动作,即一种与个体某种需要相联系而产生的自动化动作,如饭前便后要洗手等;四是冲动性行为,即没有经过深思熟虑,对于行动目的也没有明确的意识,不考虑后果,缺乏自觉控制的行为动作。冲动性行为一般是在激情状况下发生的。

随意运动是指由人的意识调节和控制下,具有一定目的要求和目的指向性的动作,例如长跑、写字、操纵劳动工具等。随意运动是在不随意运动的基础上,通过有目的的练习而形成的条件反射,其主要特征是受人的意识的调节和控制,具有明确的目的性。随意运动是意志行动的基础,若没有随意运动,意志行动就不可能产生,其目的也不可能实现。

3. 克服困难是意志行动的核心

虽然有行动目的,也以随意运动作为基础,但是,除此之外意志行动还与克服困难相联系。例如,行走对于正常人来说轻而易举,但对久卧病床正在康复的病人来说,每走一步都需要克服很多困难,这时,行走这种随意运动就由意志的参与变为人的意志行动。在现实生活中,有许多行为并不是意志行为,如饭后散步、闲时聊天、观鱼赏花等由于没有明显困难,一般都不认为它们是意志行为。只有那些与克服困难相联系而产生的意志行动,才是意志行为的重要特征。因此,一个人的意志坚强水平,往往是以克服困难的性质、对待困难的态度和努力程度来加以衡量的(图8-4)。

图8-4 克服困难抵达终点

意志行动作为有自觉目的的行动,在目的确立和实现的过程中会遇到各种各样的困难,如内部困难和外部困难。内部困难是指来自个体本身、干扰目的的确定与现实的生理和心理方面的障碍,例如,身体的健康状况、知识经验水平、能力智慧状况、人格特征等。外部困难

是指来自个体外部客观条件、阻碍自己目的确定与实现的种种障碍,例如,恶劣的环境、他人的嘲讽打击、政治经济文化方面的落后等。一个人只有在克服各种困难障碍的过程中才能表现出意志力水平,因此克服内部和外部困难是意志行动的核心,是意志行动最重要的特征。

二、意志与认识、情绪和情感关系

意志与认知、情绪和情感是统一的心理过程的不同方面,它们之间存在紧密联系。[①]

(一)意志过程与认知过程的相互关系

意志过程与认知过程具有密切关系。

意志过程是以认知过程为前提的,离开了人的认知过程,意志过程就不可能产生。自觉的目的性是意志行动的基本特征之一,人的任何目的都不是凭空产生的,都是在认知活动的基础上形成的。目的虽然是主观的,但它们却来源于人对客观事物的认识的结果。人在选择目的和采取方法和步骤的过程中,审时度势,分析主客观条件,回忆过去的经验,设想未来的结果,拟订方案和制定计划,对这一切进行的反复权衡和斟酌等,都必须通过感知、记忆、思维、想象等认知过程才能实现。因此,只有认识了客观规律和人类需要之间的关系,才可能提出切合实际的目的,才能以一定的方式和方法实现目的。

意志过程对认知过程也有很大影响。没有人的意志努力,就不可能有认知过程,更不可能使认知活动过程深入和持久。因为在认知活动过程中,人总会遇到这样或那样的困难,要克服困难,就需要作出意志努力。例如,观察的组织、有意注意的维持、追忆的进行、解决问题时思维活动的展开以及想象的形象化进程等,都离不开人的意志的参与(图 8-5)。可见,如果没有意志,就不会有认知活动,更不可能进行有效的社会实践活动。

图 8-5 解决问题也需要意志的参与

---

① 臧志远.《选定立场:心理学话题的对立观点》(第八章)翻译报告[D].郑州:河南大学,2019.

(二) 意志过程与情绪和情感过程的相互关系

意志过程与情绪和情感也存在着密切关系。

(1) 情绪和情感既可以成为意志行动的动力，也可以成为意志行动的阻力。当某种情绪和情感对人的活动起推动作用的时候，它就会成为意志行动的动力。例如，积极的心境对学习或工作具有促进作用（图8-6），社会责任感会促使个体努力学习、辛勤劳动。当某种情绪和情感对人的活动起阻碍作用的时候，它就会成为意志行动的阻力。例如，消极的心境就会影响人的学习和工作状态，高度焦虑的情绪会妨碍个体意志行动的执行，动摇乃至削弱人的意志，阻碍预定目标的实现。

图8-6　积极的心境会有效促进学习

(2) 意志能够控制情绪，使情绪服从人的理智。个体在工作或学习中面对困难而产生的消极情绪，可以通过自己的意志加以调节和控制，从而使自己的意志行动服从理智的要求。例如，人既能够调节和控制由于失败或挫折带来的痛苦和愤怒的情绪，也能够控制和调节由于胜利带来的狂喜和激动，当然这取决于一个人意志力水平的高低。

总之，人的认知过程、情绪情感过程和意志过程是密切联系、相互影响的。意志过程要以一定的认知和情感为依据。认知为意志确定目的，调节行动，情感则激励其行动。反过来，意志又推动认知，并控制情绪。在实践活动中，这三种心理过程总是彼此渗透而构成统一的心理活动。

第二节　意志行动基本阶段

意志行动是人的积极性的体现，是意志对人的行为的调节和控制过程，它有发生、发展和完成的阶段。意志行动过程分为采取决定阶段和执行决定阶段。

一、采取决定阶段

采取决定是意志行动的开始阶段，它决定意志行动的方向和部署，是意志行动的开始阶段。这个阶段包括动机斗争、确定行动目的、选择行动方式和制定行动计划等环节。

（一）动机斗争

人的行动由一定动机引起并指向一定的目的。动机是激发人的活动的内部动力。意志行动中的动机斗争是指动机之间相互矛盾时对各种动机权衡轻重，评定其社会价值以及排除内部障碍的过程。动机由需要产生，由于人的需要具有多样性，因此个体行动背后的动机往往是纷繁复杂的，不同的动机经常同时存在，却不可能同时获得满足，这样就会导致动机之间的矛盾与冲突，有时甚至是非常尖锐的矛盾冲突而导致激烈的动机斗争。[①]

动机斗争是个体在确定目的时对自己各种动机进行价值权衡并作出选择的过程。动机斗争的形式主要有以下四种：

1. 双趋冲突

双趋冲突又称为接近-接近型冲突，是指个体必须对同时出现的两个具有同等吸引力的

图8-7　双趋冲突

目标进行选择时产生的难以取舍的心理冲突，即"鱼，我所欲也；熊掌，亦我所欲也"，但两者不可兼得时的内心冲突（图8-7）。例如，既想看电影又想踢足球就是一种双趋冲突。要解决这种冲突，并不难解决，只要稍许调整一下动机，冲突便会消除。但是，如果遇到与自己的利益得失重大的冲突时，个体就会出现特别难取舍以及犹豫不决的矛盾心理。另外，当个体在作出选择决定之后，满足了的动机强度会降低而尚未满足的动机强度则会提高，这就是日常生活中经常看到的现象，即得不到的或已经失去的东西要比获得的更可贵，在这种情况下，一个人的心理活动会暂时得不到安

[①] 罗绮.心理学知识的追寻与自我整合[D].武汉：华中师范大学，2019.

静与平衡。

2. 双避冲突

双避冲突又称为回避-回避型冲突，是指个体必须对同时出现的两个具有同样强度的负面目标进行选择时产生的心理冲突，这实际上是一种"左右为难"、"进退维谷"式的因选择困难而使人困扰不安的心理冲突(图 8-8)。例如，孩子得了龋齿感到痛苦，但又不肯就医，因为怕治疗时带来的难受，此时牙痛和治疗都想回避。又如有的学生不喜欢读书，但又怕父母责备和老师批评，读书和受责备批评都想回避。

图 8-8 双避冲突

双避冲突会出现两种状况：第一种是犹豫不决或优柔寡断，这是因为当个体的选择移向其中一个目标时，这一目标的威胁性便增强，将个体推向另一目标，于是另一目标的威胁又会增强，这样就会陷入左右为难的动机冲突，使个体产生焦虑。第二种是逃避或拒绝选择。逃避可以是离开冲突的实际情境，或在思想上逃避，如做白日梦。拒绝往往是在个体感受到一种无能为力的心理崩溃时发生的。这时的心理冲突对个体的心理健康影响很大，缓解或化解的关键是找到其他出路或出现其他因素，即"两害相权，取其轻者"，选择回避程度较轻的目标。双避冲突动机斗争的解决，既要依赖对所处情境的分析，也要依赖个体的价值观和道德规范。

3. 趋避冲突

趋避冲突又称为接近-回避型冲突，是指个体对同一目标既想接近又想回避的两种相互矛盾的动机而引起的心理冲突。趋避冲突在日常生活中经常出现，一个人对同一个目的同时产生两种对立的动机，好而趋之，恶而避之。例如，某人喜欢甜食，但怕吃多会胖；某人在遇到麻烦时想求人帮助，但又怕遭到拒绝；某人生病，想快些痊愈，但又怕打针。当一个人同时具有求得成功和回避失败的动机时，实际上也存在着一定程度的趋避冲突。趋避冲突在心理上引起的困惑比较严重，因为它会使人在较长时间内一直处于对立意向的矛盾状态中，并可能导致行动不断失误(图 8-9)。

趋避冲突的产生是因为人生中的许多目标对人既有吸引力，又往往要求付出一定努力和代价。一般来说，当陷入这种心理冲突的个体在远离目标的时候，趋近目标的倾向性往往

图 8-9 趋避冲突

要比避开目标的倾向大,而当个体随着目标的接近,避开目标的倾向便会急剧增强,以至超过趋近的倾向,使个体放弃对该目标的追求。

4. 多重趋避冲突

多重趋避冲突又称为多重接近-回避型冲突,是指由于面对两个以上或多个既对个体具有吸引力又遭个体排斥的目标或情境而引起的心理冲突。例如,一个人想跳槽到新的工作单位,因为新单位有较高的经济收入和优厚的福利条件,只是工作性质和人际关系不大容易适应。如果继续留在原单位工作,有习惯的工作环境,人际关系也较好,但经济收入和福利待遇较差些。这种对利弊得失进行的考虑会产生多重趋避冲突(图 8-10)。一般来说,如果几种目标的吸引力和排斥力相距较大时,解决这种内心冲突就比较容易;如果几种目标的吸引力和排斥力比较接近,解决这种内心冲突就比较困难,需要用较长时间来考虑得失、权衡利弊。

图 8-10 多重趋避冲突

（二）确定行动目的

确定目的在意志行动中非常重要。是否能够通过动机冲突斗争正确地树立行动目的，体现了一个人的意志力水平的高低。动机之间的矛盾越大，斗争越激烈，确定目的时需要的意志努力也越大。意志的力量表现在正确的处理动机斗争，选择正确动机，确定正确的目标。[①]

目的是意志行动要达到的目标和结果。目的越明确、越高尚、越具有社会价值，则由这个目的引起的毅力也就越大，越能体现出人的意志水平。相反，一个没有明确目的而盲目行动的人，往往会患得患失，斤斤计较，因此便无成就可言。但是，目的的确立并不是件容易的事情。通常，一个人在行动之前往往会有几个彼此不同甚至相互抵触的目的，因此需要对其进行权衡比较，根据目的的意义、价值、客观条件和自身特点最终确定一个目的。一般来说，有一定难度、需要花费一定意志努力后可以达到的目的，往往是比较适宜的。一旦这个目的得以实现，就可以带来心理上的满足感和成就感，并能够弥补由于在目的确定时发生的内心冲突所带来的损害，更好地为实现下一个目的做好准备。如果有几种目的都很适宜和诱人，就可能会发生内心冲突或动机斗争，难以下决心作出抉择，这就需要合理安排，即先实现主要的、近期的目的，后实现次要的、远期的目的；或者相反，先实现次要目的，创造条件，再集中力量实现主要的目的（图 8-11）。

图 8-11　确定行动目的

动机斗争和确定目的是两个既相区别又有联系的过程。在选择和确定目的之前，往往要经过激烈的动机斗争，克服心理矛盾与冲突。相反，在目的的确定的过程中也会进一步引起动机斗争，随后逐步趋于统一。要正确地确定目的，就必须排除各种内外部干扰，为此需要

---

① 莫传玉.弗拉基米尔·纳博科夫文学心理学思想研究[D].上海：华东师范大学，2019.

以正确的动机为基础,面对现实而深思熟虑和权衡利弊,通过仔细分析,评价所追求目标的重要性,通过自己的意志努力,增强自信并果断作出决定,从而选择并决策行动目的,同时注意信息的反馈,以便能够有效地修正行动,使目的顺利达到。

(三) 选择行动方式方法

个体经过动机斗争、确定目的之后,就要解决如何实现目的,即解决怎样做,怎样实现目标的问题,就需要根据主客观条件来选择达到目的的方式和方法。

选择行动方式和策略过程,一般要满足两方面的要求:为实现预定目的的行为设计是合理的;这种方式方法符合客观事物的规律和社会准则要求。只有把这两个方面有机结合起来,才能顺利地实现预定目的。另外,在实现所作决定的过程中,不可避免地会遇到许多困难,因此克服内心冲突、干扰以及外部遇到的障碍而实现行动目的,是意志行动的关键环节。个体即使有了美好的行动目的和高尚的动机,拟定的计划再完善周全,但如果不去付诸实施,一切仍是空中楼阁,仍只是个人脑中的主观愿望而已,这时就需要人的意志努力的积极参与。

在大多数情况下,为实现预定目的可供个体选择的方式往往复杂多样,各种方法的效果和意义也不尽相同。这时,为使意志行动达到事半功倍的效果,在全面分析的基础上选择最有效、最经济、最优化的方法就显得尤为重要。

个体在选择方式方法时,应根据客观规律、实际条件、道德规范等,从全局出发,全面衡量。虽然有的方式方法对于达到目的来说是有效的,但是它为社会道德规范所不容许,具有高尚品德的人是不会选择这类方式方法的。另外,选择方式方法时还要有胆识,能当机立断。

(四) 制订行动计划

这一环节主要指个体根据已确定的行动目的和已选择的方式方法,制订行动的具体计划,包括行动的程序。制订计划时,要注意广泛收集各种信息,全面了解情况,进行深入细致的调查研究,在此基础上认真分析,抓住重点,突出矛盾,制订出切实可行的行动计划。方式方法选择和行动计划制订不仅受动机和目的影响,还与个人的知识经验以及能否掌握客观事物的发展规律密切相关。

经过动机斗争、确定行动目的、选择行动的方式方法、制订行动计划后,意志行动就从准备阶段过渡到执行决定阶段(图8-12)。

二、执行决定阶段

执行决定,就是将准备阶段作出的决定付诸实施,是意志行动的关键环节和完成阶段。同时,由于执行决定过程是从"头脑中的行动"过渡到实际行动,它需要克服更多的内外部困难,因而更能体现出一个人的意志力水平。

执行决定阶段主要包括以下两个方面:

图 8-12　制订行动计划

（一）根据既定方案积极组织行动，实现预定目的

选择行动方法和策略是在目的确定之后由实现目的的愿望推动的。它是一个人根据欲达目的的外部条件和内部规律，适当地设计自己行动的过程。这个过程既能反映一个人的经验、认知水平和智力，又能反映出一个人的意志力水平。例如，简单的意志行动，行动目的一经确定，方式方法很快就可拟定。复杂的意志行动，如果有较长远的目的，就要选择行动方法和策略，其间会遇到各种阻力和困难，如能选择出合理的行动模式，就能促使目的顺利实现，如选择不当，就有可能导致意志行动的失败。

（二）克服困难或障碍，实现所作出的决定

克服困难实现所作出的决定是意志行动的关键环节，因为即使有美好的愿望、行动目的和高尚动机、完善的计划，如果不去付诸实际行动，所有的一切仍然是空中楼阁，仍然是人们脑中的主观愿望。因此，人的意志品质也正是在克服困难的过程中体现出来。

人在实现所作决定时的最大特点是在行动过程中会遇到这样或那样的困难或障碍，克服困难和障碍就需要意志的努力。意志表现在克服内心的冲突、干扰以及外部的各种障碍上，如要在实现所作决定中承受巨大体力和智力上的负担，并要克服自己原有的知识经验以及内心冲突对执行决定产生的干扰，当在意志行动中出现新情况、新问题与预定目的、计划和方法等发生矛盾的时候，就必须努力作出果断决断，同时根据意志行动中的反馈信息来修正自己原有的行动方案，放弃不符合实际情况的原有决定，以最终达到预定目标。

实现预定目标，标志着意志行动过程的顺利完成。但是，人的意志行动并不会就此结束。在新的需要、动机、愿望和追求目的的推动下，又会产生新的意志行动，以此往复不断向新的目标前进，这是一个人意志行动中极为重要的环节。

第三节 意志的品质与培养

一、意志的品质

意志品质是由个体意志行为特点构成的稳定的心理特性的总和。例如,在意志行动中,有人能独立地采取决定,有人则易受他人暗示;有人行动果断,有人处事优柔寡断等。

意志品质主要包括意志的自觉性、果断性、自制性和坚韧性,它们在人的意志行动中贯彻始终,反映了个体所具有的意志水平,是人格的重要组成部分,并直接影响个体的行为结果。[①]

(一) 意志品质的特性

1. 意志的自觉性

意志的自觉性是指个体在行动中具有明确的目的,能认识到行动的社会意义,并能够主动调节和支配自己的行动以服从社会要求的意志品质。

意志自觉性强的人具有坚定的立场和信仰,相信自己的目的是正确的,在行动中能够把自己的热情和力量投入行动之中,并力求使行动具有良好的社会价值(图 8-13)。同时,由于坚信行动目的是正确的,因此会千方百计地克服困难,充分发挥自己的主观能动性,绝不轻易放弃目的,在遭遇失败或挫折时,能够冷静地分析原因,正确作出评价并及时调整行动方案。意志自觉性品质不但表现在对行动目的的社会意义与社会价值的自觉认识上,也表现在坚决执行决定、实现预定目的的态度与自觉行动上。意志自觉性品质贯穿整个意志行动始终,是坚强意志力的支柱。

图 8-13 坚定的立场和信仰

---

① 莫传玉.弗拉基米尔·纳博科夫文学心理学思想研究[D].上海:华东师范大学,2019.

与意志自觉性相反的意志品质是受暗示性和独断性。受暗示性是指在行动过程中表现为缺乏主见,易受他人的影响并经常不加分析地接受他人的思想和行为,既容易动摇也会轻易地改变或放弃自己原先作出的决定,表现为"人云亦云,人行亦行"的盲目行动。独断性是指盲目地自主决定,一意孤行并一概拒绝他人的意见、规劝或建议。从表面上看,似乎是独立地采取决定、执行决定,实际上是缺乏意志自觉性品质的表现。这种人往往表现为坚持己见,以自己的意愿替代客观事物发展的规律,当客观环境发生变化时,不能对自己的目的、计划、决定与行动给予合理调节。受暗示性和独断性都是不良的意志品质。

2. 意志的果断性

果断性是指个体根据客观环境变化的状况,迅速而合理地作出决定,并实现所作决定的心理品质。具有果断性品质的人能够全面而深刻地考虑行动的目的,以及达到预定目的的计划与方法,虽然在处理某事情的时候会出现复杂的、剧烈的内心冲突,但在动机斗争过程中,能够沉着冷静,明辨是非,当机立断,及时作出决定。在不需要立即行动或在情况发生变化时,能够马上停止或改变已执行的决定。

意志果断性品质以意志自觉性品质为前提,并与个体的智慧的批判性和思维的敏捷性相联系(图8-14)。由于意志行动的目的明确,是非明辨,才能毫不踌躇采取坚决行动。但处在复杂情境中表现出来的高水平的果断性并不是每个人都会具有的,它必须以正确的认识为前提,以深思熟虑为条件。

与果断性相反的意志品质是优柔寡断和草率决定。优柔寡断是指在采取决定和执行决定时总是顾虑重重,犹豫不决,一直处于动机斗争状态而迟迟不作决定。这种人尽管考虑很多,但由于长期处于动摇不定之中,经常对自己决定的正确性存在怀疑,当要其必须作出抉择时,又会任意选择而无信心去完成,因此往往一事无成,甚至造成不可挽回的损失。草率决定是指对事情缺乏深思熟虑,不顾后果而草率行事。这种人尽管作出的决断迅速,却缺乏根据,有时是一时冲动,或者只是想尽快摆脱由此带来的不愉快心理状态,因此,经常导致失败结果。优柔寡断和草率决定都是不良的意志品质。

图8-14 培养自己的果断性

3. 意志的自制性

自制性是指个体善于根据预定目的或既定要求,自觉地调节和控制自己的心理活动和行为表现的意志品质,反映了意志对人的心理与行为的抑制功能。具有自制性意志品质的人,既善于调节和控制自己去执行所采取的决定,又善于抑制与活动目的相违背的心理活动与行为,其主要特征是情绪稳定、注意集中、记忆力强和思维敏捷。

与自制性相反的意志品质是任性和怯懦。任性的人表现为不善于约束自己的言论与行为,经常感情用事,为所欲为。怯懦的人则表现为胆小怕事、遇到困难时惊慌失措或畏缩不前。任性和怯懦都是不良的意志品质。

4. 意志的坚韧性

坚韧性是指在实现预定目的的行动中,坚持不懈并能在行动时保持充沛精力和毅力的意志品质。具有坚韧性意志品质的人,面对困难和挫折不屈不挠,善于从失败中总结经验教训,能够坚定不移地把已开始的行动进行到底,善于抵御不合目的的主客观诱因的干扰,做到目标专一,矢志不渝。坚韧性是人的重要的意志品质,一切有成就的人都能不屈不挠地向既定目标前进。

与坚韧性相反的意志品质是动摇性和顽固性。动摇性是指立志无常、见异思迁,尽管有行动目的,但是往往虎头蛇尾,遇到困难就动摇妥协而放弃对预定目的的追求。顽固性是指只承认自己的意见或论据,但当实践证明其行动是错误时仍固执己见,依旧我行我素、固执己见。动摇性和顽固性虽然表现形式不同,其实质都是不能正确对待行动过程中的困难,属于消极的意志品质。

二、意志的培养

(一)加强目的性教育,注意培养道德情感

人的意志行动是为了实现自己预定的目标,培养一个人的优良的意志品质,首先就是要树立正确而崇高的行动目的。只有具有崇高的目的、远大的理想,才会在行动中克服内部和外部的各种困难障碍。另外,要把远近目标有机地结合起来,既要看到近期目的是实现远大目的的一个具体步骤,也要看到具体行动的深远的社会意义。其次,要注意培养人的崇高的道德情感。道德情感在实现目的的意志行动中起着促进作用,即情感在意志的支配下,可以成为行动的动力促使人去克服困难和坚持实现目标。

(二)组织实践活动,以取得意志锻炼的直接经验

实现意志行动的决定是意志行动的关键,也是锻炼一个人意志品质的重要环节。意志是在克服困难中体现,并在克服困难的过程中提高的。一个人在实现所作决定的过程中,总会遇到来自内部和外部的困难或障碍,这是对意志品质的考验。因此,为了培养人的优良的意志品质,要组织好各项实践活动,使其能够在活动中实现意志行动,在实践活动中克服困难,并在其过程中取得直接经验。

在组织实践活动时,首先要明确活动的社会意义,要善于把具体的活动与远大目标有机地联系起来。其次,设立的每一个具体目标要恰当。若目的超出了人的能力或客观条件的许可,就会挫伤人的积极性,使人丧失自信心。但是,如果目标过于容易简单,不经过意志努力就能达到,也就起不到锻炼意志的作用。只有那些经过自己意志努力才能克服困难并实现目的的任务时,对意志的锻炼才会最大。最后,在完成活动并实现了预定目的以后,要及时进行总结,分析自己在实践活动中意志品质的实际表现,以取得直接的经验,它对意志品

质的提高也起着重要作用。

要在实践活动中不断加强意志的自我锻炼,才能形成优良的意志品质。首先,要善于自我评价。对自身意志行动的分析评价,能够使自己既看到意志品质上的优点,以增强自信心,又能够注意到自己身上的不足和弱点,以增强自我锻炼的决心,这样能明确自己努力的方向,起到自勉、自策和自励的作用。其次,要善于自我要求。在自我分析的基础上,根据社会要求每个人应具备的优良品质,对自己提出意志行动的具体化的要求。再次,要善于约束自己。优良的意志品质的培养离不开自我约束和自我克制,一个人除了要善于期望并实现目的,也要善于约束和克制影响目的的诱因和习惯,例如,严格遵守作息制度,如期完成工作和学习任务,养成良好的生活习惯等。最后,要善于自我督促、自我激励。一般来说,行动中的困难和内心冲突很容易引起人们的思想波动和行动上的摇摆,要调动内在的潜能来战胜外部困难。例如,用格言、名人名言、榜样人物的言行等来对照督促自己和激励自己,使自己优良的意志品质逐渐形成。

 复习思考题

1. 什么是意志行动?意志行动有哪些基本特征?
2. 意志行动的基本阶段有哪些?
3. 什么是双趋冲突?请举例说明。
4. 意志品质主要包含哪些方面?请举例说明。
5. 如何培养优良的意志品质?

第九章 需要和动机

心理学的研究表明,面对金钱,有人拾金不昧,有人铤而走险,这两种截然不同的行为,其直接动力来自其内在动机。因此,动机是激起或抑制个体去行动的愿望和意图,是引起行动的内部原因和推动力量。例如,在高考时经常发现,有的学生抱着一定要考取名牌大学的心情参加考试,结果适得其反,这是因为其动机水平过强而导致焦虑的负性情绪。人们所从事的丰富多彩的活动背后都存在着某种动机。那么,动机是怎样产生的?动机产生与发生作用的内驱力和诱因是什么?它们是如何共同作用的?

在人的心理倾向中,需要构成了心理倾向的基础,动机则在需要的基础上,构成了推动个体行动的动力。动机不仅推动了人的行动,而且对人的心理活动产生调节作用。

主要学习目标:掌握需要、动机的概念、分类及相关理论,理解其在实践中的运用;理解需要、动机与行为的关系,掌握运用动机原理提高学习效率和学习品质的方法。

第一节 需 要

一、需要的概念

需要是指人脑对生理需求和社会要求的反应,是个体内部的某种缺乏或不平衡状态,体现了个体在生存和发展过程中对客观事物与条件的依赖性,是个体活动的源泉。

人是生物机体和社会实体的统一,因此,在个体身上存在着多种需要,有些需要可能是为了生存和延续种族而成为个体活动的驱动力;有些需要则是劳动、人际交往等行为活动过程中维系个体的生存与发展所必需的,当这些客观性要求反映在人脑中,并引起个体内部某种缺乏和不平衡状态,即产生了某些(种)需要时,就会激发个体去行动,并促使个体在活动中不断产生新需要,引起新动机,激发创新行为。在人的一生中,需要的种类是不断发生变化的,有的需要不断增长,有的需要则日益减弱,甚至消退。需要的变化往往会成为人格变化与发展的内在原因。

需要是个体有机体内部生理上或心理上某种缺乏或不平衡状态。例如,血液中血糖成分下降会产生饥饿求食的需要;水分的缺乏则会产生口渴想喝水的需要;生命财产得不到保障会产生安全的需要;孤独会产生交往的需要,等等。一旦有机体内部的某种缺乏或不平衡状态消除了,即意味着个体的需要得到了满足,这时个体内部又会产生某种新的缺乏或不平衡状态,即产生新的需要。当个体需要某种东西时,便把缺乏的事物视为必需的东西。人既是生物有机体又是社会成员,个体为了生存与发展,必定对外部环境存在着一定的需求,例如,食物、衣服、房屋等,都是维持个体生存所必需的事物(图 9-1);人在劳动过程中结成的不同社会关系,以及人与人之间的交际活动等,都是维持人类社会生存和发展所必需的。因此,需要反映了个体生存与发展对于客观事物和条件的依赖性,即需要总是指向于那些能够满足自己需要的对象或条件,并从中获得满足。没有客观对象且不指向客观事物的需要是不存在的。

图 9-1　食物和水的需要

需要是个体行为活动积极性的源泉,常以意向、愿望、动机、抱负、兴趣、信念、价值观等形式表现出来,是人进行活动的内在驱力。人的各种活动,从衣食住行、学习劳动到创造发明,都是在需要的推动下产生和推动的。需要激发人朝着一定的方向去行动,促使人追求某些对象,以求得自身需要的满足。需要越强烈、越迫切,由它引起的活动动机就越强烈。同时,人的需要也是在活动中不断产生和发展的。当人通过活动使原有的需要得到满足时,人和周围环境的关系就发生了变化,于是又会产生新的需要。这样,需要推动着人去从事某种活动,在活动中需要不断地得到满足又不断地产生新的需要,从而使人的活动不断地向前发展。虽然动物和人类都有一些共同需要,如生物性需要,但是人类的需要和动物的需要存在着本质区别。人的需要对象与满足需要的方式,因为受到社会历史条件的制约,具有社会性,尤其是人所具有的意识能动性,能够调节和控制自己的某种需要。

需要是个体心理过程的内部动力。一个人为了满足自己的需要,必须对相关事物进行观察和思考,需要调节和控制个体认识过程的基本倾向。个体对某客观事物满足地体验,就会产生愉悦的情绪情感,否则,就会产生消极的否定的情绪情感。因此,人对某事物的认识和产生的情绪情感,都是以个体内在的需要为中介的。

二、需要的种类

心理学家按照不同标准,对人的需要进行分类。有学者把各种需要归属于两大类,例如,美国心理学家默里(Henry Alexander Murray,1893—1988)将需要分为基本需要和次级需要。基本需要又称为身体能量的需要,涉及生理的满足;次级需要又称为心理能量的需要,涉及精神或情绪的满足。德国心理学家勒温(K. Lewin)(图 9-2)将需要分为两种:需要和准需要。需要是客观的生理需要;准需要是在心理环境中对心理事件起实际影响的需要。他认为,在需要的强度上,存在着明显的个体差异。阿尔德弗尔(C. P. Alderfer)则把人的需要划分为三种基本需要:生存需要、关系需要和成长需要。生存需要是人最基本的需要,是一个人基本物质条件的满足;关系需要是维持人与人之间关系的需要;成长需要是人对自己发展的内在要求。他认为,人类的这三种需要是通过后天学习产生的,它们之间没有严格的界限,而是一个连续体。人本主义心理学家马斯洛(Abraham Harold Maslow,1908—1970)认为,需要的性质决定动机的性质,需要的强度决定动机的强度。但是,需要与动机之间并不是简单的对应关系,人的需要是多种多样的,但只有一种或几种动机成为行为活动的主要动机。他把人的需要划分为七大类,包括生理需要、安全需要、归属与爱的需要、尊重需要、认知需要、审美需要和自我实现的需要。[①]

图 9-2　美国心理学家库尔特·勒温

人的需要是一个多维度多层次的结构系统,因此,在以某个维度考察人的需要时,应注

---

① 申荷永.核心心理学[M].北京:中国人民大学出版社,2020.

意各种需要不是彼此孤立的,而是互相联系的。

(一) 生理需要和社会需要

生理需要是指与保存和维持有机体生存和延续种族相关的需要。例如,对饮食、水、空气、休息、排泄和性的需要。这些需要又称为生物性需要或原发性需要,动物也有这类需要。但是,人的生理需要具有社会性,与动物的生理需要有本质区别。人的需要相对于动物来说具有主观能动性,并且随着社会生产力的发展,人的生理需要具有不断提高质量的倾向。

社会需要是指由社会生活引起并受社会制约的高级需要。例如,劳动、交往、成就、奉献的需要等。社会需要区别于生理需要,表现为这样或那样的社会要求。当个体认识到这些社会要求对自己生存与发展的必要性时,就有可能转化为个人的社会需要。社会需要是后天习得的,源于人类的社会生活,属于人类社会历史的范畴,并随着社会生活条件的不同而有所不同。社会需要是个体生活所必需的,如果这些社会需要得不到满足,就会产生焦虑、痛苦等负性情绪。社会需要,如劳动需要、交往需要、成就需要等都与个体的生活息息相关(图 9-3)。

图 9-3　聚在一起看比赛更能让人开心吗?

(二) 物质需要和精神需要

物质需要是指个体对物质对象的需要,包括对衣、食、住、行等有关物品的需要,以及对工具和日常生活用品等的需要。物质需要是一种反映人的行为活动对于物质产品依赖的心理状态。因此,物质需要既包括生理需要,也包括社会需要。

精神需要是指个体对社会精神生活及其产品的需求,包括对知识的需要(图 9-4)、对科学文化艺术的需要、对审美与道德的需要、对交往的需要和对创造的需要等。这些需要既是人的精神需要,又是社会需要。

图 9-4 对于知识的渴求

对需要对象的分类只具有相对意义。例如,为了满足求知的需要,就离不开对书、笔等学习工具的物质需要;对食物的需要,虽然是为了满足生理需要,但其对象的性质又是精神的。人的物质需要往往与要满足的心理需要和社会意义紧密联系。例如,在满足穿衣需要的同时,包含着对美及社会价值方面的要求。在满足社会需要的同时,包含着物质需要和心理需要的满足。因此,不同对象种类的需要之间是既有区别又密切联系的。

三、需要的理论

(一) 马斯洛的需要层次研究

马斯洛的父母是俄罗斯移民,他在美国威斯康星大学获得博士学位,之后在布鲁克林大学和邦迪斯大学执教,致力于研究和传播人本主义心理学。

马斯洛对人的需要进行了系统研究,并于1943年在《人类动机理论》一文中提出人类需要五层次理论。他认为,个体具有复杂的多层次需要组合,基本的具体需要位于下层,抽象的精神需要位于上层,这五层需要是生理需要、安全需要、归属与爱的需要、尊重需要、自我实现的需要。

1954年,马斯洛在《动机与人格》中进一步明确和展开了五级需要层次的阐述,补充了认知需要和审美需要(图9-5),形成按由低到高不同层级排列的需要系统。人的需要开始于基本的生理需要,逐渐满足后达到最高层次,即自我实现需要的满足。

马斯洛还将七层次需要分为两大类:一类是基本需要,又称为匮乏性需要,是个体不可或缺的普遍的生理和社会的需求。这类需要既与人的本能、健康状况相联系,也与一个人的社会要求有关,包括生理需要、安全需要、归属与爱的需要以及尊重需要。另一类是发展性

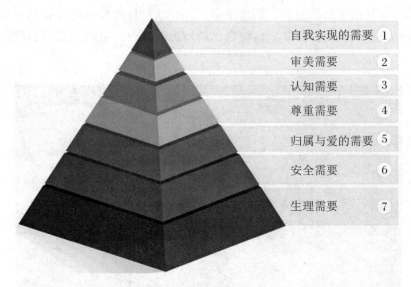

图 9-5　人类的需要层次

需要，又称为衍生需求，是个体自身的成长和自我实现趋向所激励的需求，它不受本能的支配，不受人的直接欲念左右，以发挥自我激励的潜能，当这些需要达到满足时会使人产生愉悦的快乐。它包括认知需要、审美需要和自我实现的需要。人的基本需要和发展性需要按个体的生存意义和生活价值的大小呈梯状排列，各种需要是相互联系、相互依赖和彼此重叠的，是一个按层次组织起来的系统，即由于生理或心理上的缺失而产生某些需要，当这些基本需要由低级到高级得到相对满足后，就会产生高一层次的需要。也就是说，某些需要一旦获得满足，其强度就会减弱，个体就会寻求更高层次需要的满足。已经满足的需要就不再是个体行为活动的激励因素，会有另一种较高的需要取而代之。但是，发展性需要是由个体自身健康成长和自我实现趋向所激励的需求，不存在严格的高低层级关系，其特点是不会随着某种需要的满足而减弱，反而因获得满足而不断增强，而且满足较高层次需要的途径，要远多于满足较低层次需要的途径。但是，到了1970年，马斯洛又把七级需要层次归并为原来的五个层次。①

马斯洛认为，人的需要发展演进过程呈波浪式前行，各种不同需要的优势由一级演进到另一级，高层次需要的出现是建立在低层次需要相对满足的基础上的，但并非要等到低层次需要完全得到满足才会出现，较低一层的需要高峰过后，较高一层的需要就产生优势作用。

人的需要结构比较复杂，在同一时期内，可能同时存在几种需要，由于个体的行为活动受多种需要支配，但每个时期总有一种需要占优势支配地位，而优势需要则支配着一个人的意识成为组织自己行为的核心力量。因此，了解个体行为积极的推动力量，可以根据个体获得哪些需要的满足入手。

马斯洛认为，各层次需要的产生与个体发育发展紧密相连。在婴儿期，生理需要在其行为活动中占主导地位，随后会产生安全需要、归属与爱的需要。尊重需要在青少年和青年初

---

① 贾林祥.心理学基本理论研究[M].南京：南京大学出版社，2019：262.

期开始占优势,并日益强烈和迫切。到青年中、晚期之后,自我实现的需要则占主导地位,并能够把个人的需要与社会需要相结合,使自己的行为活动内容更加丰富,而且更具有社会意义(图9-6)。

图9-6　自我实现的需要

马斯洛需要层次理论提供了比较科学的理论框架,指出了每种需要的具体内容,并且创造性地提出了自我实现等概念。但是,马斯洛需要层次理论也存在着缺陷,即对需要层次的划分与分析过于简单和机械,尤其是他提出的自我实现需要脱离了一定社会历史条件,忽视了人的生理需要也具有社会性的本质特征,因此抽象地谈自我实现是不可取的。另外,马斯洛的需要层次理论缺乏实证研究的支持。近年来,心理学工作者设计了一些实验,试图证实马斯洛的需要层次理论,并取得了可喜的进展。

(二)需要层次的具体内容

马斯洛的需要层次理论中界定了基本需要和成长性需要的五级需要层次,它们是以一种渐进的层次形式表现出来的,即必须先满足某些需要,才能满足另一些需要,一直达到自我实现的最高层次。

1. 生理需要

生理需要是个体维持生存的需求,包括食物、水、睡眠、空气和性,这些是个体维持生命最基本的需要,也是人类各种需要中最重要、最有力量、最为迫切的要求,必须首先给予满足。在这些基本需要中,获得充足的食物和洁净的水,要比其他诸如获得同伴的尊重或艺术享受以及潜能发展等更为重要。

2. 安全需要

安全需要是个体对组织、秩序、安全感和可预见性的需求,是在生理需要得到相对满足后产生的需要,包括稳定、受到保护、远离恐惧和混乱、免除焦虑等,尤其是对纪律和秩序等的需要。当个体对未来感到不可预测,或者组织结构不稳定,以及社会秩序受到威胁的时候,个体就会产生强烈的安全需要。人们需要的劳动安全、职业安全、生活稳定以及避免灾难等都是安全需要。

3. 归属与爱的需要

归属与爱的需要是个体感到缺乏朋友、爱人、子女,渴望与人建立一种充满感情的关系,渴望在其群体和家庭中拥有地位的需要,如向往爱情、需要朋友、参加社团并被团体接纳。当个体已经满足了吃、喝、安全和稳定的基本需要后,许多人并没有在这些需要满足的状况下感到幸福。为此,很快会产生对友谊和爱的需要(图9-7)。如果有人仍在为了安全需要或把很多精力投入到为满足基本需要时,那么他就会感到孤独、被抛弃和痛苦。马斯洛提出了两种爱的类型,即 D 型爱和 B 型爱。D 型爱以缺失为基础,如饥饿或口渴,这种爱是去满足缺乏某物而产生的需要,关注自己的获得,而非给予,但它是 B 型爱的基础。B 型爱是一种无私的爱,以发展性需要为基础,并永远不会因为已经拥有了所爱的事物而满足,是一种为了他人的爱,是丰富的、愉快的、与其他人一起成长的爱。

图 9-7　归属与爱的需要

4. 尊重需要

尊重需要是个体基于自我评价产生的自重自爱和期望受到他人、群体和社会认可等需求。尊重需要是在归属与爱的需要相对满足后产生的需要。马斯洛把尊重需要分为两种基本类型:自尊的需要以及受到他人和群体尊重的需要。这两种需要是每个人都必须得到并满足的,如果一个人无法满足自尊和被他人或群体的尊重,就会产生自卑、无助、失落和沮丧等情绪,对个体的发展产生不利的影响。

5. 自我实现的需要

自我实现的需要是指个体的各种才能和潜能在适宜的社会环境中得到了充分发挥,实现了个人的理想和抱负,并且达到个性充分发展和人格的和谐。自我实现是一种创造性的需要。马斯洛指出:"音乐家必须去创作音乐,画家必须作画,诗人必须写诗。如果他最终想达到自我和谐的状态,他就必须要成为他能够成为的那个人,必须真实地面对自己。"后来,马斯洛又将自我实现细分为认知需要、审美需要和自我实现的需要。认知需要包括求知、理解、探索和好奇,是人具有的学习和发展的愿望以及探索新异事物与未知事物的愿望。审美需要表现为人们追求对称、秩序、和谐、完善的事物。自我实现需要表现为人追求实现自己的能力和潜能。马斯洛认为,人的这五种需要是人类最基本的需要,它们构成了不同的等级和水平,并成为激励和调控个体行为的力量。

第二节 动 机

一、动机的概念

(一) 动机的定义

动机是指激发和维持个体的行动,并使行动朝向一定目标的心理倾向或内部动力。"动机"一词源于拉丁文"movere",即"推动"(to move)的意思。最早将动机应用于心理学的是美国心理学家伍德沃斯(Woodworth,1918)。他认为,动机是决定个体行为的内在动力。[①]

动机是一个解释性的术语,用来说明个体为什么会有这样或那样的行为。动机不能直接观察,只能通过分析个体的任务选择、对活动的努力程度以及言语表达等外部行为特征间接推断其内在动机(图 9-8)。但是,动机与外部行为也并非一一对应。同样的动机可能会表

图 9-8 极限运动的个体可能被问到哪些不同的动机问题

[①] 刘文.心理学基础[M].南京:南京大学出版社,2018.

现出不同的行为,例如,为摆脱恐惧,有人可能会有逃跑行为,而有人可能采取攻击方式。同样的行为背后也可能蕴藏着完全不同的动机,例如,同样是学习刻苦的学生,有的是因为具有强烈的学习动机,有的则可能是想通过取得的成绩换取一份好的工作岗位。

动机可以是有意识、有目的的,也可以是无意识的。但是,处于无意识或潜意识的动机也可能会逐渐转变为有意识动机。动机的变化,不仅体现在意识层面上的不同,还表现在动机迁移的产生。个体原有的动机极有可能随着时间和空间的转变而发生改变或被其他动机取代。例如,一个努力学习的学生,起先想通过优异的成绩来获得父母的物质奖励,但是随着时间的推移,该学生的刻苦学习变成了他对知识的渴求。在一定的时空条件下,个体会拥有不同层次,甚至互相抵触的动机。动机的相互影响,甚至冲突、竞争和斗争,要求个体作出选择,结果通常出现动机迁移,使原有的动机被改变或被取代。

（二）动机产生的条件

动机的产生必须在内在条件和外在条件的共同作用下实现。

引发动机的内在条件是需要,动机是在需要的基础上产生的。如果个体某种需要得不到满足,就会推动他去寻找满足需要的对象,从而产生个体活动与行为的动机。如果说人的需要是个体行为积极性的源泉,那么动机就是这种源泉和实质的具体表现。例如,学生的学习动机,就是学生学习需要的具体表现;人的吃喝行为,就是满足人的饥、渴的内在需要（图9-9）。一般来说,个体感到缺乏某些东西,就会引发动机。因此,动机和需要紧密联系在一起,离开需要的动机是不存在的。当需要在强度上达到一定水平,并且满足需要的对象存在时,就引起动机。可以说,需要是动机形成的基础,动机是由需要引起的。

图9-9 吃喝行为以满足饥渴的内在需要

引起动机的外在条件是能够满足需要的事物,它们经常诱发动机,所以被称为诱因。诱因是驱使个体产生一定行为的外在条件,是引起动机的另外一个重要原因。例如,价格的贵贱可能成为个体做出购买某物行为的诱因。诱因分为正诱因和负诱因。凡是个体因趋向或接受它而得到满足的诱因称为正诱因；凡是个体因逃离或躲避它而得到满足的诱因称为负诱因。例如，对于酷热来说，凉风是正诱因，日晒是负诱因。诱因可以是物质的，也可以是精神的。例如，对真理和正义的坚信和热爱、个人的责任感或事业心，在一定条件下都能成为推动人去从事某种活动的诱因。强度越大，越满足个体当前需要的诱因，产生强烈动机的可能性也越大。然而，外部刺激作为诱因，其强度和性质并不是固定不变的，而是随着个体的知识经验、需要等状况而发生变化，甚至会改变方向。例如，平时喜欢上网的人，在连续通宵达旦上网几天后，可能看到电脑就会感到头昏脑胀。诱因的强度还依赖目标与个体内在需要之间的距离，一般来说，时间和空间的距离越近，引起趋向目标的力量就越大，即随着目标的接近，诱因强度有增大的倾向。

当个体的需要在强度上达到一定程度并有诱因存在时，就产生了动机。例如，人有交际的需要，若没有一定的社交条件，缺乏交往的具体对象，这种需要就无法转化为动机。人只有在群体中活动，才会产生交往动机，并进行社交行为。由此可见，需要和诱因的相互作用是动机形成的必要条件，好比一个"推"（需要），一个"拉"（诱因）。"推"强调动机中个体的内部力量，即需要的作用。"拉"强调动机中的外部环境，即诱因的作用。一般认为，有些动机形成时需要的作用强些，有些动机形成时诱因的作用要强些。

二、动机的功能

动机在人类行为中起着十分重要的作用，有人把动机比喻为行为的发动机和方向盘。动机是个体活动的动力和方向，它既给人以活动动力，又对人的活动方向进行控制和调整。因此，动机具有活动性和选择性，具体说，人类动机对活动具有激发、指向、维持与调节的功能。[①]

（一）激发功能

动机具有激发个体产生某种活动或行为的功能。人类的各种活动总是由一定的动机激发的，没有动机就没有活动和行为。例如，形容泪水可以说是悲痛欲绝的泪、喜极而泣的泪、委屈难过的泪、心酸激动的泪，等等，这些"泪水"前的形容词，实际上都蕴含了流泪行为的某种动机。当然，某时某刻的流泪动机有许多种，可能并不清楚某人流泪是为了什么，但可以确信一定存在某种起作用的动机。因此，动机是激发个体活动的动力，它对活动具有始动的引发作用（图9-10）。

（二）指向功能

如果说动机的激发功能如同导火索，那么动机的指向功能就好比指南针，它使个体的行为指向一定的方向，并使个体朝着预定的目标前进。例如，当人觉得疲乏想休息时，既可以选择去睡觉，也可以选择散步、打球等放松身心的活动。

---

① 贾林祥,刘晓峰,石春.心理学基础[M].南京:南京大学出版社,2018.

图 9-10　户外活动引发了小朋友开心的笑容

（三）维持与调节功能

当动机激发并指引个体从事某种活动后，活动能否坚持下去同样要受到动机的调节和支配。例如，苏联心理学家马努依连柯的研究发现，如果让一个 5~6 岁的学龄前儿童，毫无内容要求他保持某种姿势站立一段时间是比较困难的。然而，如果让他在游戏中扮演某个感兴趣的角色，那么他就可以长时间地、耐心地保持某种站立的姿势。在后一种情况下站立的时间比前一种站立时间要长 3~4 倍。不同性质和强度的动机，对活动的维持和调节作用是不同的（图 9-11）。高尚动机比低级动机更具有激励作用，动机强比动机弱也具有更大的激励作用。

图 9-11　户外的儿童在玩耍中并不觉得累

三、动机理论

人类的动机问题是心理学研究领域的重要课题，20世纪以来，动机研究出现了理论纷呈的局面。动机本能论、习性论和性欲动力理论对动机研究产生了很大影响。

（一）动机本能论

动机本能理论运用达尔文（C. R. Darwin）的生物进化论观点解释人类的动机本质。其主要代表是英国心理学家麦独孤（William McDougall，1871—1938）的动机本能理论。[①]

麦独孤受到达尔文生物进化论的影响，运用进化论观点来解释人类的动机，并进行了相关动机与行为的探讨。生物进化论认为，人与动物有许多相似性而非差异性，为此，麦独孤受其启发，将人的动机还原到一般动物的动机，认为人类在进化过程中形成并通过遗传固定下来的、不学而能的行为和内在心理倾向，是人类思想与行为的基本源泉和动力。麦独孤将人类行为的基本动力归结于本能，认为本能是天生的倾向性，即对某些事物非常敏感，并伴随着自己特定的情绪体验，引发出有目的的行为，是激发行为的根源（图9-12）。

图9-12 人具有哪些本能的动机

麦独孤将本能定义为"一个本能是一种遗传的或先天的心物倾向，决定那有此倾向者感知和注意某一种类的客体，在感知时体验着某种特殊情绪的激动，和对它做出某种特殊样式的动作或至少体验着这种动作的冲动"。他在1908年出版的《社会心理学导论》著作中列举了人类十几种本能，包括逃跑、搏击、厌恶、父母慈爱、恳求、交配、好奇、屈服、自夸、好群、觅食、贪得、建造、笑等。麦独孤认为本能与情绪密切相关，每一种本能行为往往包含着特定的情绪过程与之对应。例如，与逃跑本能相对应的是恐惧情绪，排斥本能总是包含厌恶，搏击本能与愤怒情绪相对应，父母慈爱本能总是包含着柔情，而与自夸本能对应的是得意，等等。麦独孤希望找到每一种基本本能包含或相对应的基本情绪，但是，他发现有的本能与对应的情绪所用的名称几乎是同义词，有的本能却找不到明确单一的情绪与其对应。麦独孤认为，不管是人还是动物，其行为必然具有目的性，而目的性行为的原动力就是本能，本能是激发

[①] 勾训，黄胜，王双宏，等.心理学新编[M].成都：西南交通大学出版社，2018.

行为的根源。虽然目的性有程度上的高低，但它们之间并没有本质区别。智力水平较低的动物表现出单纯的本能行为，而较高等动物中本能的表现程度则如此，这些先天倾向性的属性并没有本质上的不同。

麦独孤的本能理论肯定了人的行为具有目的性。但是，人与动物毕竟有着本质区别，将人类动机还原为动物动机显然是不妥的，而将人类如此复杂多样的行为，完全归结于先天的唯一本能，则忽视了人类的社会属性，带有明显的生物学倾向，也混淆了习得行为与遗传行为之间的界限，这样就造成了本能概念的扩大化。虽然该理论存在欠缺，甚至有不正确的地方，但是它引发了对动机的广泛探讨与争论，并大大推动了对动机的研究。

（二）洛伦茨的习性论

奥地利动物生态学家洛伦茨（Konrad Zacharias Lorenz，1903—1989），坚决反对行为主义心理学对动物行为进行的实验室研究，主张应该在自然生态环境中观察动物的行为表现，并在动物进化历史中理解动物的自然行为。由此，以洛伦茨为代表的习性学家们在观察栖息地的动物行为时发现，动物行为具有相当大的固定性，即特定的刺激必然引起动物一系列固定反应。为此，习性学将本能定义为某种动物特有的天生固定的动作模式。[①]

洛伦茨认为，本能是由遗传结构决定的、受特异能量驱动的物种特有的固定动作模式。他认为天生的固定动作模式是被激发出来的，它们取决于两个条件：一是动作的特殊能量，二是符号的刺激。前者由遗传而得，当积累到一定程度时就要求释放；后者是环境中某种能使个体动作特殊能量释放出来的刺激。例如，松鼠埋藏坚果的动作模式，可以由看似既硬又圆的物体激发。把一个钢珠放在水泥地上，尽管不是坚果，也没有松土，松鼠也会做出类似埋坚果的一系列动作。再如，对三脊刺鱼而言，雄性入侵者会激起它的攻击行为。研究者发现，能释放攻击行为的符号刺激是雄性入侵者的红色腹部。若一个非常逼真，但腹部没有漆上红色的雄性模型入侵者闯入领地，就不会引起它的攻击行为；而一个粗糙的模型，只要其腹部是红的，就会引发它的攻击行为；即使一个浮在水面上的红球，也会激起该行为。

洛伦茨在1963年出版的《论侵犯行为》著作中，系统地阐述了习性学关于侵犯行为的观点，提出了一种侵犯行为模式。他认为，隐藏在个体内部的侵犯本能力量，当积聚到一定程度时，就会转化为侵犯冲动而释放出来，从而引发侵犯行为。能量聚集得越多，引发侵犯行为的刺激阈限值就越低。因此，侵犯行为是一种天性，且不可避免。

在解释本能行为和习得行为之间的关系时，洛伦茨也认为个体的经验可以转化成本能行为，行为是本能与学习交互作用的结果。洛伦茨发现的印刻现象（imprinting），就是动物对自己种属成员的某种依恋行为，并形成于早期的一个短暂时期，他将这个时期称为关键期或敏感期。通常情况下，小灰雁鹅都是排成整齐行列紧跟在母鹅的后面，但是，如果幼鹅出生后初次见到的第一个大的运动物体不是母鹅而是别的物体，例如，割草机或洛伦茨这个

---

① 罗伯特·伍德沃斯. 动力心理学[M]. 北京：中国人民大学出版社，2017.

人,那么幼鹅以后就会紧跟随洛伦茨或别的移动物体,而不是跟随其母鹅(图 9-13)。因此,在天性与后天教养的关系方面,由于个体的行为模式有其生物基础,并带有某种程序性,那么,在适当地刺激信息激发下,个体的学习就能够促进其行为来适应环境。

图 9-13　洛伦茨的印刻现象

洛伦茨的习性学理论始于对行为主义实验方法的批判,应该说其生态性的理念对个体的动机行为,乃至整个心理学研究都具有深远的意义。但是,他提出的观点仍缺乏更多的实证性支持,例如,动机能量、本能驱力等。另外,把对动物的研究结论直接推及人类行为似有不妥之处。虽然说人类的行为也包含了一些固定模式,表现出某些天生倾向,如婴儿的吮吸反射等,但是社会环境、学习劳动等对人的行为影响更大、更为深远。

(三) 弗洛伊德的性欲动力理论

奥地利精神病学家弗洛伊德(Sigmund Freud,1856—1939)认为,本能是个体行为的推动力或起动因素,是个体行为的内在动力。人的一切行为都是由一个或多个内在生物本能驱动的,一些行为直接满足人的本能需要,另一些行为则间接地满足人的本能需要。他认为,人有两大类本能:一种是生的本能,他称为"力比多"(libido),并用力比多来概括一系列行为和动机现象,如摄食、性、自尊、友情等,个人所从事的能够带来愉快的活动和行为,都是生的本能的体现。另一种是死的本能,他称为"塞纳托斯"(Thanatos,希腊神话中的死神),如竞争、攻击、仇恨、侵犯、自杀等都是死的本能的体现,它们可以用来说明人的攻击行为或侵犯行为。

弗洛伊德将性欲理解为个体寻求广义上的快感的驱力,受快乐原则驱使,是人类行为的真正动机。他把人的心理活动比喻为一座冰山,露出冰面的一小部分是意识领域,冰面以下的最深部分为潜意识领域(图 9-14)。在潜意识领域里储存着大部分本能冲动,其中包括不断被压抑的力比多。由于生的本能和死的本能在现实生活中都不能自由展现,经常受到现实和自己良心的压抑而进入潜意识领域,并在潜意识中并立共存,从而驱使个体的行为,具有强大的动机推动力量。个体的每种动机都是潜意识里生的本能和死的本能的混合体。因此，要了解人类行为背后潜藏的动机，仅分析个体意识领域是不充分的，也是不恰当的。弗洛伊德认为，要采用自由联想、释梦等精神分析技术来揭示个体的潜意识，才能了解和解释人类的心理与行为。①

图9-14　潜意识里储藏着多少动机

弗洛伊德在晚期提出了人格结构要素，即人格结构由本我、自我和超我三部分构成。本我是心理活动中最原始的本能冲动、欲望等力比多，是人格的动力。自我占据着人格的中心部分，推动个体进行知觉、学习、记忆、推理等。超我在人格中最后形成，反映了个体所具有的社会准则的内化水平，是个体的良心、理想等。本我根据快乐原则指向能够使个体本能得到满足的欲念。自我是由本我的一部分分离出来的，它协调来自周围环境、超我和本我的要求，使力比多以现实生活中可以接受的方式得以宣泄。在正常情况下，本我、自我和超我是相互作用而不是相互对立的三个领域，它们作为活动整体而共同作用，即人的行为是本我、自我和超我三个部分相互作用的产物。当三者产生矛盾冲突时，个体就会寻求某些能够缓解焦虑感受的心理防御机制。

四、动机的种类

人类的动机非常复杂，可以从不同角度、根据不同标准对动机进行分类。这些分类可以使我们对动机的本质与特性有更加全面的认识。

（一）生理动机和社会动机

根据与动机相关联的需要的起源，可以把动机分为生理动机和社会动机。

---

① 白新欢.弗洛伊德潜意识心理学的哲学探究[M].杭州：浙江工商大学出版社，2016.

生理动机又叫生物动机或原发性动机,它起源于生理需要,是有机体为满足食物、水分、空气、性欲、回避危害等生理需要而产生的活动推动力,是一种较低级的动机。人的饥饿、干渴、性、休息、解除疼痛等,都是与生理需要相联系的激起状态。生理动机推动人的积极活动,以满足其生理需要。

但是,人类具有社会性,因此生理动机必然会受到社会生活条件的制约,打上社会烙印。例如,困乏的人可能欲停止活动上床睡觉,此时人的睡眠动机不单纯是一种生理动机,它可能还含有希望通过睡眠,恢复精力,能更有效地工作或学习的社会动机。

社会动机又称心理动机或习得动机,是维持和推动个体活动以达到一定目标的内在动力。社会动机起源于社会需要,与人的社会需要相联系,是一种高级动机,它推动着人的行为活动,主要有五种社会动机:成就动机、交往或亲和动机、权力动机、利他动机和侵犯动机。社会动机具有清晰性、更替性和实践性等特性,是通过后天学习获得的,因此,社会动机在人与人之间存在着很大差异。正是在社会动机的推动下,个体在完成各种各样的社会活动过程中逐渐成为社会性个体。

(二)长远的概括动机和暂时的具体动机

根据动机影响的范围和持续作用时间的长短,将动机分为长远的概括动机和暂时的具体动机。

长远的概括动机来自个体对行为意义的深刻认识,持续作用时间长,比较稳定,影响范围广泛。暂时的具体动机由个体活动本身的兴趣引起,持续作用时间短,经常受到个人情绪的影响,不太稳定。例如,学生学习是为了掌握科学文化知识,将来能够学有专长为社会作贡献,这种动机是一种长远的概括动机。相反,如果学习是为了考试取得好成绩,期望获得老师的表扬或家长的奖励,这种动机就是一种暂时的具体动机。虽然暂时的具体动机容易受到偶然因素的干扰,但它与个体活动联系比较紧密和直接,因此仍不失为推动个体活动的有效动力之一。

长远的概括动机和暂时的具体动机相互联系、相互补充。人不仅要有远大目标,也需要某种近期目标,只有把两种动机结合起来,才能形成巨大的推动力。由于暂时的具体动机经常随着情境的变化而改变,所以应有长远的概括动机支持(图9-15),以使行为活动更加自觉,并能够保持长时间的活动积极性。长远的概括动机由于比较抽象,也应该有暂时的具体动机作为补充,这样才能使远大目标的激励作用能更好地与当前活动相结合。

(三)高尚动机和低级动机

根据动机的性质和社会价值,可以把动机分为高尚动机和低级动机。

从社会道德规范的内容上看,高尚动机是符合社会道德规范的动机;低级动机是违背社会道德规范的动机。从民族的、国家利益出发的动机是高尚动机;损人利己、损公肥私的动机是低级动机。

高尚动机能持久地调动人的行为的积极性,促使其为社会的发展作出重大贡献。低级动机违背了社会发展规律和人民的利益,不利于社会的发展,最终会被社会拒斥(图9-16)。

图 9-15　人的长远动机

图 9-16　人的核心价值观伦理

（四）主导动机和辅助动机

根据动机在活动中的地位和所起作用的大小，可以把动机分为主导动机和辅助动机。

主导动机是指在一段时间或一种活动中，个体总有一种或一些动机处于主导地位并起决定作用。辅助动机是其他动机处于从属地位，起加强主导动机以及坚持主导动机所指引方向的作用。个体的行为活动为这两种动机所激励，由动机的总和所支配。当辅助动机与主导动机的关系比较一致时，活动动力就会得到加强；如果两者彼此冲突，活动动力就会减弱。

(五）意识动机和潜意识动机

根据动机的意识性，可以把动机分为意识动机和潜意识动机。

意识动机是指行为者知道促使自己行为活动的原因，以及能够满足其需要的目标的动机。潜意识动机是指个体虽然有行为活动，但不知道行为产生的原因的动机。潜意识动机虽然没有被个体意识到行为的原因，但却会影响个体的活动，定势、习惯、情绪波动等活动中都含有其成分（图9-17）。

图 9-17　潜藏在意识里的动机

从某种程度上说，意识动机和潜意识动机是相互联系、相互转化的。当人需要分析自己某种活动行为的原因时，潜意识动机会作为意识动机呈现出来；相反，当人的某种兴趣或理想比较稳定巩固时，潜意识动机又会以习惯或定势等形式蕴藏在个体的行为活动之中。意识动机和潜意识动机共同构成了个体行为的动机系统，其中意识动机起主导作用，但潜意识动机的作用不容忽视。

(六）内在动机和外在动机

根据动机产生过程中需要和诱因作用的权重不同，可以把动机分为内在动机和外在动机。

内在动机是指个体因对活动或工作过程感到满足而加强其继续这种活动或工作的内在动力。内在动机是在没有任何外部奖赏的情况下产生的，是从活动或工作本身中产生的。兴趣、好奇心、自尊心、上进心、责任感、自我实现等心理活动，在一定条件下都可以成为推动个体进行学习、工作的内在动机。因此，内在动机要求活动或工作、学习本身具有挑战性、新颖性和多样性，不仅能够使个体从中学到新东西，而且还能发挥其创造力，保持持久的积极性。

外在动机是指影响或控制个体行为的外在因素或力量。外在动机不是从对行为活动或工作本身的满足中产生的,而是由行为活动或工作中获得的奖赏(如工资、奖金、福利等条件)引起的。例如,员工为了获得高薪而努力工作,其勤奋工作,并非出自对工作本身的兴趣。

内在动机的推动力量较大,维持作用时间较长;外在动机的推动力量较小,维持作用时间较短。内在动机和外在动机的划分并不是绝对的。由于外部环境中的要求、条件必须转化为个体的内在需要才能成为推动行为活动的动机,因此,当外在动机发生作用时,个体的活动实际上还要依赖某种责任感或某种期望得到奖赏、避免失败的观念,这些内在心理活动同样属于内在动机的范畴。在这个意义上说,外在动机会转换为内在动机。

五、学习动机的培养和激发

(一)学习动机的定义

学习动机是指引起学生学习活动,维持学习活动,并指引学习活动趋向教师所设定的目标的心理倾向。学习困难的最大因素是动机,学习优异的最大因素也是动机。教育实践曾证明:学生的学习动机对于学生的学习起着至关重要的作用(图9-18)。人的各种活动都是由一定的动机引起的,学生进行学习总是由一定的学习动机支配的。

图 9-18 人的学习动机

(二)学习动机的培养

所谓学习动机的培养是指学生把社会、学校和家庭的需要变为自己内在的学习需要过程。正确培养而不使其学习动机走上歧路或歪路也是很重要的。

1. 明确学习的目的和意义

一名学生必须明确学习的社会意义和个人意义。我们应该使学生明白,学习能使自己获得就业所应具备的最基本的专业知识和基本技能。我们还应该使学生明白,学历并不只是就业的唯一要求,目前就业形势比较严峻,现在社会对人才的需求是有一定的基础理论、专业知识和较强的动手能力,使学生牢固地树立起就业并不一定难的观念,从而把学习当成自身的需要,使其自主地热爱学习。

2. 激发学生的求知欲和好奇心

动机中最重要和最重点的部分是什么呢?毫无疑问,就是求知欲和好奇心。它们是培养和激发学生学习动机的奠基石,只要能把其求知欲和好奇心培养和激发出来,那么他们就会自动地去学习和发现问题,在这种情况下教学,可以说是给教师一个很好的教学环境了。在教学实践中,我们认为创设问题情境是一个非常有效的方法,创设问题情境是指提供学习材料和学习条件用于实践,让学生能从这些情境中引出好奇点,引起他们的疑惑、惊讶,这样最能产生求知欲和学习兴趣,产生学习的愿望。

3. 培养独立进取的个性

学习动机与独立进取的个性是密不可分的,个性是独立进取还是被动退缩与动机水平关系密切。学生上进心强、抱负水平高,将持续地推动学习活动高效率地进行,而良好的学习效果又给学习动机带来自我强化的作用,反之,缺乏上进心且抱负水平低,只能使学习处于被动状态,甚至恶性循环。

(三) 学习动机的激发

在学生已经产生学习的需要以后,要使它真正变成学习中经常起作用的、有效的动力,还必须采取相应的措施,把学习动机激发起来。学习动机的激发是在学习过程中进行的,它主要依赖于教师的教学内容、教学方法以及教学组织。

激发学习动机的方法注意教学内容的新颖性和丰富性,采用多样化的教学方式在教学中以丰富有趣、逻辑性系统性很强的教学内容以及生动的教学方法来吸引学生,使学生通过学习得到精神上的满足,就可以进一步激起学生的学习兴趣。新颖事物可以引起学生的探究,教学内容与方法的不断更新与变化,可以不断引起学生新的探究活动,从而可能在此基础上产生更高水平的求知欲。一些有经验的教师经常通过下列措施来激发学生的学习兴趣、求知欲,进一步强化其已形成的间接的学习动机:适当设置学习目标,适当的学习目标是指学生通过努力可以实现的目标。过易的目标不能满足学生的成就感,不足以激发动机;难以实现的目标,也容易使学生畏难、气馁。而设置适当的学习目标,使学生从中体验到成功感,从而导致学习兴趣的产生,激发学习动机。

总之,设置适当的学习目标,可以使学生获得成功的体验,鼓励学生的自我强化,从而培养学生的自信和独立的能力,以解决学习上的问题,启迪思维,升华兴趣。社会性的竞争,历来被认为是激发人们的斗志,调动人们积极向上,克服困难,争取完成任务,获取优良成绩的有效手段之一(图9-19)。国外许多心理学家的实验研究表明,在竞争过程中,威信性动机获得自尊和自我求成的需要更强烈。由于在竞争中,学习兴趣和克服困难的毅力大增,因而多数人在比赛的情况下,学习和工作一般比没有比赛的情况下要好得多。也可能有些人在比赛的情况下反而学得差了,这或许是因为他们被刺激得过分而超过了体力和承受力,或是因为他们实在能力太差而失去了信心。将竞争机制引进课堂,制造竞争气氛,可引发学生的好胜心和争取成功的心志,从而激发和培养学习动机。

图 9-19　对于胜利的渴望

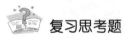 **复习思考题**

1. 简述需要和动机的概念及它们之间内在的区别及联系。
2. 简述马斯洛的需求层次理论。
3. 什么是学习动机?如何培养和激发学习动机?
4. 简述弗洛伊德的性欲动力理论。
5. 你认为哪些因素会影响学生的学习动机?如何在教学中应对这些因素?

第十章　性格与气质、能力

在现实生活中,有人活泼开朗,敢说敢做,遇事勇敢,而有人多愁善感,谨小慎微;有人勤劳诚实,有人懒惰狡猾;有人谦虚好学,有人则骄傲自满,等等。所有这些都是对某个人的行为特征的描述。

人格特征体现了一个人的本质属性,具有明显的社会评价意义,人与人之间在人格特征方面的个体差异,主要表现在个体对现实的态度和相应的行为方式上,是个体本质特征独特的、稳定的结合。人与人之间在气质和性格上存在着差异,它们对人的生活、工作、学习和成才等具有重要的影响。

主要学习目标: 掌握性格的概念、构成和类型,深入理解性格的形成与培养的重要性和具体方法;理解气质的概念、特点及类型理论,研究气质与性格的关系,并探讨气质对个体和社会的影响及其作用;掌握能力的概念、分类、理论及测量方法,并充分了解能力对个体和社会的重要性。

第一节　性　　格

一、性格的概念

性格是指与社会道德评价相联系的人格特质,表现为个人的品行道德和行为风格。性格是人格结构中的重要组成部分,是个人有关社会规范、伦理道德方面的各种习性的总称。

性格是后天形成的品格,是受到家庭、学校和社会环境的影响而形成的稳定的态度以及习惯化了的行为方式。[①] 例如,诚实或虚伪、勇敢或怯懦、谦虚或骄傲、勤劳或懒惰、果断或优柔寡断等都是性格特征,它是由一个人的许多性格特征组成的综合统一体。

性格特征表现在人对现实的态度与行为方式之中。人对现实的态度和与之相应的行为方式的独特结合,构成了一个人区别于他人的独特性格,性格主要表现在"做什么"和"怎样做"这两个方面。"做什么"反映了一个人对现实的态度,表明个体追求什么、喜欢什么和拒

---

① Ван Хаоюй. Особенности направленности личности китайских студентов, обучающихя вКитае и в России[D]. Вестник Орловского государственного университета., 2014.

绝什么;"怎样做"反映了个体的行为方式和特点,表明了一个人如何去追求自己想要的东西,以及如何去拒绝自己不需要的东西。因此,人对现实的稳定态度决定着他的行为方式,而习惯化了的行为方式又体现了个体对现实的稳定态度,两者有机地统一在心理特征之中。

性格是个人后天形成的道德行为特征,具有稳定性,但是又具有一定的可塑性。性格是在人的社会实践活动中,在与现实环境相互作用的过程中形成与发展起来的。[①] 客观事物的各种影响通过个体的心理活动在其反应结构中保存、固定下来,从而构成了一定的态度体系,并以一定形式在自己的行为活动中表现出来而形成了个体特有的行为方式(图10-1)。

图 10-1　多种多样的性格

性格的英文是"character",其词源是希腊语"kharakter",意思是"雕刻""印记",后来转义为由外界环境影响造成的、深层的、固定的人格特质。当代美国心理学文献中已经不常使用这个术语。在西欧心理学文献中,常常把它与"personality"混用。但是,在我国心理学教材和文献中,则把"性格"与"人格"区别为两个不同概念,把性格的内涵包含在人格概念之中,是人格结构中具有核心意义的心理品质,体现了人的本质属性,并最能够表征一个人的道德行为特征。[②]

艾瑞克·弗洛姆(图10-2)认为,性格是在人与外界的相互联系、相互作用中产生的,在

---

① Манёров В Х, Королева Н Н, Посохова С Т. Смысловые образования в субъективной картине жизненного пути личности. Известия РГПУ им[J]. А. И. Герцена. Психолого-педагогические науки, 2003,3(6).

② 申荷永. 核心心理学[M]. 北京:中国人民大学出版社,2020.

此过程中,人们通过某种固定的方式来获得和同化外在的事物来满足自己的生活需要,人是具有社会性的,每个人都不可能一直一个人生活着,过着桃花源式的生活,他在很多时候需要和外界以及他人的联系来进行交流,那么,在交流的过程中,他的性格就会情不自禁地流露出来。所以,弗洛姆认为把人的能量转向同化或社会化过程的形式,这种形式称其为性格,并且这种形式具有一定的固定性。

弗洛姆关于社会性格的概念的定义是他认为人与世界相互联系、相互作用的一种行为模式被称为社会性格。在生产过程中实现人和世界的关系,因此社会性格是在动态中形成和变化的,也就是人的社会性情是随着人和外界的联系变化而变革的。弗洛姆给社会性格下了一个完整的定义,他认为社会中大部分成员所共同拥有的那部分性格与成员的个体性格是不同的,总的来说社会性格不是个人性格的简单相加。[①] 弗洛姆重点强调的是个人性格结构中最关键部分是社会性格而不是个体性格。生活中我们不可避免地会谈论到有关于群体成员的性格结构,这其实也就是我们说的个人的性格结构,但我们会发现在这个过程中,我们并没有关注成员之间性格结构的差异,与其相反,我们关注的是成员之间共同的性格结构。虽然他们每个人都有自己的特点,但他们大多数的性格结构都是由这个焦点变换成了另外一种形式。[②] 弗洛姆把气质和性格的差异作了明显的区分,区分了个人性格和社会性格的相同点以及不同点,并且指出了性格的种类。他认为在特定的文化背景中,社会性格被认为是大部分人所共同具有的性格结构的中心,还指出了社会形态和文化形态对于性格的形成是有一定影响的,且程度大小不一样。

图 10-2　艾瑞克·弗洛姆

---

① 弗洛姆.逃避自由[M].刘林海,译.上海:上海译文出版社,2011.
② 弗洛姆.健全的社会[M].孙凯祥,译.上海:上海译文出版社,2011.

二、性格与气质关系

性格与气质相互制约、相互影响,在现实生活中,人们经常会把两者加以混淆,有时把气质视为性格,有时又把性格看作气质。例如,经常可以听到描述某人的性格特征是活泼好动,某人的性子很慢或很急,其实这都是气质的特征。性格与气质既有区别又有联系。

(一) 性格与气质的区别

首先,气质具有先天性特点,它更多地受到人的高级神经活动类型的影响,主要是在人的情绪与行为活动中表现出来的动力特征(即强度和速度等)。性格主要是指个体行为的内容,是在后天形成的,更多地受到社会生活条件的影响和制约,是人的态度体系和行为方式相结合而表现出来的、具有核心意义的心理特征。

其次,气质无好坏之分,而性格则有优劣之别。气质表现的范围狭窄,局限于心理活动的强度、速度、指向性等方面,因此可塑性极小,变化很慢。而性格表现的范围广泛,几乎囊括了人的社会生活各方面的心理特点,具有社会道德含义,可塑性大。

(二) 性格与气质的联系

不同气质类型的人,可以形成某些相同的性格特征,例如爱国、勤奋、乐于助人等性格特征,只是不同气质类型的人,在行为表现上带有不同的个人色彩。例如,同样具有乐于助人的性格特征,胆汁质的人在行为表现上会带有满腔热情的特点,抑郁质的人在行为表现上则会带有某种怜悯的特点。

气质可以影响性格形成与发展的速度。例如,自制力性格特征,对胆汁质的人来说需要经过极大的克制和努力才能形成,但对于抑郁质的人而言,自制力的形成相对来说就比较容易。

性格对气质具有明显的影响。在一定程度上,性格可以掩盖和改造气质,由于个体社会角色的要求,其性格会对他身上某些气质特征产生持续影响。例如,医生的职业要求,会使胆汁质类型的人逐渐形成冷静而沉着的性格特征,从而掩盖或改造其容易冲动与急躁的气质特点。[1]

三、性格的表现

人格与个性的概念关系紧密,但容易混淆。个性是指将一个人区别于他人的稳定的、独有的特征的总称,即指人格的差异性或独特性。

心理学往往把"个性"术语同义于"人格"。心理学认为个性是一个人的整个精神面貌,

---

[1] 陈志霞.社会心理学[M].北京:人民邮电出版社,2016.

即具有一定心理倾向性和心理特征的总和。个性结构是多层次、多侧面,由复杂心理特征独特结合构成的整体(图10-3)。这些层次包括有完成某些活动的潜在可能性的特征,即能力;心理活动的动力特征,即气质;完成活动任务的态度和行为方式方面的特征(即性格)以及心理活动倾向方面的特征,如动机、兴趣、理想、信念等。这些特征不是孤立存在的,而是错综复杂、交互联系、有机结合而成的一个整体,并对人的行为进行调节和控制。显然,这里将"个性"和"人格"混同起来而导致混淆,其实这里的个性就是人格。[1]

图10-3 人的个性

但是,人格与个性是有区别的,两者存在着一定差异,主要表现在以下几个方面。

个性是对人的个体差异而言,人格是对一个人的整体属性和本质特征的描述。个性主要探究人与人之间存在着的差异特点。由于受到不同环境的影响,人的各种心理现象,从感知到思维过程,从情感活动到意志行动,以及到人格的形成与发展,都存在着个别差异,个性是人的多种心理特点的独特结合,也是个人经常地、稳定地表现出来的心理特征。

人格主要是对一个人总的、本质的描述。人格既能够根据人的全貌来描述其差异性,也能从总体上、本质上阐述人的行为原因及其心理倾向。因此,从内涵上解释,个性涉及的是人的独特性特征,而人格则涵盖了人的整体性本质特征。

个性相对于共性,世界上万事万物都有个性,人作为物质世界的一员,自然具有个性。但是,人格只对人而言,对其他事物和动物,都不能用"人格"加以描述。人格描述的一定是社会的真实的人,它要比个性具有更丰富的内涵和外延。

---

[1] Anastasi A. Heredity, environment and the question how[J]. Psychological Review, 1958, 65(4): 197-208.

四、性格结构与类型

(一) 性格结构

性格是由许多特征组成的复杂心理结构。由于每个人的性格特征组合及其表现形式不同,因而形成了千差万别的性格。从总体上看,根据一个人对现实的稳定态度与习惯化的行为方式以及在心理过程中表现出来的特点分析,性格结构具有以下四个方面的基本特征:

1. 性格的态度特征

人在对现实环境的稳定态度方面表现出来的个别差异,是性格特征中最重要的组成部分。性格的态度特征具体由以下三个方面的内容构成:

(1) 对社会、集体、他人的态度特征

对社会、集体和他人方面的态度特征包括积极的和消极的两个方面。积极的表现为爱祖国、爱集体、具有社会责任心、对人富有同情心、为人正直、诚实、有礼貌等。消极的表现为个人主义、对社会、集体和他人漠不关心、冷酷无情、极端自私自利、圆滑、狡诈或虚伪等(图10-4)。

图 10-4　圆滑、爱撒谎的人

(2) 对劳动、工作和学习的态度特征

对劳动、工作和学习的态度特征包括积极的和消极的两个方面。积极的表现为勤奋刻苦、认真负责、细心忍耐、精益求精、敢于创新、勤俭节约、严守纪律等。消极的表现为懒惰、马虎、粗心、草草了事、墨守成规、挥霍浪费、自由散漫等。

(3) 对自己的态度特征

对自己的态度特征包括积极的和消极的两个方面。积极的表现为谦虚、谨慎、自尊、自信、朴实无华等。消极的表现为骄傲、自负、自贱、自卑、拘谨、腼腆、虚荣、轻浮等。性格的态度特征在性格结构诸成分中具有核心意义,它是性格结构的"灵魂",其他方面的性格特征都不同程度地受其影响。

2. 性格的意志特征

性格的意志特征是人在自觉调节自己行为的方式与控制水平、目标明确程度以及在处理紧急问题方面表现出来的性格差异。性格的意志特征主要表现在以下三个方面:

(1) 行动是否具有明确的目的,行为是否受社会规范约束。例如,行动目的的明确程度,是否具有独立性或主见;是否具有依赖性、易受暗示性;是否具有组织性、纪律性;是否自由散漫或无视组织纪律等。

(2) 对行为的自觉控制能力。例如,自制力强还是弱,持之以恒还是任性,见异思迁还是虎头蛇尾等。

(3) 在紧急或困难条件下处理问题的特点。例如,勇敢、顽强还是怯懦、脆弱,沉着、镇定还是慌张、冲动,果断还是优柔寡断等。

对性格意志特征的正确评价,必须要与个体的思想道德品质、他从事的活动或工作的社会意义和社会价值的评价相结合(图10-5)。

图 10-5 性格的意志特征

3. 性格的情绪特征

性格的情绪特征指人在情绪情感活动中经常表现出来的强度、稳定性、持久性以及主导心境等方面的特征。

在情绪情感的强度方面,具体表现为情绪的感染力、支配性和受意志控制的程度。有的人情绪活动强烈,性格受情绪的支配;有的人情绪活动微弱,性格的情绪色彩不浓(图10-6)。

在情绪的稳定性方面,表现为个体情绪的起伏和波动。例如,有人容易激动,有的人比较稳定;有人非常急躁,有人比较沉稳。

在情绪的持久性方面,表现为情绪对个体身心方面影响的时间长短,有人情绪发生后,很难较快平息,而有人情绪发生时来势汹汹却会转眼即逝。

图 10-6　性格的情绪特征

在情绪的心境方面,指不同主导心境在个体身上的影响作用。不同的主导心境,反映了不同的性格特征。例如,有的人愉快并乐观向上,而有的人总是郁郁寡欢或悲观失望。[①]

4. 性格的理智特征

人在感知、记忆和思维等认知活动过程中表现出来的性格特征,又称为性格的认知特征。例如,在感知方面存在着主动观察型和被动观察型,分析罗列型和概括型,严谨型和草率型等。在记忆方面存在着主动记忆型和被动记忆型,信心记忆型和无信心记忆型等。在想象方面存在着主动想象型和被动想象型,大胆想象型和抑制想象型,广阔想象型和狭窄想象型等。在思维方面存在着独创性和守旧型,深思型和粗浅型,灵活型和呆板型等(图10-7)。

图 10-7　性格的理智特征

性格结构的上述四个特征不是孤立存在的,而是相互联系、相互协调组合成统一的整

---

① 贾林祥,刘晓峰,石春. 心理学基础[M]. 南京:南京大学出版社,2018.

体,并表现出独特的风格。例如,具有勇敢和顽强性格特征的人,其主导心境一定是振奋的,情绪情感是强烈的,其认知特征是积极主动的,意志特征是独立、坚强的。由于性格的四个特征之间存在着内在联系,并协调组合成为一个整体,所以要理解个体的性格特征,通常可以通过了解其某些特征,即可推测出他的其他性格特征。例如,只要知道某人是正直、坚强的,就可以推测他具有诚恳真挚、敢于与不良行为作斗争、原则性强等性格特征。

性格是一个统一的整体,但它的表现多样,具有复杂性。有时在这个场合表现出性格的某些特征,却会在另外场合表现出性格的另外某些特征。究其原因,从客观上看是受社会环境不同方面的影响,并对个体提出了不同要求。例如,有的学生在学校里尊敬师长、团结同学、劳动积极,但在家里对待长辈、弟弟妹妹却不友好,饭来张口,衣来伸手,从不做家务。从主观上分析,性格的复杂性是由于人的行为方式与对事物的态度之间并不总是完全一致造成的。例如,社会上有的人外表看起来和善热情,但骨子里却心狠手辣;也有人外表看来言行粗鲁,但心地善良、见义勇为。①

性格的复杂性还与个人的性格结构完整和完善程度有关。有的人性格比较完整、完善,在任何场合其态度与行为都表现一致;有的人则不然,在不同场合会表现出不同的性格特征,具有双重性。例如,有人对上级领导恭敬谦卑,而对下级、同事傲慢蛮横;有的人对有利可图的事情表现积极,而对无利可图的事情则消极冷淡。由于性格结构具有复杂性,所以要了解一个人的性格,就必须要在不同的情境下进行全面、系统的考察,在考察时要分清主次以辨别真伪(图10-8)。

图 10-8　性格的复杂性

---

① 勾训,黄胜,王双宏,等.心理学新编[M].成都:西南交通大学出版社,2018.

(二) 性格类型

性格类型是指某类人身上共同具有的性格特征的独特结合。按照一定标准和原则对性格进行分类有助于揭示性格的本质。

1. 根据知、情、意三者在性格中哪种占优势划分的性格类型

英国哲学家、心理学家培因（Alexander Bain,1818—1903）等人根据知、情、意何者占优势，把性格类型划分为理智型、情绪型和意志型。

理智型的人，一般以理智来评价发生在周围环境中的一切事物，以理智来支配、调节、控制自己的行动，行为表现稳定、谨慎。情绪型的人，一般不善于思考，言谈举止容易受到自己情绪的左右，但情绪体验深刻。意志型的人，行为目标一般比较明确，主动积极，果敢和坚韧，具有自制力。在日常生活中，很少有以上单一的三种典型性格类型中的一个，绝大多数是中间类型，例如理智-意志型、情绪-理智型等。

2. 根据个人心理活动倾向性划分的性格类型

瑞士心理学家荣格（Carl Gustav Jung,1875—1961）（图10-9）根据人的心理活动倾向于外还是内，把性格分为外向型和内向型两大类。外向型的人，心理活动倾向于外部，活泼开朗、喜欢交际；内向型的人，心理活动倾向于内部，谨慎小心、交际狭窄。在现实生活中，极端的内、外向类型的人很少见，一般人都属于中间型，即一个人的行为在某些情境中外向，而在另外的情境中则为内向。

3. 根据个人独立性程度划分的性格类型

美国心理学家威特金（Herman A. Witkin,1916—1979）根据认知方式的场依存性（主要是视觉线索）和场独立性（主要是身体线索）特点，把性格分为独立型和顺从型。

独立型的人善于独立思考，不容易受到周围环境因素的干扰，能够独立地发现问题和解决问题，但有时则会把自己的意见强加于别人。顺从型的人容易受到周围环境因素的影响和干扰，经常没有主见，有时不加分析地接受他人的意见而盲目行动，应变能力较差。

图10-9　卡尔·荣格

4. 根据人的社会生活方式及价值观划分的性格类型

德国哲学家、心理学家斯普兰格（Eduard Spranger,1882—1963）根据人的社会生活方式，以及由此形成的某一种价值在个人生活目标和行为方式上所占的优势，把性格分为理论型、经济型、审美型、社会型、权力型和宗教型六类。

理论型的人能自制、好钻研、求知欲强。善于把自己的知识系统化、条理化，但往往脱离实际生活。经济型的人认为，一切工作或活动都要从实际情况和需要出发，不然则应当抛弃，重视财力、物力、人力和效能，讲求实惠。审美型的人重视形象美与心灵美的和谐，善于

欣赏好的情景和追求多种情趣,认为美的价值高于其他一切事物,以优美、对称、整齐、合宜等标准来衡量一切,对任何事物都从艺术的观点加以评论,对实际生活不很关心。社会型的人以关心他人、服务社会为职责,一般都热衷于社会活动,行为表现为随和、善良、宽容,喜欢人际交往。权力型的人对权力具有极大的兴趣,获取权力是其行为的基本动机,一般都有领导他人和支配他人的欲望和才能;自我肯定,有活力,有信心,对人对己要求严格,讲原则,守秩序,但有时则固执己见、自负专横。宗教型的人相信命运和超自然的力量,把宗教信仰作为生活的最高价值,这类人一般有坚定的信仰,富有同情心,但容易在现实生活中退却。斯普兰格认为,在现实生活中,纯粹属于上述某种类型的人很少,绝大多数都是各种类型的混合,即混合型。

5. 根据人际关系划分的性格类型

日本心理学家矢田部达郎(1893—1958)等人根据人际关系,把性格划分为 A、B、C、D、E 五种典型的性格类型。

A 型性格类型的人情绪稳定,社会适应性及内外向性均衡,但主观能动性不够,交际能力较弱。B 型性格类型的人外向,情绪不稳定,社会适应性较差,遇事急躁,人际关系融洽。C 型性格类型的人内向,情绪稳定,社会适应性良好,但行为表现被动,不能胜任领导工作。D 型性格类型的人外向,社会适应性良好,人际关系较好,有组织领导能力。E 型性格类型的人内向,情绪不稳定,社会适应性一般或较差,不善于交际,但善于独立思考,有钻研性。

6. 根据个人的性格、兴趣与职业的关系划分的性格类型

美国学者霍兰德(J. L. Holland,1919—2008)提出了人格-职业匹配理论,认为一个人的性格、兴趣与职业密切相关(图 10-10)。人们是在不断寻求能够发展兴趣、获得技能的职业。经过长期的研究,他把人的性格划分为六种类型:实际型、调查型、艺术型、社会型、企业型和传统型。

图 10-10　人格-职业匹配理论

实际型的人具有重实践、直率、随和、不爱社交、节俭、稳定、坚定等特征。调查型的人具有分析、好奇、思想内向、聪明、精确、富有理解力等特征。艺术型的人具有感情丰富、爱想象、富有创造性等特征。社会型的人具有爱社交、友好、慷慨、乐于助人、活跃、合作等特征。企业型的人具有爱冒风险、外向、乐观、爱社交、健谈、喜欢领导他人等特征。传统型的人具有条理性、随和、自我约束、友好、务实、拘谨、保守等特征。

对性格类型分类是从不同角度出发的,都是用选择出来的相关特征加以概括而揭示人的性格的典型特征,因此,在实际生活中,按照某一类标准把人的性格归类为哪种类型具有一定的理论意义和应用价值。同时也应看到,性格的分类还不够完善,存在着某种片面性和主观性,尤其是比较容易忽视中间型类型,这在分析和归类某人的性格类型时需要特别注意。

五、性格的形成与培养

(一) 性格的形成

性格主要是通过人的不断的生活实践,在外界生活条件和人自身的心理活动相互作用之中形成和发展起来的。它的形成过程离不开主体与客体的相互作用。

性格是十分复杂的心理结构,它的任何特征都不是一朝一夕形成的,也不只是受一种因素影响而形成的。影响性格形成的因素很多,诸如遗传因素、家庭因素、学校教育、社会环境、自身成熟等,其中,教育和环境的影响最为重要。

1. 遗传的作用

人的高级神经活动类型在性格形成中有一定的作用,人的气质影响着性格特征的外部表现,就是由神经类型的特性决定的。例如,在不利的客观条件下,抑郁质的人比胆汁质的人容易成为懦夫,而在顺利的条件下,胆汁质的人比抑郁质的人容易成为勇士。多血质的人善于与人交往,而黏液质的人难以与人相识。研究还说明,神经系统的某些遗传特性也可能影响到某些性格的形成,加速或延缓某些行为方式的产生和发展。但是性格作为人的对现实的态度及行为方式的系统,主要是由社会关系决定的。遗传对性格的形成有些影响,但它不起重要的作用。

2. 环境的作用

(1) 家庭是性格最初形成的重要环境

家庭环境对儿童性格的影响如表10-1所示。

表 10-1　家庭环境对儿童性格形成的影响

父母的态度	儿童性格
支配性的	消极、顺从、依赖、缺乏独立性
溺爱的	任性、骄傲、利己主义、缺乏独立精神、情绪不稳定
过于保护的	缺乏社会性、依赖、被动、胆怯、深思、沉默、亲切的

续表

父母的态度	儿童性格
过于严厉的	顽固、冷酷、残忍、独立的；或者怯懦、盲从、不诚实、缺乏自信心、自尊心
忽视的	妒忌、情绪不安、创造力差，甚至有厌世轻身情绪
民主的	独立、直爽、协作的、亲切的、社交的、机灵的、安全、快乐、坚持、大胆、有毅力和创造精神
父母意见分歧的	易生气、警惕性高；或有两面讨好、投机取巧、好说谎的作风

(2) 学校教育的影响

学校教育是有目的、有计划、有组织地按照一定社会政治经济的要求和儿童身心发展规律，对下一代所实施的德、智、体、美、劳诸方面影响，以使其形成一定的知识、技能和个性。学校教育在儿童性格形成中具有特别重要的作用。

(3) 社会环境对性格的影响

学生生活在社会环境中，除了上学时间外，有相当一部分时间在社会上活动。社会上各种因素如社会风尚、社会舆论、报刊杂志、电影电视等都对其性格的形成、发展产生这样或那样的影响。宣传为社会、为人民作出巨大贡献的英雄模范人物的事迹，能激起学生强烈的情感和丰富的想象，成为他们前进的动力，促使他们形成良好的性格。而低级下流、庸俗的文艺作品则往往对正在成长的学生产生极坏的影响。

(二) 性格的培养

1. 形成良好的家庭气氛，采取正确的教养方法

在宁静愉快的家庭，孩子会有安全感，生活愉快，信心十足，待人和善，能和父母相处得融洽(图10-11)；气氛紧张及冲突家庭的孩子缺乏安全感，情绪不稳定，容易紧张和焦虑，害怕父母，对人不信任。因此，父母采取正确的教养方式是影响孩子性格形成和发展的重要手段。

图10-11　良好的家庭氛围

2. 加强人生观、世界观和价值观的教育

人生观、世界观在整个个性结构中处于统帅的地位。要培养学生健全的性格,学校就必须利用各种形式开展教育,使学生形成正确的人生观、世界观和价值观,树立正确的人生目标。只有这样,学生才能正确处理好与他人及集体的关系,正确评价和引导自身的行为,形成积极的生活态度和行为方式,使性格得到健康的发展。

3. 及时强化学生的积极行为

性格是在活动中逐步养成的。学校日常教学活动的合理组织,可使学生形成勤奋、认真、守纪律等良好的性格品质。除此之外,学校还要组织各种课外、校外活动,开阔学生的眼界,丰富学生的社会经验,增加学生受锻炼的机会。在各项活动中,教师要积极关注每一个学生的行为表现,对良好的行为要及时表扬、鼓励。

4. 充分利用榜样人物的示范作用

班杜拉认为,社会学习理论强调榜样在性格形成中的重要作用(图10-12)。对于学生来说,榜样的力量是无穷的。利用榜样人物的影响往往能收到潜移默化的教育效果。因此,在性格教育中要注意向学生介绍古今中外的优秀人物,引导学生向这些优秀人物学习。特别值得注意的是,在性格教育中,更应该遵循"身教重于言教"的教育原则,教师应该不断地完善自己的性格,提高自己的人格魅力,成为学生性格发展中能够直接模仿的榜样。

图10-12 阿尔伯特·班杜拉

5. 利用集体教育力量

通过集体教育不仅可以培养学生关心集体、维护集体利益的集体主义性格特征,而且其他许多优良性格特征如诚实等也都能得到培养。也就是说,只有使每一个人的个性都获得了充分的发展,才会有真正的集体和集体教育可言。总之,教育了集体,也就教育了每一个人,教育了每一个人,也必然会影响到集体。

6. 依据性格倾向因材施教

学生性格的发展受他们已有的个性特点的影响。因此性格教育必须针对学生不同的个性特点,因材施教。例如,对于自暴自弃的学生,教师不应苛求和指责,而要通过暗示、表扬等给予更多的鼓励,使他看到自己的优点和取得的进步,以增强其自信心。对于自尊心强甚至自负的学生,批评时则需要顾及情面,留有余地,善于捕捉促进其发展的契机,设法帮助其看到在工作和学习中存在的缺点,养成谦虚谨慎、戒骄戒躁的良好性格。

7. 提高学生的自我教育能力

个体优良的性格特征的养成,并非简单地受客观外界因素的影响,而是主客观相互作用的结果。人是一个高度的自主组织系统,具有高度的自我调节能力,一切外来的影响,只有通过每个人的自我调节才能发挥作用。在教育实践中提高学生的自我教育能力,需要通过具体的教育情境帮助他们对自身有客观、正确的认识和评价,促使他们自觉地发展控制和支配自己的行为的能力,从而使他们能够在自我意识提高的过程中增强自觉塑造自己良好性格品质的能力。

8. 习惯面含微笑

如果你能笑脸相迎、笑脸相送,就会给人一种温暖亲切之感。生活需要微笑,生活中的每一个人都需要微笑(图10-13)。

图 10-13　习惯面含微笑

9. 乐于帮助别人

一般来说,人在困境时,最需要别人的安慰与帮助。要做一个乐于助人的人,学会关心别人,学会帮助别人。请记住:锦上添花远不如雪中送炭让人感激;顺境中的赞扬也远不如逆境中的帮助与支持令人难忘。

10. 学会建立友情

友情表现在对他人的注意和关心上。要学会和自己周围的人开朗地打招呼。友情能拉近人与人之间的距离,友情能使个体更快更好地融入这个社会。

11. 学会自我暴露

自我暴露即在特定的人物面前展示自己的秘密。自我暴露的心理效应是可以获得他人好感,甚至将你视为知己。人们常说:"要想了解别人,首先就要让别人了解自己。"

12. 不要炫耀自己

在与别人相处和谈话时,不要自我卖弄,夸夸其谈,专讲自己的成绩,从不讲自己的不足。炫耀自己会引起别人的反感,从而拉开与别人的心理距离。

13. 发现承认他人价值

每个人身上都存在着值得赞扬的品质,要学会发现或寻找他人身上值得赞扬的东西。承认他人价值,会给别人带来自信,给别人带来自信,同时会获得别人好感。

14. 认真听取别人讲话

一个人越有水平,他在听别人讲话时就越认真、越专注(图10-14)。这样做会赢得别人的信任,会觉得他是一个值得依赖的人、值得交心的人。他身边的人的修养也在不知不觉中得到升华。行为养成习惯,习惯培养性格,性格决定命运。一个良好的行为习惯的养成不是一朝一夕的事情,"冰冻三尺,非一日之寒",但是只要大家有意识地去做就一定会养成。海纳百川,有容乃大;天生万物,适者方存。

图 10-14 认真听取别人讲话

第二节 气 质

一、气质的概念

"气质"一词源于拉丁语,原意是"掺和"或"混合",后被用来描述人的激动或兴奋的个体特征,与通常所说的"脾气"意思相近。在心理学中,气质是指一个人典型和稳定的心理活动的动力特征,它不以人的活动目的和内容为转移。

在日常生活中，人们所讲的气质经常指个体的言谈举止的风格或方式，带有社会评价色彩。心理学上的气质则与个体行为模式相联系，是人格形成与发展的基础，是具有人的生理素质或身体特点的人格特征，也是构成人格结构的重要部分之一。气质对社会环境的依赖性小，并不具有道德价值和社会评价意义。

图 10-15　古希腊哲学家恩培多克勒

在心理学史上，气质是一个古老的概念。古希腊学者恩培多克勒（Empedokles，约公元前 492—前 432）（图 10-15）提出的"四根说"就已经具有气质和神经类型关系的萌芽。恩培多克勒认为，人体是由火、水、土和空气四根构成：血液部分是火根，体液部分是水根，固体部分是土根，维持生命的呼吸是空气根。火根离开了身体，血液就会变冷些，那么人就会入眠。火根全部离开身体，血液就会全变冷，那么人就会死亡。四根配合与协调得当，身体就健康，反之，就会罹患疾病。人的心理特征依赖身体的特殊结构，同时，各人心理上的差异则是由于身体上配合比例不同造成的。例如，演说家是舌头的四根配合协调得好，美术家是手指的四根配合协调得好。[①]

当代心理学认为，气质是由神经结构和机能决定的心理活动的动力特征，表现为个体行为能量和时间方面的特点。心理活动的动力特征表现为心理活动发生的强度（如情绪的强弱、意志努力的程度等）、心理活动的速度和稳定性（如知觉的速度、思维的灵活程度、注意集中时间的长短等）以及心理活动的指向性（如心理活动指向于外部，还是指向于内部）等方面的特征。气质的这些动力特点，并不是推动个体进行活动的心理原因，也不以个体活动的内容、目的和动机为转移，更不决定其活动的具体方向，而是一种稳定的心理活动特征。它总是在人的心理和行为活动中表现出来并具有个人色彩。例如，具有某种气质类型的人，经常会在内容不同的活动中显示出同样的动力特点。如脾气急躁的人，在上课时爱抢先回答问题，在等车时会表现出不耐烦。

不同气质类型的人会在情绪过程、意志过程和认知过程中表现出不同特征。例如，一个具有温和安静气质的人一般不会经常出现激烈的情绪反应，其注意力集中的时间也会较长，但在思维的灵活性方面就会显得不够灵活；而活泼好动的人则会经常出现较为激烈的情绪反应，其注意力集中的时间也比较短，但是思维活动则显得比较灵活。

气质是具有先天禀赋的人格特征，但其特点是在后天环境中表现出来的。例如，婴儿出生后不久就会在心理活动和动作上表现出差异，有的婴儿多动、哭声响亮，有的宁静、声微安详，这些特征必定会影响其父母或哺育者与婴儿的互动关系，从而影响其人格的形成。心理

[①]　R. M. 利伯特. 发展心理学[M]. 北京：人民教育出版社，1983.

学的研究表明,气质是婴幼儿期在心理动力反应上的基本形式,是其能力、性格形成与发展的最初心理基础。

气质具有极大的稳定性,它不受人的活动目的、动机和内容制约,但也具有一定的可塑性。一个人的气质在环境与教育的影响下,在某种程度上会有所改变。人在实践活动中形成和发展起来的其他心理特征也会掩盖和改造气质。

二、气质特性

气质由许多心理活动的特性交织而成,反映了人在心理活动和行为上的各种动力性特征,主要包括感受性、耐受性、反应敏捷性、可塑性、情绪兴奋性和内外向性。

1. 感受性

气质的感受性是指人对内外最小适宜刺激的感觉能力,通常用绝对感觉阈限和差别感觉阈限进行定量分析。气质感受性是高级神经活动过程强度特性的表现,不同的人对刺激强度的感受性是不同的。例如,胆汁质和多血质的人的感受性一般比较低,而抑郁质的人的感受性就很高。[1]

2. 耐受性

气质的耐受性是指人在接受体内外刺激作用时,表现在时间和强度上可以耐受的程度。气质的耐受性是高级神经活动过程强度特性的反映,主要表现在长时间从事某项活动时注意力集中的持续状态,包括对强烈或微弱刺激的耐受性,以及持久的思维活动等方面的特性。例如,黏液质的人的耐受性就比较高些。

3. 反应敏捷性

气质的反应敏捷性包括两类特性:一类指随意反应和心理过程进行的速度,例如,动作速度、言语速度、记忆速度、思维敏捷程度和注意转移的灵活程度等;另一类指不随意反应性,例如,不随意注意的指向性、不随意运动反应的指向性等。气质的反应敏捷性表现了高级神经活动过程的灵活性特性,通过反应时实验仪器等可以对其进行定量分析与判定,一般多血质的人具有较强的反应敏捷性。

4. 可塑性

气质的可塑性是指根据外界事物的变化而随之改变和调整自己行为以适应外界环境的难易程度。气质的可塑性是高级神经系统灵活性的表现。一般来说,能够根据外界环境的变化及时调整自己的思想和行为的人的可塑性较高,反之则较低。高级神经活动过程的灵活性与行为的可塑性关系非常密切(图10-16)。多血质的人的可塑性通常比较强。

5. 情绪兴奋性

气质的情绪兴奋性是指以不同速度对微弱刺激产生情绪反应的特性。气质的情绪兴奋性不仅指情绪兴奋的强度,还指对情绪抑制能力的强弱。情绪兴奋性与高级神经活动过程的强度特性有关,也与高级神经活动过程的平衡性有关。例如,某人情绪兴奋性强,抑制力

---

[1] 申荷永.核心心理学[M].北京:中国人民大学出版社,2020.

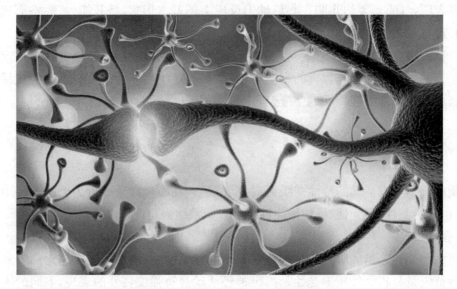
图 10-16　气质也具有一定的可塑性

弱,相应地表现为高级神经活动过程具有强而不平衡的特性。情绪兴奋性还包括情绪的外部表现强度。例如,同样具有强烈的情绪兴奋性的人,有人具有强烈的外部表现,有人则不表现在外。一般来说,多血质和胆汁质的人具有比较高的情绪兴奋性。

6. 内向型与外向型

气质的内向性与外向性是指人的心理活动、言语与行为反应表现于内部还是外部的特性。倾向于外部的称为外向型,倾向于内部的称为内向型。气质的外向型和内向型与高级神经活动的兴奋和抑制过程的强度有关。外向型的人,通常兴奋过程占优势,喜欢与人交往,活泼好动。内向型的人,通常抑制过程占优势,经常沉浸在自己内心思想与情感体验中,不愿或较少与人交往。

气质心理活动特性的不同组合,构成了现实生活中各种不同的气质类型。需要指出的是,心理特性与人的高级神经系统的活动特点有关,即与人的遗传素质具有密切联系。可见,气质具有较多的天赋成分,不易改变,如俗话说"江山易改,禀性难移"。

三、气质类型

气质类型是指在某一类人身上共同具有的气质特征的有规律地结合。气质是一个古老的概念,古希腊学者、医生希波克拉底(Hippocrates,约公元前460—公元前377)最早提出有关气质的概念,后来罗马医生、解剖学家盖伦(Claudius Galen,约130—200)把气质归为十三类,随着古代医学的发展,根据气质的特性和外部表现,又把气质逐渐简化、归纳为四种典型的气质类型:胆汁质、多血质、黏液质和抑郁质,并一直沿用至今。这四种典型气质类型在情绪和行为方式上以及在智力活动方面具有不同特点和表现(表10-2)。[1]

---

[1]　贾林祥.心理学基本理论研究[M].南京:南京大学出版社,2019.

图 10-17 古希腊学者、医生希波克拉底

表 10-2 典型气质类型与心理活动特性的关系

气质类型	感受性	耐受性	敏捷性	可塑性	情绪兴奋性	倾向性	速度	不随意反应
胆汁质	低	较高	快、不灵活	小	高	外向	快	强
多血质	低	较高	快、灵活	大	高	外向	快	强
黏液质	低	高	慢、不灵活	稳定	低	内向	慢	弱
抑郁质	高	低	慢、不灵活	刻板	体验深刻	内向	慢	弱

1. 胆汁质

胆汁质类型的人，表现为精力旺盛，反应迅速，情感体验强烈，情绪发生快而强，易冲动，但平息也快。直率爽快，开朗热情，外向，但急躁易怒。有顽强拼劲和果敢性，但往往缺乏自制力和耐心。思维具有灵活性，但经常粗枝大叶、不求甚解。意志坚强、勇敢果断，但注意力难于转移。

2. 多血质

多血质类型的人活泼好动，反应迅速，思维敏捷、灵活而易动感情，富有朝气，情绪发生快而多变，表情丰富，但情感体验不深。外向，喜欢与人交往，容易适应新环境。兴趣广泛但易变化，注意力不易集中，意志力方面缺乏耐力。

3. 黏液质

黏液质类型的人安静、沉着、稳重、反应较慢，思维、言语及行动迟缓、不灵活，注意力比较稳定且不易转移。内向，态度持重，自我控制能力和持久性较强，不易冲动。办事谨慎细致，但对新环境、新工作适应较慢；行为表现坚韧、执着，但感情比较淡漠。

4. 抑郁质

抑郁质类型的人感受性高，观察仔细，对刺激敏感，善于观察别人不易察觉的细微小事，反应缓慢，动作迟钝。多愁善感，体验深刻和持久，但外表很少流露。内向、谨慎，遇到困难或挫折时易畏缩，但对力所能及且枯燥乏味的工作能够忍耐，不善于交往，比较孤僻。

需要指出的是,在现实生活中,具有典型单一的气质类型的人是很少的,绝大多数人属于中间型或混合型,既较多地具有某种气质类型的特征,又具有其他气质类型的一些特征,这是环境、教育以及个人生活实践诸多因素与个人先天禀赋相互作用的结果。

四、高级神经活动类型与气质

(一) 高级神经活动过程的基本特性

巴甫洛夫在 20 世纪上半叶提出了高级神经活动类型理论(图 10-18),他研究了暂时神经联系形成的神经机制以及条件反射活动发展和消退的规律,揭示了大脑皮层的基本神经过程,即兴奋和抑制这两个神经过程,以及它们具有的三个基本特性:强度、平衡性和灵活性。巴甫洛夫认为,高级神经活动的基本过程(即兴奋过程和抑制过程)是个体差异及其特点的基础,个体的所有活动都是在兴奋和抑制这两种神经过程协同活动的支配下进行的。①

图 10-18　高级神经活动学说创始人伊万·彼得罗维奇·巴甫洛夫

神经过程的强度,是指大脑皮层细胞和整个神经系统经受强烈刺激或持久工作的性能。在一般情况下,强的刺激引起神经细胞和神经系统强的兴奋,弱的刺激引起弱的兴奋。但有时当较强刺激作用于个体的神经系统时,并不是都能以相应强度的兴奋来应对并作出反应,有的能够忍受而表明其兴奋程度较强,有的则忍受不了这种刺激而表明其兴奋程度较弱。

---

① 刘文.心理学基础[M].南京:南京大学出版社,2018.

神经活动过程的强度是高级神经活动类型的最重要标志。

神经过程的平衡性,是指兴奋和抑制这两种神经过程之间的相对关系。如果兴奋与抑制这两种神经过程的强度是均衡的,表示它们之间是平衡的;如果其中一种神经过程占优势,则是不平衡的,即表现出兴奋过程占优势,其抑制过程则较弱,或者抑制过程占优势,其兴奋过程则较弱。

神经过程的灵活性,是指对刺激的反应速度以及兴奋过程和抑制过程相互替代、相互转换的速度。个体之间在兴奋过程和抑制过程的灵活性上存在着差异。实验表明,当兴奋和抑制这两种神经过程的转换速度迅速、容易时,其高级神经活动过程的灵活性高,反之则灵活性低。

(二)高级神经活动类型

巴甫洛夫根据高级神经活动过程的强度、平衡性和灵活性这三个基本特性的独特组合,把个体的高级神经活动类型划分为兴奋型、活泼型、安静型和抑制型四种。

兴奋型:神经活动过程强而不平衡,其特点是,神经活动的兴奋过程强于抑制过程,极易兴奋而难以抑制,其行为表现为攻击性强,易兴奋,不易约束,不可抑制,又称为"不可遏制型"。

活泼型:神经活动过程强、平衡而灵活,其特点是,神经活动的兴奋过程和抑制过程都比较强,两者容易替代和转换,能够较快地适应环境,反应敏捷、活泼好动。

安静型:神经活动过程强、平衡而不灵活,其特点是,神经活动的兴奋过程和抑制过程都比较强,但两者不容易替代或转换,安静、沉着、有节制和反应迟缓。

抑制型:神经活动过程的兴奋过程和抑制过程都比较弱,当有过强刺激作用时,容易引起疲劳,有时甚至会导致神经衰弱或神经官能症。它以胆小畏缩、消极防御和反应缓慢为特点。

巴甫洛夫根据高级神经活动类型的特点与气质类型的特点进行对照,认为两者具有相似性,为此他把高级神经活动不可遏制型与胆汁质类型及其心理表现相对应,把高级神经活动活泼型与多血质类型及其心理表现相对应,把高级神经活动类型安静型与黏液质类型及其心理表现相对应,把高级神经活动抑制型与抑郁质类型及其心理表现相对应。自巴甫洛夫提出高级神经活动类型与气质类型关系的学说以来,大量类似研究都证实,高级神经活动类型是气质类型的生理基础,气质类型是高级神经活动类型的心理表现。巴甫洛夫的高级神经活动类型学说为气质类型的划分提供了生理依据,高级神经活动特性决定了个体最初的气质表现。但是,影响气质的因素不应只有高级神经系统的活动特性,还应该包括整个身体组织,以及社会环境和性格等因素,它们都会对人的气质类型产生重要影响。

第三节 能　力

一、能力概述

(一) 能力的概念

能力是一个人能够顺利完成某种活动并直接影响活动效率所必须具备的心理特征。能力包括两个：一是指实际能力，即目前表现出来的能力，或已达到的某种熟练程度。如一分钟打多少个英语单词，跑完400米需要多少时间，能讲几种外语等。个体的实际能力可以用成就测验来测量。二是指潜在能力，它与已发展的实际能力不同，是目前尚未表现但通过学习或训练后可能具有的能力或可能达到的某种熟练程度。潜在能力可以用性向测验来测量。实际能力和潜在能力密切联系，潜在能力是实际能力形成与发展的基础和条件，实际能力是潜在能力的结果和展现。①

能力是直接影响活动效率，使活动得以顺利进行的心理特征，是人格的组成部分，有些因素虽影响活动的顺利进行，例如，体力、耐力等，但它们不能称为能力，因为它们不属于人格的组成部分；有些虽是心理特征，但它们不是顺利完成活动必不可少的条件，不直接影响活动的效率，例如，谦虚、骄傲、活泼、沉稳等，因此也不能称为能力。但是，像音乐的节奏感和曲调感对于从事音乐活动的个体来说是必不可少的；对色彩的鉴别、线条比例、形象记忆等则对画家来说具有重要意义；观察的精确性、思维的敏捷性、反应的灵活性等更是个体完成许多活动不可或缺的条件，缺少这些心理特征，就会影响活动效率，使活动不能顺利进行，因此，这类心理特征则是能力。在日常生活中，有的人能歌善舞，具有表演能力；有的人善于组织协调，具有领导管理能力；有的人写的文章层次清晰、准确生动，文字表达能力强；有的人善于计算，数学能力强等。可见，能力总是与某种活动联系在一起的（图10-19）。

能力与活动紧密联系。一方面，人的能力是在活动中形成、发展和表现出来的。例如，作家通过创作活动不断形成和发展着想象能力和写作能力，公安干警在破案过程中锻炼并提高了敏锐的观察能力和判断推理能力。另一方面，从事某种活动又必须以某种能力为前提。例如，教师如果缺乏语言表达能力，就不能较好地完成所从事的教学工作。因此，活动的速度和成果的质量，被认为是个体能力的重要指标。如果一个人能够迅速、成功地完成或掌握某种活动，即能够比其他人易于得到相应的技能和达到熟练的程度，并且能够取得比中等水平更多的优质成果，那么这个人就被认为是有能力的。由于成功完成某种活动需要多方面的因素，能力仅是个体成功完成某种活动的必要条件之一，个体的知识经验、需要动机、

---

① 贾林祥，刘晓峰，石春. 心理学基础[M]. 南京：南京大学出版社，2018.

图 10-19　能力总是和某种活动联系在一起的

身体健康状况等都是完成活动必需的。

除了能力外,气质和性格等心理特征也都从不同侧面影响活动的进行,但能力是直接影响活动效率的心理特征,是完成某种活动必备的、最基本的条件。能力属于人格范畴,它与心理过程不同。心理过程是"存在于人们蕴藏的或表现在外的行为中的任何动作或事件,是一个或一系列事件",而能力则是"个体特征和心理过程之间的特殊关系,是个体的一种特征",两者存在很大差异。

(二) 能力、知识、技能关系

正确认识传授知识、掌握技能和发展能力之间的关系,在教育教学工作中非常重要。能力的形成与发展是在知识获得、技能掌握与运用的过程中逐渐完善的,而知识的获得必须依赖学习,技能的掌握必须依赖练习,离开了学习与练习,能力就不会得到发展。因此,能力在一定程度上决定着个体在知识、技能获得和掌握上取得的成就。

能力、知识和技能三者之间虽然联系紧密,但也存在重要区别,可以从范畴、概括水平、发展水平等不同角度进行分析。

1. 能力、知识和技能的相互区别

能力、知识和技能属于不同范畴。能力是个体顺利完成某种活动所必需的个性心理特征或人格特征,经常、稳定地表现出来,属于个性心理特征的范畴。知识是人类社会历史经验的总结与概括,是人对客观事物和现象的特征、联系与关系的反映。人类已积累的知识经验,既是社会财富,又是个体心理活动,特别是思维活动的结果,是心理活动的对象与内容之一。例如,书本知识或他人的经验总结(图 10-20),都是以思想、观念等形式被个体理解与掌握而成为个体意识或个体知识体系中的一部分。因此,知识是人的心理活动过程的范畴。技能是个体在获得知识的基础上,运用某种活动的方式,例如,动作方式或智力活动方式。

感知、记忆、思维活动和肌肉运动等构成技能形成与发展的必要环节，所以技能是心理活动方式的范畴。举例来说，要理解一个数字公式，那些与数字任务有关的感知、记忆、想象和思维方式可归为认知技能的范围，而推导这一公式的步骤、推导过程中需要运用其他公式或原理，这都属于知识的范围，在推导过程中的思维分析以及概括等，则属于能力范围。

图 10-20　知识是人类社会历史经验的总结与概括

能力、知识和技能具有不同的概括水平。能力是对人的认知活动与行为方式较高水平的概括；知识是对客观事物或现象的本质属性、内在联系与相互关系的抽象概括和体系化；技能是对动作方式或操作程序的具体概括。能力、知识和技能三者虽然都可以单独作为一种概括体系，但水平上存在着明显差异。知识和技能虽具有概括性，但对某些知识或某种具体技能来说，仍比较具体；而能力是对人的心理活动过程、活动方式和知识获得的概括，相对来说比较抽象。

能力、知识和技能的发展水平不同步。相对来说，知识的获得要快些；技能需要有个练习过程；能力的形成与发展比知识获得和技能掌握要晚些。知识在人的一生中，可随年龄增长而不断积累，但能力却会随年龄增长具有发展、停滞或衰退的过程。另外，在不同人身上可能具备相同水平的知识、技能，但能力却不一定相同。一般来说，学习成绩好的学生，智力水平可能较高；但是，两个学习成绩同样优异的学生，一个可能是才能出众，另一个则可能是由勤奋所致。

2. 能力、知识和技能的相互联系

尽管能力、知识和技能之间存在着区别，但它们相辅相成。能力是在掌握知识和技能的过程中形成与发展起来的，只有具备了一定的能力，才能顺利地获得和掌握所学知识和技能。能力既表现在获得和掌握知识和技能的过程中，也体现在获得和掌握知识与技能的速度和质量上。同时，个体在获得和掌握知识与技能的过程中，又不断地发展了自己的能力。因此，能力既是获得和掌握知识与技能的前提，又是获得和掌握知识与技能的结果。技能是知识转化为能力的中间环节；知识掌握要以能力为前提，能力是掌握知识的内在条件和可能性;同时,知识和能力又是掌握技能的前提,它们制约着技能形成与掌握的快慢、深浅、难易、灵活性和巩固程度。

正确理解能力和知识、技能的区别与联系,有利于鉴别与培养人才。既然能力有别于知识和技能,而且能力的提高,既可以通过个体现有的知识、技能反映出来,也可以作为潜在可能性蕴含而不表现出来,因此,不能仅依据知识和技能现状来评价某人的能力或选拔人才,否则就容易作出错误判断;同样,也不能仅以知识、技能的传授来代替能力的形成与发展的培养,否则将出现"高知低能"或"高分低能"的倾向。既然能力与知识、技能之间紧密联系,因此,要发展能力,就应从掌握知识、技能入手,并在获得和掌握知识、技能的同时,关注其能力的培养。只有这样,能力才会随知识与技能的增长而发展。

二、能力种类

能力不是与生俱来的,而是在人的遗传素质的基础上,在实践活动中逐渐形成与发展起来的。能力种类多样,可以按不同标准对能力进行分类。

(一) 按照能力作用的活动领域分类

按照能力作用的活动领域不同,能力可以分为一般能力和特殊能力。

1. 一般能力

一般能力又称为普通能力,是指在个体从事的各种活动中共同需要的能力,是人共有的基本能力,适用于广泛的活动范围,而且符合多种活动的要求,以保证个体容易和有效地获得知识与掌握技能。

一般能力和人的认知活动紧密联系,如观察、记忆、理解以及解决问题能力等都属于一般能力。心理学中把具有稳定性、预见性和多样性特征的观察力、注意力、记忆力、思维力、想象力综合称为智力。其中,观察力是指有目的、有计划、比较持久的知觉能力,是智力活动的门户。注意力是人的心理活动对一定事物或对象的指向与集中,它保证人能够及时地集中自己的心理活动,正确反映事物。记忆力是人积累知识经验的能力,是智力的仓库。思维力是以概括、判断、推理的形式解决问题的能力,它在智力中占有特殊的重要地位,是人对获得的信息运筹与加工的能力。想象力是人对表象进行加工改造创造出新形象的能力,是智力中非常活跃的成分,学习活动和创造过程都离不开想象力。

2. 特殊能力

特殊能力又称特殊才能或专门能力,是指个体为完成某种专门活动所必需的能力,它是在特殊的专门领域内必需的能力。数学能力、音乐能力(图 10-21)、绘画能力、体育能力、写作能力等都属于特殊能力。一个人可以同时具有多种特殊能力,但只有其中某种特殊能力占优势。研究表明,同一种特殊能力中包含着多种成分,它们对所从事的活动的作用是不同的。例如,数学能力中,包含了对数字的感知能力、数字记忆能力、算术和推理能力或者空间想象能力等,这些能力可以使其顺利完成某道数学计算或几何推理题,但有人可能在推理能力上占优势,有人则可能在空间想象力上占优势,这些成分因素的不同组合,构成了人与人之间不同的数学才能。

图 10-21　德国音乐家路德维希·凡·贝多芬

一般能力和特殊能力紧密联系。一般能力是特殊能力形成和发展的基础，它为特殊能力的发展创造可能性并提供有利条件，特殊能力的发展会促进一般能力的提高。要顺利完成某项任务，既需要具备一般能力，又需要具备与完成该任务有关的特殊能力。一般能力和特殊能力在个体所从事的具体活动任务中共同发挥作用，并表现出个体独特的能力特征。

（二）按照能力表现形态分类

按照能力表现形态的不同，可以把能力分为认知能力、操作能力和社交能力。

1. 认知能力

认知能力是指个体接收、加工、存储和应用信息的能力，是个体得以顺利完成各项活动任务最重要的心理条件。对客观事物的观察、记忆、注意、思维和想象的能力都属认知能力。美国心理学家加涅（R. M. Gagne）认为，认知能力可以分成三类：第一类是言语信息能力，主要用于回答"世界是什么"的问题的能力；第二类是智慧技能，主要用于回答"为什么""怎么办"的问题的能力；第三类是认知策略的能力，主要是有意识地调节与监控自己认知加工过程中各项操作的能力。

2. 操作能力

操作能力是指器械操纵、工具制作、身体运动等方面的能力。劳动能力、艺术表现能力、体育运动能力、仪器操作能力等都是操作能力。这些都是个体有意识地调节自己的动作，以适应外部环境要求的能力。操作能力以操作技能为基础而发展起来，同时，又为顺利掌握某些操作技能提供重要条件。

认知能力和操作能力紧密联系，认知能力离不开操作能力，操作能力中一定有认知能力在起作用。

3. 社交能力

社交能力是指个体运用适当交往技巧增进与他人心理关系的能力。社交能力是在交往活动中表现出来的,言语感染能力、沟通能力以及交际能力等都是社交能力。组织管理能力由于涉及人与人之间的关系和交流,其中也有社交能力。

社交能力主要包括观察技能、执行技能和认知技能。社交中的观察技能,包括获得信息和准确了解他人使用非言语方式传递的意思;执行技能包括倾听、说话、契合、适当的非言语沟通、打招呼、告别、引发对话、酬谢与申辩等;认知技能包括交际计划、在交往过程中的问题解决以及与他人和睦相处等能力。

社交能力、认知能力和操作能力紧密联系,不能绝对地把它们分开来,它们共同发挥作用,为各项活动的顺利完成提供基础和条件。

(三) 按照活动中能力参与活动性质分类

按照活动中能力参与活动性质的不同,可以把能力分为模仿能力和创造能力。

1. 模仿能力

模仿能力又称再造能力,是指通过观察别人的行为和活动来仿效他人的言行举止,然后以相同方式作出反应的能力。例如,儿童模仿父母的说话、儿童学习某些生活技能、习字时的临摹等都属于模仿能力。模仿是人与人之间彼此相互影响的社会行为方式,是实现个体社会化的基本过程。模仿能使个体原有的行为巩固或改变,并使其潜在的行为表现出来,从而习得新的行为动作。模仿能力表现出的创造性程度尽管比较低,但它是个体早期获得知识经验的重要途径和手段。模仿能力在人的一生中都发挥着重要作用,对自己的行为表现有着重要影响。

2. 创造能力

创造能力是指个体不受成规的束缚而能够灵活运用知识经验,产生新思想,或发现和创造新事物的能力。创造能力是成功完成某种创造性活动所必需的心理品质,在创造能力中,创造性思维和创造性想象起着重要作用。

创造能力具有三个基本特征:一是独特性,即对客观事物具有不同寻常的独特见解,不循常规和标新立异;二是变通性,即能随机应变,不容易受心理定势的约束与干扰,能举一反三,触类旁通,构思新奇;三是流畅性,即心智活动畅通无阻,能够在较短时间里产生大量想法,表达出较多的观念和提出多种答案。

模仿能力和创造能力二者相互联系。模仿能力中一般都含有创造性因素,而创造能力的发展又需要一定的模仿能力作为基础。模仿能力和创造能力相互渗透。有了模仿能力的基础,创造能力才有可能发展。一般总是先模仿后创造,模仿是创造的前提和基础,创造是模仿的发展和结果。当然,对能力所做的这种划分是相对的,模仿能力中含有创造能力成分,而创造能力中也含有模仿能力的成分。

三、智力

(一) 智力的含义

长期以来,智力的概念备受争议,至今心理学界对智力尚无公认的定义,不同心理学家从不同的角度界定智力。探讨智力及其结构,对于深入了解智力的本质,合理设计智力测验,确定智力发展的策略都是必要的。①

1. 中国学者对智力的解释

中国学者很早就对智力进行探讨,认为智力即智慧,是人认识客观事物及其规律并用于解决实际问题的能力。荀子在《正论》中指出:"天子者……道德纯备,智惠(即智慧)甚明。"245年,三国魏刘劭在《人物志》书中提出心理观察的基本原理,即"观其感变以审常度",意指在心理观察中根据个人行为的变化可推测其一般心理活动。1937年美国学者把《人物志》译成英文,题为《人类智能的研究》。我国民间常见的七巧板、九连环(图10-23)、猜谜语、打灯谜等,都是带有普遍性的智力评估与训练的工具。美国著名心理学家武德沃斯称九连环为"中国式的迷津",并将其载入《实验心理学》著作中。②

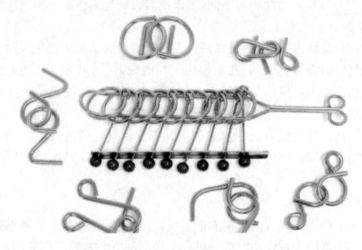

图10-23 中国传统民间智力玩具九连环

中国著名心理学家朱智贤教授认为:"智力是人的一种心理特性或个性特点,是偏重认识方面的特点……"董纯才教授等认为:"智力是使人顺利地从事多种活动所必需的各种认识能力的有机结合,其核心成分是抽象思维能力。"林传鼎教授认为:"智力就是能力或智能,即人们运用知识技能的能力。"吴天敏教授指出:"智力是神经活动的针对性、广阔性、深入性、灵活性在任何一种神经活动和由它引起并与它相互作用的意识性的心理活动中的协调反映。"

中国大多数心理学家认为,智力是个体顺利地从事某种活动所必需的各种认知能力的有机结合,是一种综合的心理能力,是进行学习、处理抽象概念、应对新情境和解决问题以适应新环境的能力。

2. 西方学者对智力的解释

西方有关智力的研究相对来说要晚些。19世纪初,西方哲学中还没有将智力与意识、联想和意志等区分开来,直到19世纪末才开始把心理学中的智力概念从哲学中区分出来。

---

① 勾训,黄胜,王双宏,等.心理学新编[M].成都:西南交通大学出版社,2018.
② 罗伯特·伍德沃斯.动力心理学[M].北京:中国人民大学出版社,2017.

自那以后,西方心理学家对智力的内涵众说纷纭,莫衷一是。

在西方心理学中,有人从理性哲学观点出发,认为智力是指抽象思维能力,智力高的人善于抽象思维,善于判断推理。

有些学者从教育学的观点出发,认为智力是个体的学习能力。一个人的学习成绩可以代表其智力水平。美国心理学家伯金汉(B. R. Buckingham)认为:"智力就是学习能力。"亨蒙(J-A. C. Henmon)指出:"智力就是获得知识和保持知识的能力。"他们都从智力来推断学习能力,或由学习能力来推断智力。[①]

有些学者从生物学观点出发,迪尔博恩(W. F. Dearborn)认为智力是适应新环境的能力,一个人的智力越高,适应新环境的能力也就越强。德国心理学家斯特恩(L. W. Stern)认为:"智力是指个体有意识地以思维活动来适应新情境的一种潜力。"美国心理学家桑代克(E. L. Thorndike)(图10-24)认为:"智力是从事实和真理方面着眼的适当反应的能力。"美国心理学家布朗(F. G. Brown)综合以上多种观点,认为智力是学习能力、保持知识、推理和应付新情境的能力。[②]

(二)智力内涵的不同界定

尽管智力的定义目前尚无定论,但它与学习的密切关系则是众所周知的。国内外学者的多项研究结果表明,智力与学生的学业成绩存在中等程度的相关。智力不仅影响学生的学业成就,更影响着学生掌握知识与技能的速度、深度和灵活性,并在很大程度上决定了学生的学习准备状态、可教育程度与可能达到的水平。

图10-24　美国心理学家桑代克

近几十年,国内外心理学家在进行大量研究的基础上,提出了许多关于智力内涵的诠释,归纳如下:智力是抽象思维的能力。法国心理学家比纳认为,善于判断、善于理解、善于推理是智力的三个重要因素。

美国心理学家推孟认为,一个人的智力和他的抽象思维能力成正比智力是潜在的学习能力。有些心理学家认为,智力就是个体的学习能力,学习成绩代表其智力水平。智力高的学生,学习快,获取和保存的知识广,掌握的技能多;智力低下的学生,学习慢,获取和保存知识窄,掌握的技能少。还有些心理学家认为智商在105以下的高中生不易考取大学,智商在120~125的高中生一般考取理想大学的概率较高。

智力是适应环境的能力。瑞士心理学家皮亚杰认为,智力的本质就是适应。儿童认识的发展,就是个体对环境适应逐步完善和日益智慧化的过程,并推论在一个特定的环境中,

---

① 白新欢.弗洛伊德潜意识心理学的哲学探究[M].杭州:浙江工商大学出版社,2016.
② 陈志霞.社会心理学[M].北京:人民邮电出版社,2016.

智力高的人能很快作出相应反应,很快适应环境,智力低下的人则相反。智力是认知能力的有机综合。美国心理学家韦克斯勒(D. Wechsler)认为,智力是一种整体能力,是各种基本认知能力的综合体;智力是一个假设结构,是一个人有目地计划与行动,合理地进行思维活动,有效处理周围环境事物的整体能力。智力作为一种综合认识方面的心理特征,主要包括三个方面:感知记忆能力,特别是观察能力;抽象概括能力,包括想象力;创造力,即创造性解决问题的能力。

智力是智力测验所测的能力。有些学者认为,智力是一个抽象概念,离开智力测验几乎无法理解智力的含义。这是一种操作性定义,对智力的内涵并没有做出规定。例如,美国心理学家弗里曼(F. W. Freeman)指出:"智力就是运用智力测验所得到的东西。"美国心理学家斯蒂芬斯(J. M. Stephens)认为:"智力就是智力测验所测量的事物。"美国心理学家希尔加德(E. R. Hilgard)指出:"智力是智力测验测定的结果。"[1]

20世纪80年代以来,西方心理学家把智力概括为抽象能力、解决问题的能力和学习能力的综合体。我国心理学家把智力理解为是一种综合的认识能力,它包括观察力、注意力、记忆力、思维力和想象力五个基本因素,抽象思维能力是智力的核心,创造力是智力的最高表现。对智力的这种解释可理解为:第一,智力与人的认知过程有关,但并不是认知过程本身;第二,构成智力的各种认知特点必须稳定,那些经常变化的认知特点不是智力;第三,智力不是上述五种基本因素简单的机械相加,它们之间有机结合、相互作用;第四,智力是一种能力,而情绪、情感、意志、动机、兴趣、气质、性格等心理活动过程和心理特征则属于非智力因素。

四、能力理论

能力是具有复杂结构的各种心理品质的总和。分析能力的结构,对深入了解能力的本质、合理设计能力的测量方法、科学设定能力培养的原则都有重要的意义。自20世纪初以来,心理学领域出现了多种与能力结构有关的理论。

(一) 能力结构的传统理论

20世纪六七十年代以前的理论,我们称为传统的能力理论。这些理论往往以能力测验为工具,采用因素分析(factor analysis)等统计方法,探索能力的个体差异以及这些差异产生的原因,从测验结果中分析出不同的能力因素,以此来构建能力的结构。

1. 二因素理论

1927年英国心理学和统计学家斯皮尔曼(C. Spearman,1863—1945)(图10-25)根据人们完成智力任务时成绩的相关程度,提出能力由两种因素组成。一种是一般能力或一般因素(general factor),简称G因素,代表人的基本心理潜能,是决定一个人能力高低的主要因素。正是由于这种因素,人们在完成不同智力任务时,成绩才会出现某种正相关。另一种是

---

[1] 罗伯特·伍德沃斯. 动力心理学[M]. 北京:中国人民大学出版社,2017.

特殊能力或特殊因素(specific factor),简称S因素,它是人们完成某些特定的任务或活动所必需的。许多一般因素与特殊因素结合在一起,就构成了人的智力。人们在完成任何一种任务时,都有G和S两种因素参加。活动中包含的G因素越多,各种任务成绩的正相关就越高;相反,包含的S因素越多,成绩的正相关就越低。

斯皮尔曼的二因素理论对我们理解能力的结构有重要的启发。能力包含着一般因素和特殊因素,两者并不相同,这就为研究一般能力与特殊能力的实质及其相互关系,制定测量这些能力的措施,奠定了理论基础。当然,斯皮尔曼过于强调一般因素与特殊因素的区别,把它们绝对对立起来,而没有看到它们之间的联系,因而是不科学的。

图 10-25　斯皮尔曼

2. 群因素理论

美国心理学家瑟斯顿(L. L. Thurstone)突破了过去的能力理论框架,认为个体的能力应该包括多种平等的基本能力因素,这些基本能力因素的不同组合便构成每个人独特的能力整体。他采用因素分析方法,在统计了56个不同测验结果的基础上,提出了7种基本心理能力。

(1) 语词理解(verbal comprehension,V):理解语词含义的能力。
(2) 词语流畅(word fluency,W):迅速、正确地进行词义联想的能力。
(3) 数字运算(number operation,N):迅速、正确地进行计算的能力。
(4) 空间关系(space relation,S):方位辨别及空间关系判断的能力。
(5) 联想记忆(associative memory,M):机械记忆能力。
(6) 知觉速度(perceptual speed,P):借助知觉迅速辨别事物异同的能力。
(7) 一般推理(general reasoning,R):根据经验做出归纳推理的能力。

1941年,瑟斯顿根据上述7种能力编制了基本心理能力测验,分别测量这些因素。然而测验结果却与他的设想相反,各种基本心理能力并不是彼此独立的,它们之间存在不同程度的相关,尤其在年幼儿童中表现得更为突出。这说明在群因素之外似乎还存在着一般因素。瑟斯顿在其后来的理论中修改了关于各因素相互独立的看法,提出了二阶因素(second order factor)的概念,即在彼此相关的第一阶因素的基础上再度进行因素分析,提取高阶的共同因素,这样群因素理论就与二因素论趋于融合了。

3. 卡特尔的智力结构理论

美国心理学家雷蒙德·卡特尔(R. B. Cattell)(图10-26)20世纪60年代提出智力结构理论。他在对瑟斯顿的七种基本能力进行二阶因素分析的基础上发现,一般能力因素G不是如斯皮尔曼所言只有一个,而是两个,并根据能力在人一生中的发展趋势以及能力对先天

图 10-26　雷蒙德·卡特尔

禀赋与社会文化因素的依赖程度将其分为流体能力（fluid intelligence）和晶体能力（crystallized intelligence）。

流体能力指信息加工和问题解决过程中所表现出来的能力，如对关系的认识、类比、演绎推理能力、形成抽象概念的能力等。它较少依赖于文化和知识的内容，而主要取决于个人的禀赋。流体能力的发展与年龄有密切的关系。一般人在 20 岁以后，流体能力的发展达到顶峰，30 岁以后将随年龄的增长而降低。此外，心理学家也发现，流体能力属于人类的基本能力，在编制适用于不同文化的所谓文化公平测验时，多以流体能力作为不同文化背景下智力比较的基础。

晶体能力指需要经过教育培养，掌握社会文化经验而获得的智力，主要取决于后天学习，如词汇识别、言语理解、数学知识等。晶体能力在人的一生中一直在发展，但 25 岁以后，发展的速度渐趋平缓。

把能力分为流体能力和晶体能力，使我们对个体能力发展的多维性有了更好的理解。不同的能力具有不同的发展速度，达到成熟和出现衰退的时期也是不同的。

4. 三维结构模型

吉尔福特（J. P. Guilford，1967）认为，智力应当包括三个维度，即内容、操作和产物。

（1）智力活动的内容包括听觉、视觉、符号（字母、数字及其他符号）、语义（语言的意义概念）、行为（本人及别人的行为）。它们是智力活动的对象或材料。

（2）智力操作指智力活动的过程，它是由上述种种对象或材料引起的。其中包括认知（理解、再认）、记忆（保持）、发散思维（对一个问题寻找多种答案或思想）、聚合思维（对一个问题寻找最好、最适当、最普通的答案）、评价（对一个人的思维品质作出某种决定）。

（3）智力活动的产物是指运用上述智力操作得到的结果。这些结果可以按单元计算，也可以按类别处理，还可以表现为关系、系统、转换和蕴含。

由于三个维度和多种形式的存在，人的智力可以在理论上区分为 $5 \times 5 \times 6 = 150$ 种（图 10-27）。这些不同的智力可以分别通过不同的测验来检验。例如，呈现给一系列的四个字母的组合，如 PANL、CEIV、EMOC，要求被试把它们重新组合为熟悉的单词，如 PLAN、VICE、COME 等。在这项测验中，智力活动的内容为符号，操作为认知，产物为单元，其成绩可以按重新组合的字词数量来计算。根据产物的数量即可度量一个人对符号的认知能力。再如，给被试 10 种图案，每种呈现 5 秒，然后让他们进行简要的描述。在这个测验中，任务为视觉，操作为记忆，产物为单元。

吉尔福特的三维智力结构（structure of intelligence, SOI）模型同时考虑到智力活动的内容、过程和结果，这对推动智力测验工作起了重要的作用。1971 年吉尔福特宣布，经过测验已经证明了三维智力模型中的近百种能力。这一成就对智力测验的理论与实践，无疑是一个巨大的鼓舞。

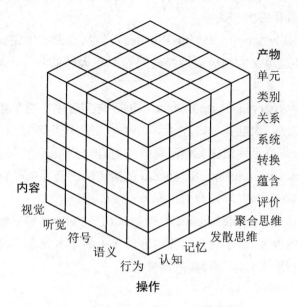

图 10-27　吉尔福特的智力三维结构模型

资料来源：Guilford，1977.

（二）能力结构的新理论

20 世纪 80 年代以后，随着认知科学和神经科学的发展，有关能力结构的一系列新理论涌现出来，主要有加德纳的多元智力理论，斯腾伯格的三元智力理论以及达斯和纳格利尔里的智力的 PASS 模型等。

1. 多元智力理论

多元智力理论（multiple-intelligence theory）由美国心理学家加德纳（Gardner，1983）提出。他通过对脑损伤病人的研究及对智力特殊群体的分析，提出人类的神经系统经过 100 多万年的演变，已经形成了互不相干的多种智力。加德纳认为，智力的内涵是多元的，它由 8 种相对独立的智力成分构成。每种智力因社会对它的需要、奖赏以及它对社会的作用不同，其价值也不同。

（1）言语智力（linguistic intelligence），包括阅读、写文章或小说，以及用于日常会话的能力。大脑的布洛卡区负责产生合乎语法的句子。这个区域受到损伤的人，能够很好地理解单词和句子，但不能将单词组成句子。

（2）逻辑-数学智力（logical-mathematical intelligence），包括数学运算与逻辑思考的能力，如做数学证明题及逻辑推理的能力。

（3）空间智力（spatial intelligence），包括认识环境、辨别方向的能力，如查阅地图等。大脑的右半球掌管空间位置的判断。大脑的右后部受伤的病人会失去辨别方向的能力，易迷路，并且其辨别面孔和关注细节的能力明显减弱。

（4）音乐智力（musical intelligence），包括对声音的辨别与韵律表达的能力，如拉小提琴或写一首曲子等。大脑右半球对音乐的感知和创造起重要作用。研究表明,脑损伤会造成成人的"失歌症"或音乐能力丧失。

(5) 运动智力(bodily kinesthetic intelligence),包括支配肢体完成精密作业的能力,如打篮球、跳舞等。身体运动由大脑运动神经皮层控制。大脑的每一个半球都控制或支配对侧身体的运动。

(6) 人际智力(interpersonal intelligence),包括与人交往且能和睦相处的能力,如理解别人的行为、动机或情绪。大脑前额叶在人际关系的知觉和处理方面起主要作用。这一区域受到损伤,虽然不会影响个体解决其他问题的能力,但会引起性格很大的变化。

(7) 自知智力(intrapersonal intelligence),包括认识自己并选择自己生活方向的能力。同人际智力一样,大脑前额叶对自知智力也起着重要作用。

(8) 自然智力(naturalist intelligence),包括认识、感知自然界事物的各种能力。例如,敏锐地觉知周围环境的改变,善于将自然界中看似无关的基本元素有机地联系起来,对生物和环境感兴趣,向往自然,关心环境和濒危物种等。

2. 三元智力理论

美国耶鲁大学的心理学家斯腾伯格(R. J. Sternberg,1985)(图10-28)提出了三元智力理论(triarchic theory of intelligence),试图说明更为广泛的智力行为。斯腾伯格认为,大多数的智力理论是不完备的,它们只从某个特定的角度解释智力。一个完备的智力理论必须说明智力的三个方面,即智力的内在成分、这些智力成分与经验的关系,以及智力成分的外部作用。这三个方面构成了智力成分亚理论、智力情境亚理论和智力经验亚理论。

图10-28　罗伯特·斯滕伯格

智力成分亚理论(component sub-theory of intelligence)认为,智力包括三种成分及相应的三种过程,即元成分、操作成分和知识获得成分。元成分是用于计划、控制和决策的高级执行过程,如确定问题的性质,选择解题步骤,调整解题思路,分配心理资源等;操作成分表现在任务的执行过程,指接收刺激,将信息保持在短时记忆中并进行比较,负责执行元成分的决策;知识获得成分是指获取和保存新信息的过程,负责接收新刺激,作出判断与反应以及对新信息进行编码与存储。在智力成分中,元成分起着核心作用,它决定人们解决问题时使用的策略。

智力情境亚理论(contextual subtheory of intelligence)认为,智力是指获得与情境拟合的心理活动。在日常生活中,智力表现为有目的地适应环境、塑造环境和选择新环境的能力,这些能力统称作情境智力(contextual intelligence)。一般来说,个体总是努力适应他所处的环境,力图在个体及其所处环境之间达到一种和谐的状态。当和谐的程度低于个体的满意度时,就是不适应。当个体在一种情境中感到不能适应或不愿意适应时,他会选择能够达到的另一种和谐环境。在另一些情况下,人们会重新塑造环境以提高个体与环境之间的和谐程度,而不只是适应或选择现存的环境。

智力经验亚理论(experienced subtheory of intelligence)提出,智力包括两种能力:一种是处理新任务和新环境所要求的能力;另一种是信息加工过程自动化的能力。新任务是个体以前从未遇到过的问题,新情境是一种新异的、富有挑战性的环境。当遇到新问题时,有的人能够运用已有的知识和经验来解决它,有的人则束手无策;在面对新的情境时,有的人能应对自如,有的人则手足无措。任务、情境和个体三者间存在相互作用。信息加工过程自动化的能力也是智力的重要成分。人们在完成复杂任务时,需要运用多种操作化的过程。只有许多操作自动化后,复杂任务才容易完成。如果个体不能有效地将一些自动化的操作运用于复杂问题的解决,信息加工就会中断,甚至使问题解决失败。斯腾伯格认为,应对新异性的能力和自动化的能力是完成复杂任务时紧密相连的两个方面。当个体初次遇到某个任务或某种情境时,应对新异性的能力开始发挥作用。在多次实践后,人们积累了对任务或情境的经验,自动化的能力才开始起作用。

在三元智力理论中,成分亚理论是最早形成和最为完善的部分,它揭示了智力活动的内在机制。根据这种理论编制的能力测验,能测量出人们是怎样解决问题的,因而对深入了解能力的实质,促进能力的训练与培养,都有重要意义。

3. 智力的 PASS 模型

PASS 是指"计划—注意—同时性加工—继时性加工"(planning-arousal-simultaneous-successive,PASS)。它包含了三个认知系统和四种认知过程。其中注意系统又称注意-唤醒(arousal)系统,它是整个系统的基础;同时性加工和继时性加工统称为信息加工系统,处于中间层次;计划系统处于最高层次。三个系统协调合作,保证了一切智力活动的运行。

PASS 模型(Naglieri,Das,1988,1990)建立在鲁利亚(1966,1973,1980)的三个机能系统学说的基础之上。

三个系统之间有一种动态的联系,注意、信息加工和计划之间是相互作用和相互影响的。计划过程需要充分的唤醒状态,以使注意能够集中,进而促使计划的产生。信息加工和计划过程也密不可分,现实生活中的任务往往能以不同的方式进行编码,个体如何选择加工方式需要计划功能的参与,所以同时性或继时性加工都会受到计划功能的影响。

智力的 PASS 模型体现了脑科学对智力研究的影响。这说明人类对脑的秘密了解得越多,对智力的认识就可能越深入、越全面,因而对智力的发展和培养可能产生重要的意义。

五、情绪智力

情绪智力的研究开始于萨洛维(Salovey)和梅耶(Mayer,1990)发表的《情绪智力》一文。而传播"情绪智力"这个术语,使之被大众熟知,则归功于戈尔曼(Goleman,1995)的《情绪智力》(*Emotional Intelligence*)一书。由巴昂(Baron,2000)主编的《情绪智力手册》(*The Handbook of Emotional Intelligence*)的出版则标志着情绪智力的研究进入了一个繁荣发展的新阶段。

(一)情绪智力的概念

关于情绪智力的概念,人们有各种各样的看法,在这里我们采用梅耶和萨洛维的定义。他们认为情绪智力是指"精确的知觉、评估和表达情绪的能力;利用情感促进思维的能力;理解情绪和情绪知识的能力;调节情绪、促进情绪和智力发展的能力"(Mayer,Salovey,1997)。也就是说,情绪智力是一种能力,包括认识情绪意义和它们关系的能力,利用知识推理和解决问题的能力以及使用情绪促进认知活动的能力。他们还认为,情绪智力是横跨认知系统和情绪系统的操作,这种操作通常是以整体方式进行的(Mayer,Caruso,Salovey,2000)。

(二)情绪智力的理论

目前比较公认的理论有三个,即梅耶和萨洛维的情绪智力的结构模型;戈尔曼的情绪胜任力模型和巴昂的情绪和社会智力结构模型。在这里主要介绍梅耶和萨洛维的理论。

梅耶和萨洛维的情绪智力理论形成于1990年。当时他们认为,情绪智力是由情绪评估和表达能力、情绪调节能力和情绪运用能力组成的。1997年,他们将情绪智力的结构发展为四个维度,形成了情绪智力结构的四维模型。这四个维度分别是:情绪知觉、评价和表达的能力;情绪对思维的促进能力;理解、分析情绪,运用情绪知识的能力;对情绪自我调节的能力。表10-3是1997年模型的主要内容。

表10-3 情绪智力的结构模型

情绪知觉、评价和表达的能力	情绪对思维的促进能力	理解、分析情绪,运用情绪知识的能力	对情绪自我调节的能力
1. 从自己的生理状态、感情和思想中确认情绪的能力; 2. 通过语言、声音、外貌和行为,从他人、各种设计和艺术作品中确认情绪的能力; 3. 精确表达情绪和与这些感情相关的需要的能力; 4. 区分表情的精确性和真实性的能力	1. 情绪促进思维,将注意指向重要信息的能力; 2. 产生生动和有效情绪的能力,从而帮助感情判断与记忆; 3. 当心境从乐观转向悲观时,促使个体从多个角度考虑问题的能力; 4. 在不同情绪状态下个体采用特定问题解决方法的能力	1. 标识情绪和识别词与情绪本身关系的能力; 2. 解释情绪所传递的意义的能力; 3. 理解复杂感情的能力; 4. 识别情绪转换的能力	1. 对各种感情保持开放心态的能力; 2. 根据对信息的判断,操作情绪的能力; 3. 控制自己和他人情绪的能力; 4. 通过降低消极情绪和增强积极情绪以调节自身和他人情绪的能力

资料来源:Mayer,Salovey,1997.

2000年,他们又参照智力的信息加工模型,把情绪智力理解为跨越智力系统和情绪系统的一系列操作,将模型修改为一个整合性的模型。2003年,他们基于1997年的模型编制了多因素情绪智力量表。

1997年,中国心理学家开始了情绪智力的研究,探讨了情绪智力的理论结构,并进行了大量实证研究。王晓钧对情绪智力的理论结构展开了实证研究,他认为,将情绪智力看作"情绪的认知结构"更为恰当。他将情绪智力分为四个因素:自我情绪认知能力、社会情绪认识能力、情绪思维能力、情感成熟监察能力。张进辅等人认为情绪智力是人们在学习、生活和工作中影响其成功与否的非认知性心理能力,包括情绪觉知能力、情绪评价能力、情绪适应能力、情绪调控能力和情绪表现能力五种因素,这些能力又可分为若干次级的成分。

六、能力(智力)的测量与能力的培养

人与人之间在能力上存在着差异。了解人的能力是心理学和人力资源的重要工作,它有助于发现人才、选拔人才和量才使用。

(一) 斯坦福-比纳智力测验

斯坦福-比纳智力测验量表于1916年出版,又于1937年、1960年、1972年作了修订。该量表是1916年斯坦福大学教授推孟在对比纳量表的基础上作了许多修改,保留了51个测题,新编了39个测题,共90个题目。在智力测验的标准化过程中,对每个题目的实测都规定了详细的指导语和记分标准。量表首先采用了智商的概念以表示智力水平,智商是德国心理学家斯特恩在1912年首先提出的,用以表示个体的智力水平。

1937年的智力测验量表比1916年的量表所测年龄范围扩大,即1916年的智力测验量表范围为3~13岁,1937年量表为2~18岁,并且编制了智力测验的复本,分别为L型和M型两个等值量表,重新选择了样本的代表性,使智力测验量表的信度和效度更符合测量的编制要求。[1]

1960年的智力测验量表从1937年量表的L型和M型中挑选出最好的项目,改为单一量表,称L-M型。另外,对处于社会经济不同阶层的儿童作了区分以保证测验项目的公平,共有100多个项目,划分为20个年龄组。现选取几个年龄组项目举例如下:

1. 2岁组(6个项目,每通过一个项目为2个月智龄)

(1) 形式板:把三个几何体放入三孔形式板中。

(2) 延迟反应:延迟10秒后指出隐藏物体的位置。

(3) 指出洋娃娃面貌的各个部分。

(4) 模仿主试叠好四块积木。

(5) 图形词汇:看图说出普通物体的名称。

(6) 词的连用:自发连用两个词。

2. 10岁组(6个项目,每通过一个项目为2个月智龄)

(1) 词汇:在45个词中正确解释11个词。

(2) 在一个三维图中数立方体数目。

---

[1] 贾林祥,刘晓峰,石春.心理学基础[M].南京:南京大学出版社,2018.

(3) 解释抽象词。
(4) 说明理由：说出一种规则和偏好的理由。
(5) 一分钟内说出 28 个词。
(6) 复述六位数。

3. 普通成人组

(1) 词汇：在 45 个词中正确解释 11 个词。
(2) 机敏：用大小不同的容器量出所需要的水。
(3) 区别抽象词：指出两个有关的抽象词之间的不同点。
(4) 算术推理：包括几个简单的文字算术题。
(5) 解释谚语。
(6) 确定方向：根据一段改变方向的言语陈述确定方向。

从 1960 年的智力测验量表项目中可以看出，2 岁组的项目主要测量个体的感觉-运动能力、执行指示和辨认身体和物体各部分的能力。10 岁组的项目包含许多抽象概念，强调言语技能。成人组的项目几乎都是符号、言语和抽象材料。

1972 年的智力测验量表的内容没有改变，但常模从更具代表性的样本中得出，使量表的信度和效度更加稳定而被许多国家广泛采用。

斯坦福-比纳智力测验在实施测量时，若 10 岁儿童通过了 10 岁组全部项目，那么他的智力年龄（智龄）为 10 岁。若他还通过了 11 岁组的 2 个项目（代表心理年龄 4 个月）和 12 岁组的一个项目（代表心理年龄 2 个月），那么他的智龄就是 10 岁 6 个月。智商是智力年龄与实足年龄的比率，为了避免计算中出现小数，将商数乘以 100。例如，一个实足年龄 10 岁的儿童，若他的智龄是 10 岁，那么他的智商 = 10/10 × 100 = 100；若他的智龄是 11 岁，那么他的智商 = 11/10 × 100 = 110；但是，若他的智龄是 9 岁，那么他的智商 = 9/10 × 100 = 90。

我国最早修订《比纳-西蒙智力测验量表》是由陆志韦于 1924 年进行的。1936 年，陆志韦和吴天敏作了第二次修订。1980 年吴天敏再次对该量表进行了修订。

（二）韦克斯勒智力测验

美国心理学家、现代临床心理学的创始人大卫·韦克斯勒（图 10-29）认为，智力中包括情感、动机成分等，因此在智力测验中应包括言语测验和操作测验。他从 1934 年开始，为编制智力测验量表作出了巨大努力，在其编制的各种智力量表中都含有言语和操作两个分量表，并首创离差智商用以代替比率智商，认为智力的增长与年龄的增长并非永远成正比，

图 10-29 大卫·韦克斯勒

智力到了一定年龄会衰退,若再使用比率智商就不能准确评价人的智力水平。

韦克斯勒先后编制了许多智力测验量表,其中最负盛名的三个智力量表适用的年龄范围可以从幼年到老年,主要是《韦克斯勒学前和学龄初期儿童智力量表》(*Wechsler Preschool and Primary Scale of Intelligence*,WPPSI)、《韦克斯勒儿童智力量表》(*Wechsler Intelligence Scale for Children*,WISC)和《韦克斯勒成人智力量表》(*Wechsler Adult Intelligence Scale*,WAIS)。

1.《韦克斯勒学前和学龄初期儿童智力量表》(WPPSI)

《韦克斯勒学前和学龄初期儿童智力量表》发表于1967年,适用于4～6岁半儿童,包括11个分测验,即6个语言测验、5个操作测验,主要测查儿童的认识能力、词语表达能力、判断事物相似性能力、对日常生活中事物的理解能力、学习能力、记忆能力、知觉能力、空间概念认识能力、感觉与动作配合能力以及手脑并用等能力。主要用于了解儿童接受正规学校教育前和初期时的智力,以便教育者作出教育决策,它是《韦克斯勒儿童智力量表》向低龄儿童的延伸。

《韦克斯勒学前和学龄初期儿童智力量表》的心理计量具有信度,能够有效地反映学龄前和学龄初期儿童的智力水平,以及诊断可能存在着的智力障碍信息。

2.《韦克斯勒儿童智力量表》(WISC)

《韦克斯勒儿童智力量表》初版发表于1949年,修订本发表于1974年,适用于6～16岁儿童。该量表内容包括言语分量表和操作分量表,共12个测验。

言语分量表包括6个方面的测验:

(1)常识测验,即要求回答涉及不同方面知识的问题,以测查一般知识、兴趣和长时记忆的能力等。

(2)领悟测验,即要求回答社会情境中的问题或成语,测查判断和社会适应能力等。

(3)算术测验,即要求心算加减乘除题目,测查心算、注意力和短时记忆能力等。

(4)相似性测验,即要求概括词的共性测查抽象概括能力等。

(5)词汇测验,即要求解释单词的词义,测查词汇、言语表达和长时记忆的能力等。

(6)数字广度测验,即要求复述数字,包括顺向复述和反向复述,测查注意力和短时记忆能力等,这是在言语分量表中的备用测验。

操作分量表包括6个方面的测验:

(1)数字符号测验,即根据要求写出一系列数字的编码,测查注意力、短时记忆力、眼手协调运动和思维灵活性能力等。

(2)图画填充测验,即要求从常见物品图片中找出缺失部分,测查知觉和视觉空间组织能力等。

(3)木块测验,即要求用红白两色木块拼出规定图案,测查空间关系、空间结构和眼手协调能力等。

(4)图片排列测验,即要求将一些顺序打乱的图片重新排列,恢复其意义的顺序,并据此讲一个故事,测查部分与整体以及逻辑联想能力等。

(5)物体聚合测验,即要求将物体散件拼凑还原,测查想象力、利用线索和眼手协调能力等。

(6) 迷津测验,即要求从迷宫图中找出正确出路,测查空间知觉、计划和眼手协调能力等。这是在操作分量表中的备用测验。

每次测验只有10个分测验是必做的,各测验得分累加得粗分,然后将粗分转化为量表分查表的总智商(TIQ)、言语智商(VIQ)和操作智商(PIQ)。《韦克斯勒儿童智力量表》在编制过程中,标准化样本覆盖面广泛,包括美国各州6~16岁儿童达2200多人。这些来自不同民族的儿童作为测验的代表性样本。因此,该量表是目前世界各国普遍应用的儿童智力量表,并成为新编智力量表的效度计算参照,它不仅可用于正常儿童,还可筛选智力缺陷者。尽管它的使用手册对于实测的步骤及技术要求都有详细描述,但是,作为智力测验者的操作仍需经过严格的专业培训。

3. 《韦克斯勒成人智力量表》(WAIS)

《韦克斯勒成人智力量表》初版发表于1955年,修订本发表于1981年,适用于17~74岁成人,由言语分量表和操作分量表组成。言语分量表包括6个分测验,操作分量表包括5个分测验,各分测验的名称和主要测验内容见表10-4。《韦克斯勒成人智力量表》具有很好的信度和效度,已经被各国广泛应用于临床智力评估、基本能力评估、智力缺陷的诊断和教育与心理康复指导等多个领域。

表10-4 《韦克斯勒成人智力量表》的测验名称和内容

	测验名称	测验内容
言语分量表	常识测验	由历史、地理、文学和自然等常识问题组成,测查一般知识兴趣和长时记忆力等
	领悟测验	由社会习俗、特殊情况问题和成语组成,测查判断力和社会适应性
	算术测验	由若干较简单的加减乘除算术题组成,测查心算能力、注意力和短时记忆力
	相似性测验	注意力和短时记忆力,由若干对具有共性的语词组成,测查抽象概括能力
	数字广度测验	顺背和倒背数字,测查注意力和短时记忆力
	词汇测验	对词汇通行定义和解释,测查词汇理解、语言表达、知识储存和长时记忆力
操作分量表	数字符号译码测验	对一系列数字与编码匹配,测查学习能力、注意力、短时记忆力、眼手协调能力等
	图画补缺测验	指出由若干图片组成的每张图上缺失的重要部位,测查知觉和视觉空间组织能力
	积木块测验	用若干红白两色积木构图测查空间知觉、空间结构和关系等能力
	图片排列测验	对顺序打乱的图片重排顺序,测查逻辑联想、部分与整体关系的分析能力
	物体拼凑测验	将一些物体的散件组合还原,测查想象力和利用线索识别能力等

资料来源:Wechsler,1981.

韦克斯勒智力测验不仅能够算出个体的全量表智商,而且还可以算出其言语智商和操作智商以及各种分测验的量表分。因此,该组量表不仅可以了解一个人的一般智力水平,而且还能够了解个体不同种类智力的高低。这样就能进行人与人之间智力上的具体比较,悉知一个人的智力结构。韦克斯勒智力量表中有相当分量的操作量表,这样就可以了解个体的操作能力,并特别适用于非英语国家的个体甚至文盲的测查。在医学上,韦克斯勒智力量表还被用于诊断疾病,例如,若一个人在智力测验的某项或某部分上得分特别低下,将有助于临床诊断为某种疾病的参考及病因分析。临床发现,如果个体的言语智商明显低于操作智商,就可以作为其左半球受到损害的诊断标志;相反,如果个体的操作智商显著低于言语智商,则可以作为其右半球受到损害的诊断标志;如果言语智商和操作智商之间出现了较大差异,往往与部分大脑皮层机能失调有关。

韦克斯勒智力量表中的一项改变就是采用了离差智商。传统的比率智商和实足年龄呈直线比例关系,即智龄随实足年龄不断增长。实际上并非如此,到了一定年龄,智龄不再随实足年龄增长。例如,若按传统的比率智商计算,一个人在20岁时智商为130,到40岁时智商则为65。离差智商解决了这个矛盾。它用以确定被试的智力在同龄人中的相对位置,实际上就是一个人的成绩与同年龄组被试的平均成绩比较而得出来的相对分数。

韦克斯勒智力量表以某年龄段内全体人的智力分布为常态分布,以该年龄组的平均智商为参照点,以标准差为单位求得的个体在智力测验中的标准分数。平均数为100,标准差为15,离差智商的计算公式为:

$$智商 = 100 + 15Z = 100 + 15(X - M)/S$$

其中,式中的 Z 代表标准分数,X 代表个体在智力测验上的得分,M 代表团体平均分数,S 代表团体分数的标准差。

例如,某个年龄组的平均智力分数为90分,标准差为10分,小王经过智力测验为100分,他的标准分数为$(100-90)/10 = 1$,代入离差智商公式,其离差智商$= 100 + 15 \times 1 = 115$。由于韦克斯勒智力量表测得的智力分数,在任何年龄水平上都代表了同样的相对位置,而且不再受各年龄水平智商变异性的影响,因此在智力测验中离差智商已经取代比率智商而被广泛使用。

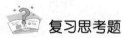

复习思考题

1. 简述性格形成的影响因素。
2. 简述气质和性格的关系。
3. 简述巴甫洛夫的高级神经活动类型说。
4. 简述卡特尔的智力结构理论。
5. 简述三元智力理论。